기출이 답이다

ERP 정보관리사

생산 2급

기출문제해설집 10회

SD에듀
(주)시대고시기획

INFORMATION

ERP 정보관리사 자격시험 안내

⬡ 응시자격 ┃ 제한 없음

⬡ 시험정보

응시교시	응시과목	급 수	문항수	시험시간
1교시	회 계	1급	이론 32, 실무 25	이론 40분 실무 40분
		2급	이론 20, 실무 20	
	생 산	1급	이론 32, 실무 25	
		2급	이론 20, 실무 20	
2교시	인 사	1급	이론 33, 실무 25	
		2급	이론 20, 실무 20	
	물 류	1급	이론 32, 실무 25	
		2급	이론 20, 실무 20	

※ 같은 교시의 응시과목은 동시신청이 불가하며, 실무능력평가는 더존의 핵심ERP와 영림원의 SystemEver 중 1개를 선택하여 실시합니다.

⬡ 시험시간

응시교시	입실 완료시간	교시별 시험시간	세부 시험시간	
1교시	08:50	09:00 ~ 10:25	이 론	09:00 ~ 09:40
			실 무	09:45 ~ 10:25
2교시	10:50	11:00 ~ 12:25	이 론	11:00 ~ 11:40
			실 무	11:45 ~ 12:25

※ 정기시험기준이며 주관처의 사정에 따라 변경될 수 있습니다.

⬡ 합격기준

구 분	합격점수	과락점수
1급	이론, 실무 평균 70점 이상	이론, 실무 각 60점 미만
2급	이론, 실무 평균 60점 이상	이론, 실무 각 40점 미만

⬡ 응시료

구 분	1과목	2과목
1급	40,000원	70,000원
2급	28,000원	50,000원

※ 2024년 정기시험기준 응시료이며, 주관처의 사정에 따라 변경될 수 있습니다.

⬡ 준비물 ┃ 신분증, 수험표, 필기구, 일반계산기(공학 · 재무 · 윈도우 계산기 등 사용불가)

STRUCTURES

이 책의 구성과 특징

STEP 1

기출 10회분 제공

제87회	기출문제 ｜ 정답 및 해설
제88회	기출문제 ｜ 정답 및 해설
제89회	기출문제 ｜ 정답 및 해설
제90회	기출문제 ｜ 정답 및 해설
제91회	기출문제 ｜ 정답 및 해설
제92회	기출문제 ｜ 정답 및 해설
제93회	기출문제 ｜ 정답 및 해설
제94회	기출문제 ｜ 정답 및 해설
제95회	기출문제 ｜ 정답 및 해설
제96회	기출문제 ｜ 정답 및 해설

기존에 출제된 문제가 다시 출제되는 시험의 특성에 맞추어 기출 10회분 수록

STEP 2

문제풀이의 핵심을 한 번 더 정리

12 ② 공수계획에 대한 설명이다.

공정(절차)계획		내용
1단계	절차계획	특정제품을 만드는 데 필요한 공정순서를 정의한 것으로 행해질 장소를 결정하고 할당
2단계	공수계획	일반적으로 할당된 작업에 대해 최대작 을 최적으로 유지할 수 있는 작업량의
	능력계획	작업수행상의 능력에 대해 기준조업도 유지하기 위해 현재의 능력을 계획하는
3단계	일정계획	납기에 따른 월별생산량이 예정되면 기 부분품별로 작업개시일, 작업시간, 완성
		제작에 필요한 세부작업, 즉 공정ㆍ부 이 됨
		특정기계 내지 작업자에게 할당될 작업 료일을 나타내며, 이로 진도관리 및 작업

13 ④ 대기와 저장의 상태는 정체공정(Delay)에 속한다.

공정의 분류	내용
가공공정(Operation)	• 제조의 목적을 직접적으로 달성하는 공정 • 변질, 변형, 변색, 조립, 분해로 되어 있고 대상물을
운반공정	• 제품이나 부품이 하나의 작업장소에서 타 작업장소

이론문제에 대한 풀이는 물론, 풀이에 필요한 핵심이론까지 한 번 더 정리하여 학습효율 극대화

STEP 3

자세하게 수록한 프로그램 입력 경로

07 [생산관리공통] - [생산관리] - [작업지시등록]
→ [사업장 : 2000.㈜한국자전거지사] - [공정 : L300.작업공정(도색)] - [작업장
간 : 2021/12/05 ~ 2021/12/11] - 조회 후 상세내역에서 마우스 오른쪽 버튼/
목 상세정보] 팝업창

복잡한 ERP 프로그램의 입력 경로를 누구나 쉽고 정확하게 입력할 수 있도록 자세히 수록

STEP 4

프로그램 및 DB 파일 제공

제 2 장 기출문제 DB 설치

(1) SD에듀 홈페이지(https://www.sdedu.co.kr/)에서 아래 경로를 따라 들어가 해당 파일을 풀어준다.

〈경로〉학습자료실 → 프로그램 자료실 → ERP 생산 2급 검색 → [기출이답이다 ERP 정 기출문제해설집 10회] 선택 → [기출 DB 설치] 링크를 클릭하여 DB를 다운로드

실기, 실무 프로그램 자료실
실기, 실무에 필요한 프로그램을 제공해 드립니다.

본사 사이트를 통하여 핵심ERP 설치파일과 기출 DB를 모두 제공

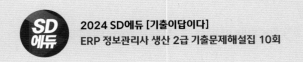

CONTENTS
이 책의 차례

PART 1
프로그램 및 DB 설치

iCUBE 핵심ERP 프로그램 설치

(1) SD에듀 홈페이지(https://www.sdedu.co.kr/)에서 아래 경로를 따라 들어가 해당 파일을 다운로드 후 압축을 풀어준다.

〈경로〉 학습자료실 → 프로그램 자료실 → [ERP 생산 2급] 검색 → [기출이답이다 ERP 정보관리사 생산 2급 기출문제해설집 10회] 선택 → [프로그램 설치] 링크를 클릭하여 프로그램 다운로드

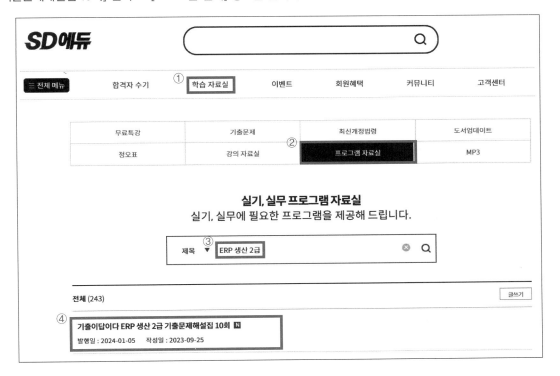

(2) 압축을 풀어둔 [2023_ERP 설치프로그램] 폴더에서 [CoreCubeSetup]을 클릭한다.

(3) 자동설치 순서에 따라 진행하며, iCUBE 핵심ERP 사용권에 [예]를 클릭한다.

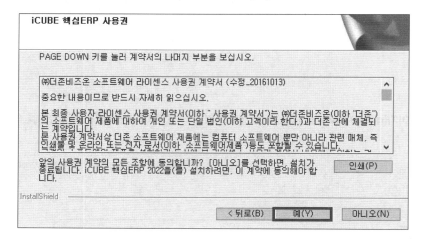

(4) 설치가 완료되면 [완료]를 클릭한다.

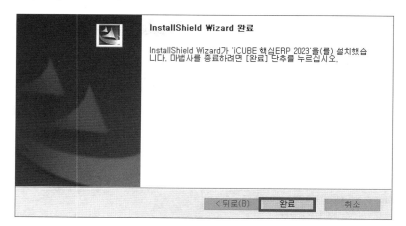

제2장 | 기출문제 DB 설치

(1) SD에듀 홈페이지(https://www.sdedu.co.kr/)에서 아래 경로를 따라 들어가 해당 파일을 다운로드 후 압축을 풀어준다.

〈경로〉 학습자료실 → 프로그램 자료실 → [ERP 생산 2급] 검색 → [기출이답이다 ERP 정보관리사 생산 2급 기출문제해설집 10회] 선택 → [기출 DB 설치] 링크를 클릭하여 DB를 다운로드

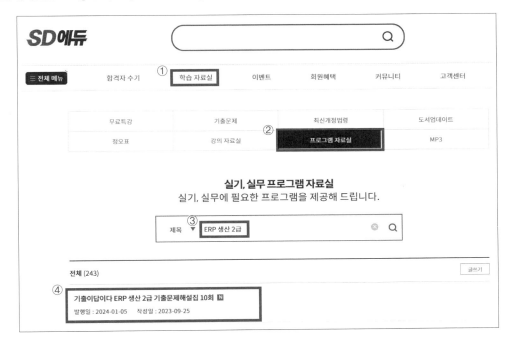

(2) ERP 프로그램을 실행한 후 하단의 [DB Tool]을 클릭한다.

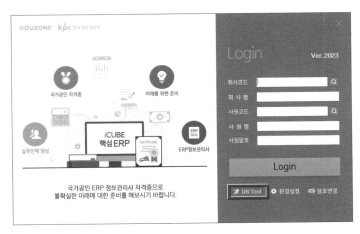

(3) 팝업창이 생성되면 하단의 [연결설정]을 클릭한다.

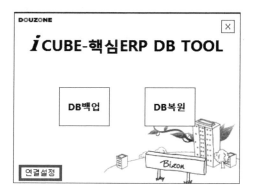

(4) [Window 인증]을 선택하고 확인을 클릭하면 서버정보가 저장되었다는 팝업창이 생성되고 이것도 확인을 클릭한다.

(5) [DB복원]을 클릭한다.

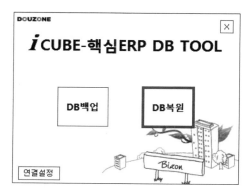

(6) 백업폴더 선택 팝업창에서 [**다른 백업폴더 복원**]을 선택한 후 확인을 클릭한다.

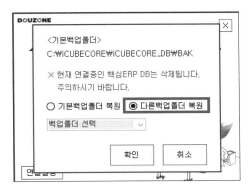

(7) 압축을 풀어둔 [**ERP 기출 DB**] 폴더 안의 해당 회차를 선택한 후 확인을 클릭한다.

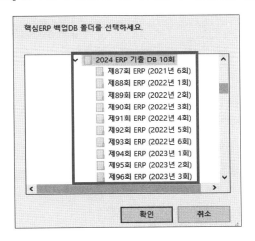

(8) DB 복원이 완료되었다면 다시 프로그램을 실행한 후 [코드도움] 버튼을 사용하여 각 회차별 회사코드와 사원코드를 선택한 후 [Login]을 클릭한다.

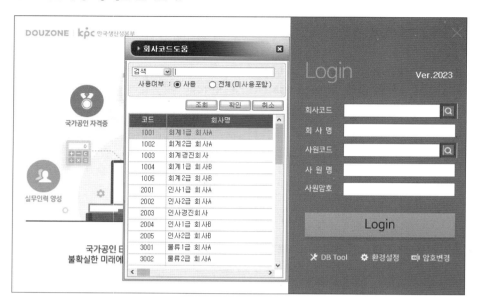

(9) 프로그램이 실행되면 문제에 따라 풀이를 진행한다.

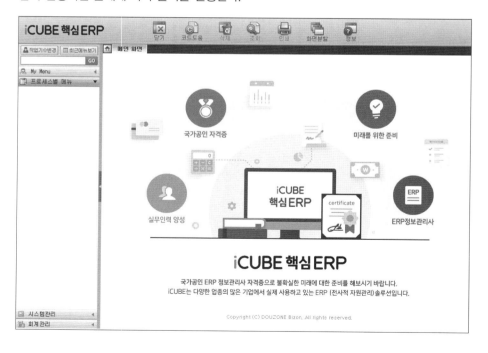

PART 2
기출문제

이론문제

01 ERP 구축 시 고려해야 할 사항이 아닌 것은 다음 중 무엇인가?

① 전사적 참여 유도
② 커스트마이징의 최소화
③ 의사결정권을 가진 경영진의 확고한 의지
④ IT업체의 철저한 주도하에 프로젝트 진행

02 다음 중 ERP에 대한 설명으로 가장 옳지 않은 것은 무엇인가?

① 기업 내부의 정보인프라 구축이다.
② BPR을 위해서 도입하는 것은 적절치 않다.
③ ERP는 '전사적 자원관리시스템'이라고 불린다.
④ 회사의 업무프로세스가 하나로 통합된 시스템이다.

03 다음 중 ERP 도입의 예상효과로 가장 적절하지 않은 것은 무엇인가?

① 투명한 경영
② 결산작업의 단축
③ 사이클타임(Cycle Time) 감소
④ 개별 업무시스템 효율적 운영

04 ERP 시스템을 성공적으로 구축하기 위한 여러 가지 성공요인들이 있다. 다음 중 ERP 구축의 성공적인 요인이라 볼 수 없는 것은 무엇인가?

① IT 중심의 프로젝트로 추진하지 않도록 한다.
② 최고경영층이 프로젝트에 적극적 관심을 갖도록 유도한다.
③ 회사 전체적인 입장에서 통합적 개념으로 접근하도록 한다.
④ 기업이 수행하고 있는 현재 업무방식을 그대로 잘 시스템으로 반영하도록 한다.

05 다음 중 노동생산성 척도의 예로 옳은 것은?

① 전력사용 시간당 산출량
② 기계작동 시간당 산출량
③ 교대횟수당 산출량
④ 투자화폐 단위당 산출량

06 BOM의 용도가 아닌 것은?

① 제품원가 산정
② 구매 및 생산 일정 수립
③ 설계계획 수립
④ 자재불출목록표 생성

07 다음 수요예측기법 중 정성적 수요예측(주관적)기법은 무엇인가?

① 지수평활법
② 확산모형
③ 델파이 분석법
④ 회귀분석

08 제조전략에 따른 생산형태에서 리드타임이 가장 오래 걸리는 생산형태는?

① Assemble-To-Order
② Make-To-Stock
③ Engineer-To-Order
④ Make-To-Order

09 생산 및 재고 시스템을 위한 총괄계획의 수립에 있어서 수요변동에 능동적으로 대처하기 위한 전략방안이 아닌 것은?

① 고용수준의 변동
② 재고수준의 조정
③ 제품품질의 조정
④ 생산율의 조정

10 다음 중 작업의 우선순위 고려원칙이 아닌 것은?

① 최단 가공시간
② 후입선출법(LIFO)
③ 긴급률(CR) 규칙
④ 최소 공정수

11 공정관리의 기능 중에서 계획과 실행의 결과를 비교검토해 차이를 찾아내고 그 원인을 분석해 적절한 조치를 위해 개선해나가는 기능은?

① 계획기능
② 통제기능
③ 감사기능
④ 분석기능

12 다음 공정의 분류 중 제조의 목적을 직접적으로 달성하는 공정으로 대상물을 목적에 접근시키는 유일한 상태를 무엇이라고 하는가?

① 가공공정(Operation)
② 운반공정(Transportation)
③ 검사공정(Inspection)
④ 정체공정(Delay)

13 다음 공정분석 기호 중 수량검사를 나타내는 것은?

① □
② ▽
③ ○
④ ◇

14 다음 [보기]와 같은 조건에서 가동률을 얼마인가?

┤ 보 기 ├
- 출근율 : 80%
- 잡작업률(간접작업률) : 20%
- 종업원수 : 20명

① 60%　　　　　　　　　　② 64%
③ 68%　　　　　　　　　　④ 72%

15 다음은 간트차트의 정보를 이용해 결정할 수 있는 사항을 나타낸 것이다. (　　) 안에 들어갈 내용을 고르면?

- 간트차트를 이용해 각 작업의 전체 공정시간을 알 수 있다.
- 각 작업의 완료시간을 알 수 있다.
- 다음 작업의 (　　)을/를 알 수 있다.

① 예정된 작업시간
② 체크된 일자
③ 시작시간
④ 완료된 작업

16 다음 중 JIT(Just In Time)의 7가지 낭비가 아닌 것은?
① 과잉생산의 낭비
② 재고의 낭비
③ 운반의 낭비
④ 시간의 낭비

17 다음 [보기]가 설명하는 재고의 종류로 적절한 것은?

┤ 보 기 ├
- 기업을 운영함에 있어서 발생할 수 있는 여러 가지 불확실한 상황에 대처하기 위해 미리 확보하고 있는 재고

① 악성재고
② 순환재고
③ 안전재고
④ 파이프라인재고

18 다음 중 경제적주문량(EOQ)를 계산하기 위해 필요한 가정이 아닌 것은?

① 연간 자재사용량은 일정하고 연속적이다.
② 단위당 구입가격은 변동적이다.
③ 단위당 재고유지비용과 1회 주문비용은 항상 일정하다.
④ 단일품목에 대해 적용된다.

19 다음 중 자재소요계획(MRP)의 효과가 아닌 것은?

① 납기준수를 통해 고객에 대한 서비스가 개선된다.
② 재고수준을 감소시켜 자재재고비용이 절감된다.
③ 충분한 자재확보로 생산소요시간이 길어진다.
④ 자재부족 최소화로 생산공정의 가동효율이 높아진다.

20 다음 중 생산능력소요계획(CRP)의 입력정보가 아닌 것은?

① 자재명세서 정보
② 작업공정표 정보
③ 작업장상태 정보
④ MRP에서 산출된 발주계획 정보

로그인 정보

회사코드	4005	사원코드	ERP13P02
회사명	생산2급 회사B	사원명	홍길동

01 아래 [보기]의 조건으로 데이터를 조회한 후 물음에 답하시오.

> **┤ 보 기 ├**
> • 계정구분 : 4.반제품
> • 조달구분 : 1.생산
> • SET여부 : 1.여

다음 [보기]의 조건에 해당하는 품명 중 표준원가가 가장 작은 것을 고르시오.

① BODY-알미늄(GRAY-WHITE, TYPE B)
② 전장품 ASS'Y(TYPE B)
③ POWER TRAIN ASS'Y(MTB, TYPE B)
④ PRESS FRAME-W(TYPE B)

02 ㈜한국자전거지사의 홍길동 사원은 해외에서 구매한 제품들을 창고에 입고시키기 위해 장소를 선택하고 있다. 사용 가능한 창고, 장소 중에서 인천공항에 위치한 장소를 선택하려고 한다. 해당 위치코드로 옳은 것을 고르시오.

① L301
② L303
③ P202
④ P211

03 홍길동 사원은 계정이 제품, 조달구분이 '생산'인 품목들의 생산담당자를 찾고 있다. 품명에 대한 생산담당자로 옳지 않은 것은?

① 일반자전거(P-GRAY WHITE) – 방석환
② 일반자전거(P-GRAY RED) – 임준수
③ 산악자전거(P-21G,A421) – 최일영
④ 산악자전거(P-21G,A422) – 고준호

04 아래 [보기]의 조건으로 데이터를 조회한 후 물음에 답하시오.

┤ 보 기 ├
- 모품목   : NAX-A420, 산악자전거(P-20G)
- 기준일자 : 2021/11/30
- 사용여부 : 1.사용

다음 중 [보기] 조건에 대한 자재명세서의 설명으로 옳지 않은 것은?

① 품목 [21-3001600.PEDAL]의 LOSS(%)는 '10'이다.

② 품목 [21-9000200.HEAD LAMP]의 사급구분은 '자재'다.

③ 품목 [83-2000100.전장품 ASS'Y]의 조달구분은 '생산'이다.

④ 품목 [85-1020400.POWER TRAIN ASS'Y(MTB)] 계정구분은 '제품'이다.

05 아래 [보기]의 조건으로 데이터를 조회한 후 물음에 답하시오.

┤ 보 기 ├
- 모품목   : NAX-A400.일반자전거(P-GRAY WHITE)
- 기준일자 : 2021/11/30
- 사용여부 : 1.여

다음 [보기]의 조건으로 조회 시 BOM LEVEL이 가장 큰 품목을 고르시오(숫자가 클수록 레벨이 큼).

① 21-3001600.PEDAL

② 21-1080800.FRAME-알미늄

③ 21-1060851.WHEEL FRONT-MTB (TYPE A)

④ 21-1030600.FRONT FORK(S)

06 아래 [보기]의 조건으로 데이터를 조회한 후 물음에 답하시오.

┤ 보 기 ├
- 사업장   : 2000.㈜한국자전거지사
- 작업예정일 : 2021/11/01 ~ 2021/11/30
- 계정구분   : 4.반제품

다음 [보기] 조건의 생산계획내역 중 생산계획수량의 합이 가장 많은 품명으로 옳은 것을 고르시오.

① BREAK SYSTEM (TYPE A)

② PRESS FRAME-W (TYPE A)

③ PRESS FRAME-Z (TYPE A)

④ POWER TRAIN ASS'Y(MTB, TYPE A)

07 아래 [보기]의 조건으로 데이터를 조회한 후 물음에 답하시오.

┤ 보 기 ├─
- 사업장　：2000.㈜한국자전거지사
- 공 정　：L200.작업공정 / 작업장 : L201.제품작업장
- 지시기간 : 2021/11/25 ~ 2021/11/25

다음 [보기] 조건에 해당하는 작업지시내역 중 생산계획조회 기능을 이용해 적용받은 작업지시번호로 옳은 것은?

① WO2111000002
② WO2111000003
③ WO2111000004
④ WO2111000005

08 아래 [보기]의 조건으로 데이터를 조회한 후 물음에 답하시오.

┤ 보 기 ├─
- 사업장　：2000.㈜한국자전거지사
- 공 정　：L200.작업공정 / 작업장 : L201.제품작업장
- 지시기간 : 2021/11/01 ~ 2021/11/06

다음 [보기] 조건의 작업지시내역에 대해 청구된 자재들의 확정수량 합이 가장 많은 작업지시번호로 옳은 것은?

① WO2111000006
② WO2111000007
③ WO2111000008
④ WO2111000009

09 아래 [보기]의 조건으로 데이터를 조회한 후 물음에 답하시오.

┤ 보 기 ├─
- 사업장　：2000.㈜한국자전거지사
- 출고기간 : 2021/11/25 ~ 2021/11/25
- 청구기간 : 2021/11/01 ~ 2021/11/30

㈜한국자전거지사 홍길동 사원은 생산자재에 대한 출고처리 시 출고요청 기능을 이용해 자재출고를 하고 있다. 다음 중 적용된 MV2111000001의 품목별 출고수량의 합이 가장 많은 품명을 고르시오.

① GEAR REAR METAL
② GEAR REAR C
③ HEAD LAMP (TYPE A)
④ PEDAL (TYPE A)

10 아래 [보기]의 조건으로 데이터를 조회한 후 물음에 답하시오.

> **│ 보 기 │**
> • 사업장   : 2000.㈜한국자전거지사
> • 지시(품목) : 2021/11/01 ~ 2021/11/06
> • 지시공정 : L200.작업공정 / 지시작업장 : L201.제품작업장

다음 [보기] 조건에 해당하는 작업실적내역 중 입고창고가 [M200.부품창고_인천지점]으로 입고된 작업실적번호로 옳은 것은?

① WR2111000001
② WR2111000002
③ WR2111000003
④ WR2111000004

11 아래 [보기]의 조건으로 데이터를 조회한 후 물음에 답하시오.

> **│ 보 기 │**
> • 사업장   : 2000.㈜한국자전거지사
> • 구 분   : 1.생산
> • 실적공정 : L200.작업공정 / 실적작업장 : L201.제품작업장
> • 실적기간 : 2021/11/01 ~ 2021/11/30 / 상 태 : 1.확정

다음 [보기] 조건의 반제품에 대한 자재사용내역 중 잔량이 가장 많이 남아 있는 작업실적번호로 옳은 것은?

① WR2111000001
② WR2111000002
③ WR2111000003
④ WR2111000004

12 아래 [보기]의 조건으로 데이터를 조회한 후 물음에 답하시오.

> **│ 보 기 │**
> • 사업장 : 2000.㈜한국자전거지사
> • 실적일 : 2021/11/04
> • 공 정 : L200.작업공정 / 작업장 : L201.제품작업장

다음 [보기] 조건의 [생산실적검사] 내역 중 사용되지 않은 불량명으로 옳은 것은?

① 포장 불량
② 휠(WHEEL) 불량
③ 핸들조립너트 불량
④ 출하전검사 기능 불량

13 아래 [보기]의 조건으로 데이터를 조회한 후 물음에 답하시오.

┌─ 보 기 ┐

- 사업장   : 2000.㈜한국자전거지사
- 실적기간 : 2021/11/01 ~ 2021/11/30
- 공 정   : L200.작업공정 / 작업장 : L201.제품작업장

다음 [보기] 조건의 생산품 창고입고처리내역에 대한 설명으로 옳지 않은 것은?

① 실적번호 WR2111000001의 입고가능수량은 '50'이다.
② WR2111000002의 입고장소는 '제품장소_인천지점_가용'이다.
③ 실적품목 [NAX-A401.일반자전거(P-GRAY RED)]는 LOT 미사용 품목이다.
④ 모든 실적건은 입고창고, 입고장소가 동일하다.

14 아래 [보기]의 조건으로 데이터를 조회한 후 물음에 답하시오.

┌─ 보 기 ┐

- 사업장 : 2000.㈜한국자전거지사
- 지시일 : 2021/11/07 ~ 2021/11/13 / 공정구분 : 1.생산
- 공 정 : L200.작업공정 / 작업장 : L201.제품작업장

㈜한국자전거지사 홍길동 사원은 작업지시내역 중 실적잔량이 남아 있는 작업지시번호에 대해 마감 처리를 하려고 한다. 다음 중 실적잔량이 남아 있는 작업지시번호로 옳은 것은?

① WO2111000010
② WO2111000011
③ WO2111000012
④ WO2111000013

15 아래 [보기]의 조건으로 데이터를 조회한 후 물음에 답하시오.

> **│ 보 기 │**
> • 사업장 : 2000.㈜한국자전거지사
> • 등록일 : 2021/11/01 ~ 2021/11/10
> • 공 정 : L200.작업공정 / 작업장 : L201.제품작업장

다음 중 [보기]의 조건으로 등록된 [부산물실적등록]에 대한 설명으로 옳지 않은 것은?

① 유아용자전거의 부산물 수량 합은 '60EA'다.
② 일반자전거(P-GRAY RED)의 부산물은 생산설비3호에서 진행했다.
③ WIRING-DE(세라믹)의 부산물은 그대로 새라믹으로 실적등록되었다.
④ WO2111000013의 부산물은 작업2팀이 진행했다.

16 아래 [보기]의 조건으로 데이터를 조회한 후 물음에 답하시오.

> **│ 보 기 │**
> • 사업장 : 2000.㈜한국자전거지사
> • 지시기간 : 2021/11/01 ~ 2021/11/30
> • 공 정 : L200.작업공정 / 작업장 : L201.제품작업장

홍길동 사원은 11월 한 달 동안 자재청구한 것에 대비해 투입·사용한 내역을 실제원가 기준으로 확인하려 한다. 다음 중 투입금액 총합이 가장 큰 품명을 고르시오.

① 일반자전거(P-GRAY RED)
② 산악자전거(P-21G, A421)
③ 전장품 ASS'Y
④ BODY-알미늄 (GRAY-WHITE, TYPE A)

17 ㈜한국자전거지사 홍길동 사원은 2021/01/01부터 2021/11/30까지의 총 생산계획 대비 실적을 확인하려한다. 다음 중 계획 대비 실적수량이 가장 적은 품목을 고르시오.

① BODY-알미늄(GRAY-WHITE, TYPE A)
② 전장품 ASS'Y
③ BREAK SYSTEM
④ PRESS FRAME-Z

18 ㈜한국자전거지사 홍길동 사원은 11월 한 달 치 자재사용된 내역을 제품별로 확인해 사용수량의 합이 가장 적은 품목을 찾고 있다. 아래 품목 중 가장 적게 자재가 사용된 품명을 고르시오.

① 유아용자전거
② HELMET 2010 시리즈
③ 일반자전거(P-GRAY RED)
④ 산악자전거(P-21G, A421)

19 아래 [보기]의 조건으로 데이터를 조회한 후 물음에 답하시오.

┤ 보 기 ├
- 사업장   : 2000.㈜한국자전거지사
- 실적기간   : 2021/11/01 ~ 2021/11/30 / 구 분 : 0.전체
- 공 정   : L200.작업공정 / 작업장 : L201.제품작업장
- 수량조회기준 : 0.실적입고기준

다음 [보기] 조건에 해당하는 실적기준의 생산일보를 조회한 후 양품수량이 가장 많이 발생한 품명으로 옳은 것은?

① 전장품 ASS'Y
② 유아용자전거
③ 일반자전거(P-GRAY RED)
④ 산악자전거(P-21G, A421)

20 ㈜한국자전거지사 홍길동 사원은 2021년 현재 작업장별로 남아 있는 재공수량을 파악해 보고하려 한다. 다음 중 작업장별 총 재공수량이 가장 적게 남아 있는 작업장을 고르시오(재공수량은 재고단위).

① 제품작업장(완성품)
② 제품작업장_부적합
③ 제품작업장_적합
④ 도색작업장(대전)

이론문제

01	02	03	04	05	06	07	08	09	10
④	②	④	④	③	③	③	③	③	②
11	12	13	14	15	16	17	18	19	20
③	①	①	②	③	④	③	②	③	①

01 ④ 현업 중심의 프로젝트를 진행한다.

ERP 시스템 도입 시 선택기준

- 자사에 맞는 패키지
- TFT는 최고 엘리트 사원으로 구성
- 현업 중심의 프로젝트 진행
- 경험 있고 유능한 컨설턴트 활용
- 구축방법론에 의해 체계적으로 프로젝트 진행
- 커스터마이징의 최소화
- 전사적인 참여 유도
- 가시적 성과를 거둘 수 있는 부분에 집중
- 변화관리기법 도입
- 지속적인 교육 및 워크숍 필요
- 자료의 정확성을 위하여 철저한 관리 필요

02 ② BPR(Business Process Reengineering)은 비용, 품질, 서비스, 속도와 같은 핵심적 부분에서 극적인 성과를 이루기 위해 기업 업무프로세스를 기본적으로 다시 생각하고 근본적으로 재설계하는 것으로서 모든 부분에 걸쳐 개혁을 하는 것이 아니라 중요한 비즈니스 프로세스들, 즉 핵심(core) 프로세스를 선택하여 그것들을 중점적으로 개혁해나가는 것이다. 따라서 ERP 구축 전에 반드시 성공해야 하는 프로젝트다.

03 ④ 통합 업무시스템 구축과 운영이 가능하다.

ERP 시스템 도입 시 예상효과

통합 업무시스템 구축, 재고물류비용 감소, 고객서비스 개선, 수익성 개선, 생산성 향상 및 매출 증대, 비즈니스 프로세스 혁신, 생산계획의 소요기간 단축, 리드타임 감소, 결산작업 단축, 원가절감, 투명한 경영, 표준화 · 단순화 · 코드화, 사이클타임 단축, 최신 정보기술 도입

04 ④ 현재의 업무방식을 그대로 고수해서는 안 된다.

ERP 성공전략 10계명
① 현재의 업무방식을 그대로 고수하지 말라.
② 사전준비를 철저히 하라
③ IT 중심의 프로젝트로 추진하지 말라.
④ 업무상의 효과보다 소프트웨어의 기능성 위주로 적용대상을 판단하지 말라.
⑤ 프로젝트 관리자와 팀 구성원의 자질과 의지를 충분히 키워라.
⑥ 단기간의 효과위주로 구현하지 말라.
⑦ 기존 업무에 대한 고정관념에서 ERP를 보지 말라.
⑧ 최고경영진을 프로젝트에서 배제하지 말라.
⑨ 업무 단위별로 추진은 실패의 지름길이다.
⑩ BPR을 통한 완전한 기업 업무프로세스 표준화가 선행 또는 동시에 진행되어야 한다.

05 ① 전력사용 시간당 산출량 – 에너지생산성 척도

② 기계작동 시간당 산출량 – 기계생산성 척도

④ 투자화폐 단위당 산출량 – 자본생산성 척도

척 도	내 용
노동생산성	노동시간당 · 교대횟수당 · 교대조별 산출량, 노동시간당 부가가치, 노동시간당 산출물의 화폐가치
기계생산성	기계작동 시간당 산출량, 기계작동 시간당 산출물의 화폐가치
자본생산성	투자화폐 단위당 산출량, 투자화폐 단위당 산출물의 화폐가치
에너지생산성	전력사용 시간당 산출량, 전력사용 단위당 산출물이 화폐가치

06 ③ 자재명세서(BOM ; Bill of Material)은 완제품 1단위를 생산하기 위해 필요한 재료, 부품, 반제품 등의 품목, 규격, 소요량 등에 대한 명세서로 ▲ 제품의 설계사양 ▲ 제품원가 산정 ▲ 자재 불출목록표 생성 ▲ 특정품목을 만드는 데 필요한 부품정보 ▲ 구매 및 생산 일정 수립에 사용된다.

07 ③ 지수평활법, 확산모형, 회귀분석은 정량적 수요예측(객관적)기법이다.

수요예측방법	
정성적 방법	시장조사법
	패널동의법
	중역평가법
	판매원의 견합성법
	수명주기유추법
	델파이분석법
계량적(정량적) 방법	시계열분석법(계절지수법, 단순 · 가중 이동평균법, 지수평활법, 최소자승법 등)
	인과모형분석법(회귀분석법, 시뮬레이션 모형)

08 ③ Engineer-To-Order(ETO)는 고객의 주문이 들어오면 설계로부터 시작해서 자재의 구입 및 생산, 조립을 하는 생산 전략이다

분 류	내 용	대 상
Make-To-Stock (MTS)	완재품 재고를 보유하여 고객의 주문에 따라 공급하는 것으로 재고, 생산능력, 서비스 균형 고려해 제품방향 결정 (수요예측, 계획생산)	공산품, 저가품 (소품종 대량생산)
Assemble-To-Order (ATO)	반제품 재고를 보유하고 있다가 고객주문에 따라 조립 후 제품 제공	자동차, 페인트 (고가, 많은 옵션)
Make-To-Order (MTO)	고객주문 확정 후 원자재 가공, 반제품 생산, 완제품 조립하는 전략	공작기계 (미리 생산 불가)
Engineer-To-Order (ETO)	고객주문에 따라 설계부터 자재구입, 제조, 조립 등을 하는 전략으로 리드타임(제작기간)이 가장 김	항공기, 비행기, 선박, 금형 등

09 ③ 수요변동에 능동적으로 대처하기 위한 전략방안은 ▲ 고용수준의 변동 ▲ 생산율의 조정 ▲ 재고수준의 조정 ▲ 하청 및 설비확장 방안 등이다.

10 ② 선입선출법(FIFO)에 따라 작업지시가 먼저 내려진 순서대로 작업을 진행한다.

작업의 우선순위 고려원칙
• 납기 우선순위
• 선입선출법(FIFO)
• 최단 가공시간
• 최소 공정수
• 최소 여유시간(납기 − 잔여 작업일수)
• 긴급률 규칙

11 ③ 감사기능에 대한 설명이다.
① 계획기능 : 생산계획을 통칭하는 것으로서 공정계획을 행하여 작업의 순서와 방법을 결정하고, 일정계획을 통해 공정별 부하를 고려한 개개 작업의 착수시기와 완성일자를 결정하며 납기를 유지하게 한다.
② 통제기능 : 계획기능에 따른 실제과정의 지도, 조정 및 결과와 계획을 비교하고 측정 · 통제한다.

12 ① 가공공정(Operation)에 대한 설명이다.

공정의 분류		내 용
가공공정 (Operation)		• 제조의 목적을 직접적으로 달성하는 공정 • 변질, 변형, 변색, 조립, 분해로 되어 있고 대상물을 목적에 접근시키는 유일한 상태
운반공정 (Transportation)		• 제품이나 부품이 하나의 작업장소에서 타 작업장소로 이동하기 위해 발생하는 작업 • 이동 또는 하역을 하고 있는 상태
검사공정 (Inspection)	양적검사	수량 · 중량 측정
	질적검사	가공부품의 가공정도 · 품질 · 등급별 분류
정체공정 (Delay)	대기(지체)	제품이나 부품이 다음의 가공 · 조립을 위해 일시 기다리는 상태
	저 장	다음 가공 · 조립으로의 허가 없는 이동이 금지되어 있는 상태(계획적 보관)

13 ① □ – 수량검사

② ▽ – 저 장

③ ○ – 가 공

④ ◇ – 품질검사

공정분류	기호명칭	기 호	공정분류	기호명칭	기 호
가 공	가 공	○	운 반	운 반	⇨
검 사	수량검사	□	정 체	저 장	▽
	품질검사	◇		지체(정체)	▭

14 ② 가동률 = 출근율 × (1 − 간접작업률)

$\quad\quad\quad$ = 80% × (1 − 20%)

$\quad\quad\quad$ = 64%

15

간트차트(Gantt Chart)로 알 수 있는 정보
• 작업별 전체 공정시간　　• 작업별 완료시간　　• 다음 작업의 시작시간　　• 업무성과의 상호비교

16 ④ 시간의 낭비, 사람의 낭비는 7가지 낭비에 해당하지 않는다.

JIT(Just In Time)의 7가지 낭비
• 과잉생산의 낭비　　• 재고의 낭비　　• 운반의 낭비　　• 불량의 낭비 • 가공 그 자체의 낭비　　• 동작의 낭비　　• 대기의 낭비

17 ③ 안전재고에 대한 설명이다.

재고의 종류	내 용
순환재고	일시에 필요한 양보다 더 많이 주문하는 경우에 생기는 재고
안전재고	여러 가지 불확실한 상황에 대처하기 위해 미리 확보하고 있는 재고
예상재고	계절적인 수요의 변화, 가격의 변화, 파업 등을 예상하고 대비하기 위한 재고
파이프라인재고	유통과정 중에 있는 제품이나 생산 중에 있는 재공품 재고

18 ② 단위당 구입가격은 일정하다.

19 ③ 자재소요계획(MRP)은 자재부족 최소화로 생산공정의 가동효율이 높아지고 생산소요시간이 단축된다.

자재소요계획(MRP)의 효과
• 생산 소요시간 단축　　　　　　　　　　• 납기준수를 통한 고객서비스 개선 • 재고수준 감소로 재고비용 절감　　　　• 자재부족 최소화로 생산공정 가동효율 향상

20 ① 자재명세서는 자재소요계획(MRP)의 주요 입력정보다.

자재소요계획(MRP)의 주요 입력정보
• 기준생산계획(주일정계획, MPS) • 자재명세서(BOM) • 재고기록(Inventory Record) 데이터베이스

실무문제

01	02	03	04	05	06	07	08	09	10
①	③	②	④	③	①	③	③	④	③
11	12	13	14	15	16	17	18	19	20
③	①	④	③	④	④	③	①	③	①

01 [시스템관리] – [기초정보등록] – [품목등록]
→ [조달구분 : 1.생산] – [ORDER/COST] 탭

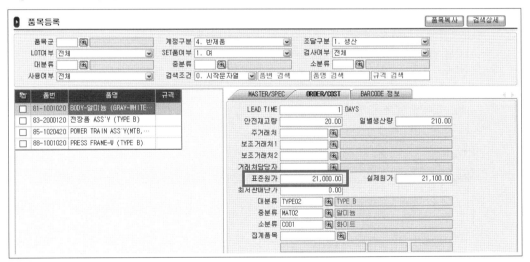

① [BODY-알미늄 (GRAY-WHITE, TYPE B)] 품목의 표준원가가 '21,000'으로 가장 적다.

② [전장품 ASS'Y (TYPE B)] 품목의 표준원가 : 87,000

③ [POWER TRAIN ASS'Y(MTB, TYPE B)] 품목의 표준원가 : 58,000

④ [PRESS FRAME-W (TYPE B)] 품목의 표준원가 : 46,000

02 [시스템관리] – [기초정보등록] – [창고/공정(생산)/외주공정등록]

→ [창고/장소] 탭 – [사업장 : 2000.㈜한국자전거지사]

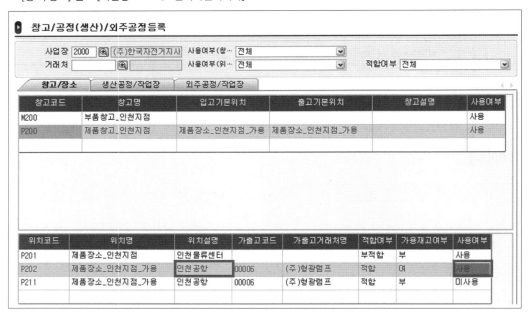

③ '인천공항'에 위치한 장소로 사용이 가능한 곳은 [P202.제품장소_인천지점_가용]뿐이다.

03 [시스템관리] – [기초정보등록] – [물류실적(품목/고객)담당자등록]

→ [품목] 탭 – [계정 : 2.제품] – [조달 : 1.생산]

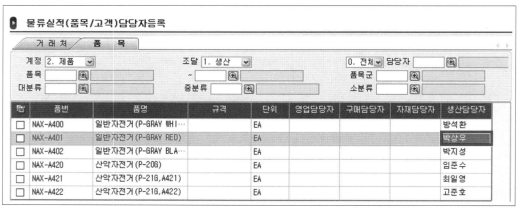

② [NAX–A401.일반자전거(P–GRAY RED)] 품목의 생산담당자는 '박상우'다.

04　[생산관리공통] – [기초정보등록] – [BOM등록]

→ [모품목 : NAX–A420.산악자전거(P–20G)] – [기준일자 : 2021/11/30] – [사용여부 : 1.사용]

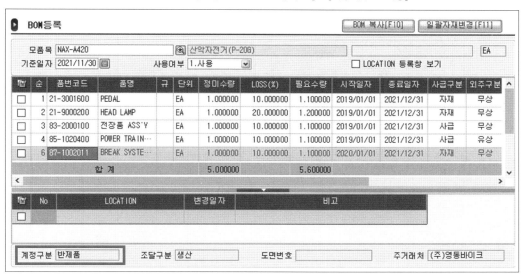

④ [85–1020400.POWER TRAIN ASS'Y(MTB)] 품목의 계정구분은 '반제품'이다.

05　[생산관리공통] – [기초정보등록] – [BOM정전개]

→ [모품목 : NAX–A400.일반자전거(P–GRAY WHITE)] – [기준일자 : 2021/11/30] – [사용여부 : 1.여] – [BOM 총전개 : 체크]

③ [21–1060851.WHEEL FRONT–MTB (TYPE A)] 품목의 BOM LEVEL이 '4'로 가장 크다.

06 [생산관리공통] – [생산관리] – [생산계획등록]

→ [품목별] 탭 – [사업장 : 2000.㈜한국자전거지사] – [작업예정일 : 2021/11/01 ~ 2021/11/30] – [계정구분 : 4.반제품]

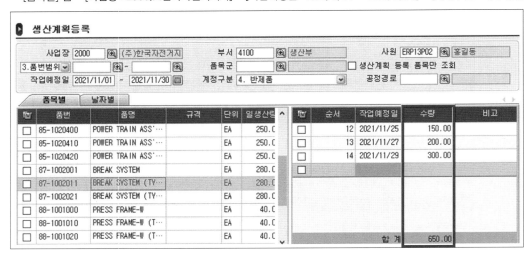

① [87–1002011.BREAK SYSTEM (TYPE A)] 품목의 생산계획 수량 합이 '650'으로 가장 많다.

07 [생산관리공통] – [생산관리] – [작업지시등록]

→ [사업장 : 2000.㈜한국자전거지사] – [공정 : L200.작업공정] – [작업장 : L201.제품작업장] – [지시기간 : 2021/11/25 ~ 2021/11/25] – 상세내역에서 마우스 오른쪽 버튼/'[작업지시등록] 이력정보' 클릭 – [진행상태 확인 및 메뉴이동 :: 작업지시등록] 팝업창

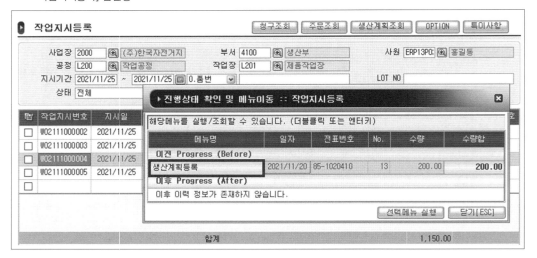

① WO2111000002 – 수주등록 : 주문적용

② WO2111000003 – 청구등록 : 청구적용

④ WO2111000005 – 직접입력

08 [생산관리공통] – [생산관리] – [작업지시확정]

→ [사업장 : 2000.㈜한국자전거지사] – [공정 : L200.작업공정] – [작업장 : L201.제품작업장] – [지시기간 : 2021/11/01 ～ 2021/11/06]

③ 작업지시번호 WO2111000008의 확정수량 합이 '680(= 198 + 252 + 230)'으로 가장 많다.

① WO2111000006의 확정수량 합 = 70 + 80 + 90 = 240

② WO2111000007의 확정수량 합 = 200

④ WO2111000009의 확정수량 합 = 110 + 120 + 110 + 120 = 460

09 [생산관리공통] – [생산관리] – [생산자재출고]

→ [사업장 : 2000.㈜한국자전거지사] – [출고기간 : 2021/11/25 ～ 2021/11/25]

④ 품명 'PEDAL (TYPE A)'의 출고수량 합이 '308(= 198 + 110)'로 가장 많다.

① GEAR REAR METAL의 출고수량 합 = 70

② GEAR REAR C의 출고수량 합 = 90

③ HEAD LAMP (TYPE A)의 출고수량 합 = 120

10 [생산관리공통] − [생산관리] − [작업실적등록]

→ [사업장 : 2000.㈜한국자전거지사] − [지시(품목) : 2021/11/01 ～ 2021/11/06] − [지시공정 : L200.작업공정] − [지시작업장 : L201.제품작업장]

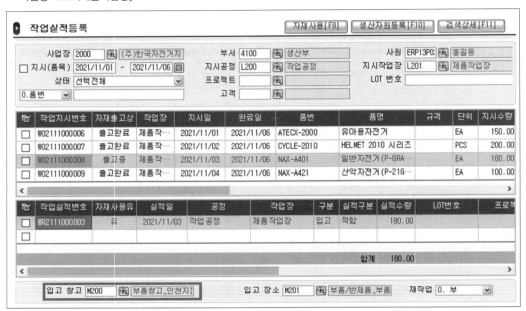

① WR2111000001 − [P200.제품창고_인천지점]

② WR2111000002 − [P200.제품창고_인천지점]

④ WR2111000004 − [M200.제품창고_인천지점]

11 [생산관리공통] – [생산관리] – [생산자재사용등록]

→ [사업장 : 2000.㈜한국자전거지사] – [구분 : 1.생산] – [실적공정 : L200.작업공정] – [실적작업장 : L201.제품작업장]
– [실적기간 : 2021/11/01 ~ 2021/11/30] – [상태 : 1.확정] – 조회 후 작업실적번호 클릭하고 상단 [청구적용[F8]] 클
릭 – [청구 적용 도움창]

③ 작업실적번호 WR2111000003의 잔량이 '230'으로 가장 많다.

① WR2111000001의 잔량 = 70

② WR2111000002의 잔량 = 50

④ WR2111000004의 잔량 = 110

12 [생산관리공통] – [생산관리] – [생산실적검사]

→ [사업장 : 2000.㈜한국자전거지사] – [실적일 : 2021/11/04 ~ 2021/11/04] – [공정 : L200.작업공정] – [작업장 : L201. 제품작업장]

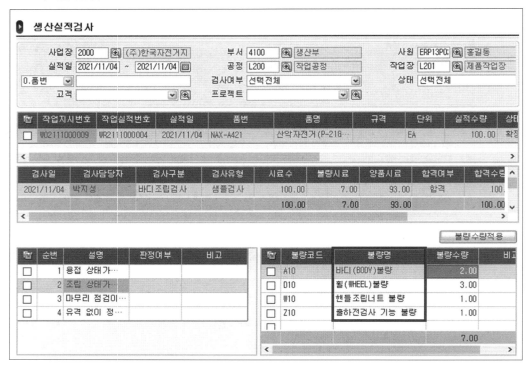

① 해당 조건하에서 사용되는 불량은 바디(BODY) · 휠(WHEEL) · 핸들조립너트 · 출하전검사 기능 불량이다.

13 [생산관리공통] – [생산관리] – [생산품창고입고처리]

→ [사업장 : 2000.㈜한국자전거지사] – [실적기간 : 2021/11/01 ~ 2021/11/30] – [공정 : L200.작업공정] – [작업장 : L201.제품작업장]

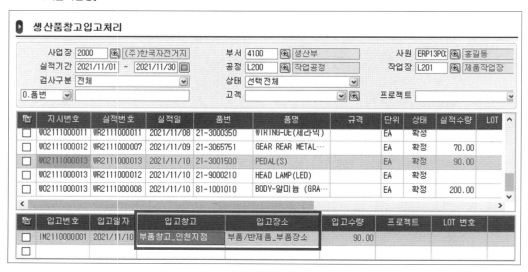

④ 모든 실적 건은 입고창고, 입고장소가 동일하지 않다.

14 [생산관리공통] – [생산관리] – [작업지시마감처리]

→ [사업장 : 2000.㈜한국자전거지사] – [지시일 : 2021/11/07 ~ 2021/11/13] – [공정구분 : 1.생산] – [공정 : L200.작업
공정] – [작업장 : L201.제품작업장]

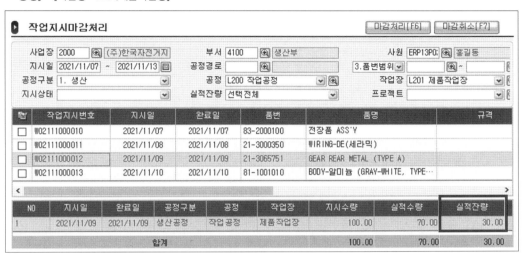

③ 작업지시번호 WO2111000012의 실적잔량이 '30' 남아 있다.

15 [생산관리공통] – [재공관리] – [부산물실적등록]

→ [사업장 : 2000.㈜한국자전거지사] – [공정 : L200.작업공정] – [작업장 : L201.제품작업장] – [실적기간 : 2021/11/01
~ 2021/11/10]

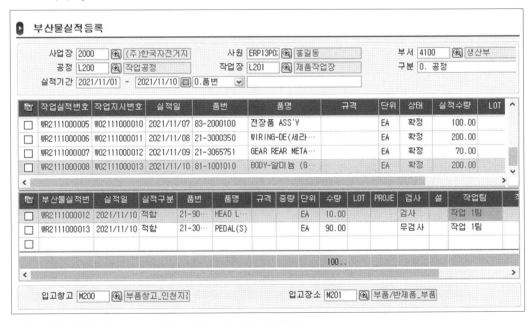

④ 작업지시번호 WO2111000013의 부산물은 '작업 1팀'이 진행했다.

16 [생산관리공통] – [생산/외주/재공현황] – [자재청구대비투입/사용현황]

→ [사업장 : 2000.㈜한국자전거지사] – [지시기간 : 2021/11/01 ～ 2021/11/30] – [공정 : L200.작업공정] – [작업장 : L201.제품작업장]

④ [81–1001010.BODY–알미늄 (GRAY–WHITE, TYPE A)] 품목의 투입금액 총합이 '27,191,000'으로 가장 크다.

① 일반자전거(P–GRAY RED) : 15,012,000

② 산악자전거(P–21G,A421) : 14,400,000

③ 전장품 ASS'Y : 21,290,000

17 [생산관리공통] – [생산/외주/재공현황] – [생산계획대비실적현황(월별)]

→ [실적기준] 탭 – [사업장 : 2000.㈜한국자전거지사] – [해당년도 : 2021]

③ [87–1002001.BREAK SYSTEM] 품목의 계획 대비 실적수량이 '1,060(= 계획 1,340 – 실적 280)'으로 가장 적다.

① BODY-알미늄 (GRAY-WHITE, TYPE A) : 계획 560 - 실적 200 = 360

② 전장품 ASS'Y : 계획 1,250 - 실적 400 = 850

④ PRESS FRAME-Z : 계획 640 - 실적 285 = 355

18 [생산관리공통] - [생산/외주/재공현황] - [자재사용현황(제품별)]

→ [사업장 : 2000.㈜한국자전거지사] - [사용기간 : 2021/11/01 ~ 2021/11/30]

자재사용현황(제품별)

사업장	2000 (주)한국자전거지씨	부서		사원	
사용기간	2021/11/01 ~ 2021/11/30	공정		작업장	
□ 3.지시품번	~ □	지시품목군		지시구분	
□ 지시품목계정		프로젝트		상태구분 전체	
□ 지시품목조달	□ 실적LOT번 :			□ 사용품목 중 지시품목 제외	

품번	품명	규격	지시수량	실적수량	잔량	실적LOT번호	사용품번	품명	규격	사용수량
ECX-2000	유아용자전거		150.00	150.00	0.00		21-1030610	FRONT FORK (TYPE		80.00
							21-3001500	PEDAL(S)		150.00
							21-3065700	GEAR REAR C		90.00
CLE-2010	HELMET 2010⋯		200.00	200.00	0.00		21-1030600	FRONT FORK(S)		150.00
							21-3000300	WIRING-DE		100.00
							CYCLE-2013	HELMET 2013 시리즈		150.00
K-A401	일반자전거 (⋯		180.00	180.00	0.00		21-3001610	PEDAL (TYPE A)		198.00
							85-1020410	POWER TRAIN ASS'⋯		252.00
K-A421	산악자전거 (⋯		100.00	100.00	0.00		21-9000201	HEAD LAMP (TYPE A)		120.00
							85-1020410	POWER TRAIN ASS'⋯		110.00
							87-1002011	BREAK SYSTEM (TY⋯		120.00
-2000100	전장품 ASS'Y		100.00	100.00	0.00		21-1060850	WHEEL FRONT-MTB		120.00
							21-1060950	WHEEL REAR-MTB		110.00
							21-1080800	FRAME-알미늄		110.00
							21-3001500	PEDAL(S)		120.00
							ATECX-2020	유아용자전거 (TY⋯		100.00

① [ATECX-2000.유아용자전거] 품목이 '320(80 + 150 + 90)'으로 가장 적은 자재가 사용되었다.

② HELMET 2010 시리즈 : 150 + 150 + 100 = 400

③ 일반자전거(P-GRAY RED) : 198 + 252 = 450

④ 산악자전거(P-21G,A421) : 120 + 110 + 120 = 350

19 [생산관리공통] – [생산/외주/재공현황] – [생산일보]

→ [실적기준] 탭 – [사업장 : 2000.㈜한국자전거지사] – [실적기간 : 2021/11/01 ~ 2021/11/30] – [구분 : 0.전체] – [공정 : L200.작업공정] – [작업장 : L201.제품작업장] – [수량조회기준 0.실적입고기준]

③ [NAX–A401.일반자전거(P–GRAY RED)]의 양품수량이 '180'으로 가장 많이 발생했다.

20 [생산관리공통] – [생산/외주/재공현황] – [현재공현황(공정/작업장)]

→ [작업장] 탭 – [사업장 : 2000.㈜한국자전거지사] – [해당년도 : 2021]

① 제품작업장(완성품)의 재공수량이 '229'로 가장 적다.

② 제품작업장_부적합 : 595

③ 제품작업장_적합 : 910

④ 도색작업장(대전) : 520

이론문제

01 다음 중 ERP의 도입목적에 해당한다고 볼 수 없는 것은 무엇인가?

① 재고관리 능력의 향상
② 시스템 표준화를 통한 데이터 일관성 유지
③ 폐쇄형 정보시스템 구성으로 자율성, 유연성 극대화
④ 클라이언트/서버 컴퓨팅 구현으로 시스템성능 최적화

02 경영환경 변화에 대한 대응방안 및 정보기술을 통한 새로운 기회창출을 위해 기업경영의 핵심과 과정을 전면 개편함으로써 경영성과를 향상시키기 위한 경영기법은 무엇인가?

① MRP(Material Requirement Program)
② MBO(Management by objectives)
③ JIT(Just In Time)
④ BPR(Business Process Re-Engineering)

03 다음 중 클라우드 ERP의 특징 혹은 효과에 대해 설명한 것이라 볼 수 없는 것은 무엇인가?

① 안정적이고 효율적인 데이터관리
② IT자원 관리의 효율화와 관리비용의 절감
③ 원격근무환경 구현을 통한 스마트워크환경 정착
④ 폐쇄적인 정보접근성을 통한 데이터 분석기능

04 다음 중 정보시스템의 역할이라고 볼 수 없는 것은 무엇인가?

① 기업의 다양한 업무지원
② 고객만족 및 서비스 증진 효과
③ 조직원의 관리 · 감독 · 통제 기능 강화
④ 효율적 의사결정을 위한 지원기능

05 투입물(노동력 혹은 기계사용시간 생산요소 등)을 산출물(유형, 무형의 경제제)로 변환시키는 효율을 산출하는 것은?

① 생산능력
② 생산성
③ 달성률
④ 생 산

06 다음의 수요예측기법 중 정량적 수요예측(객관적) 기법은 무엇인가?

① 시장조사법
② 판매원 의견종합법
③ 델파이(Delphi)분석법
④ 인과모형분석법

07 판매자료 간의 상관관계를 이용해 상관요인과 이동평균요인으로 구분하고, 이를 통해 미래수요를 예측하는 방법은?

① ARIMA
② 지수평활법
③ 패널동의법
④ 분해법

08 주로 항공기, 선박, 금형 등 고가제품이면서 고객의 요구사항이 설계단계에 반영되어야 하는 제품의 생산에 사용되는 제조전략은?

① MTS(Make-To-Stock)
② MTO(Make-To-Order)
③ ATO(Assemble-To-Order)
④ ETO(Engineer-To-Order)

09 다음 중 총괄생산계획(APP ; Aggregate Production Planning)의 수립에 있어서 수요변동에 대비해 고려해야 할 전략변수가 아닌 것은?

① 고용수준 변동
② 재고수준 조정
③ 품질수준 결정
④ 생산율 조정

10 다음 중 기준생산계획(MPS ; Master Production Scheduling)을 수립하기 위해 필요한 요소로 적합하지 않은 것은?

① 기간별 수요량
② 현재 재고량
③ 주문정책 및 매개변수
④ 자재명세서

11 다음 중 공정관리의 대외적인 목표에 적합한 것은?

① 작업자의 대기 및 설비의 유휴시간을 최소화한다.
② 자재 투입부터 제품 출하까지의 시간을 단축시킨다.
③ 주문자 또는 수요자의 요건을 충족시킨다.
④ 기계 및 인력 이용률을 최대화한다.

12 주어진 생산예정표에 의해 결정된 생산량에 대해서 작업량을 구체적으로 결정해 이것을 현 인원과 기계설비능력을 고려해 양자를 조정하는 기능은?

① 일정계획
② 공수계획
③ 공정계획
④ 작업계획

13 다음 공정의 분류 중 대기와 저장의 상태에 있는 공정을 무엇이라고 하는가?

① 가공공정(Operation)
② 운반공정(Transportation)
③ 검사공정(Inspection)
④ 정체공정(Delay)

14 다음 공수계획의 기본적 방침 중 가장 올바르지 않은 것은?

① 특정 공정에 과도한 부하가 집중되지 않도록 조정한다.
② 작업의 성질이 작업자의 기능 성격, 기계의 성능에 맞도록 할당하다.
③ 부하와 능력 양면에 적당한 여유를 둔다.
④ 사람 또는 기계가 유휴상태가 되도록 적절하게 작업량을 할당한다.

15 다음 중 간트차트(Gantt Chart)의 장점이라고 할 수 있는 것은?

① 계획의 변화 또는 변경에 약하다.
② 대규모의 공사에는 적용하기 어렵다.
③ 작업 상호 간에 유기적인 관계가 명확하지 못하다.
④ 각 작업의 완료시간을 알 수 있다.

16 다음 중 애로공정의 특징이 아닌 것은?

① 작업장에 능력 이상의 부하가 적용되어 전체 공정의 흐름을 막고 있는 것이다.
② 전체 라인의 생산속도를 좌우하는 작업장이다.
③ 애로공정을 개선하기 위해 라인밸런싱기법을 활용할 수 있다.
④ 애로공정이 있어야 생산성이 극대화된다.

17 다음 재고의 종류 중 예상재고의 설명으로 가장 적합한 것은?

① 일시에 필요한 양보다 더 많이 주문하는 경우에 발생하는 재고
② 여러 가지 불확실한 상황에 대처하기 위해 미리 확보하고 있는 재고
③ 수송기간이 긴 재고 또는 정유회사의 수송용 파이프로 이동 중인 재고
④ 계절적인 수요의 변화, 가격의 변화, 파업 등에 대비하기 위한 재고

18 다음 자재소요계획(MRP ; Material Requirement Planning)에 관한 설명 중 내용이 가장 적절하지 않은 것은?

① 자재소요계획은 경제적 주문량, 주문점 산정 등의 전통적인 재고통제기법의 여러 약점들을 보완하기 위해 개발된 기법으로 비반복적 생산에 적합하다.
② 자재소요계획은 종속적 수요를 갖는 자재의 소요량, 조달시기에 대한 관리를 통해 주문과 생산계획을 효율적으로 처리할 수 있다.
③ 종속적 수요를 갖는 자재는 완제품의 생산계획에 따라 정확한 수요를 파악할 수 있다.
④ 많은 단계를 갖는 자재명세서나 로트 크기가 큰 경우에는 부적절하다.

19 개략생산능력계획(RCCP ; Rough Cut Capacity Planning)에 대한 다음 설명 중 올바른 것은?

① RCCP는 기준생산계획(MPS)과 제조자원 간의 크기를 비교해 자원요구량을 계산해내는 것이다.
② RCCP의 주요 입력데이터는 'MRP Record'다.
③ 자원요구량을 계산하는 과정에서 RCCP가 생산능력소요계획(CRP)보다 더욱 정확하다.
④ RCCP는 생산능력소요계획(CRP)보다 현실적인 자원요구량 계획을 생성할 수 있다.

20 다음 중 공급망관리(SCM ; Supply Chain Management)의 세 가지 주요 흐름에 포함되지 않는 것은?

① 제품흐름
② 정보흐름
③ 재정흐름
④ 주문흐름

로그인 정보

회사코드	4002	사원코드	ERP13P02
회사명	생산2급 회사A	사원명	홍길동

01 아래 [보기]의 조건으로 데이터를 조회한 후 물음에 답하시오.

┤ 보 기 ├
- 계정구분 : 4.반제품
- 대분류 : 100.조립반제품
- LEAD TIME : 3 DAYS
- 표준원가 : 87,000

다음 [보기]의 조건에 해당하는 품목으로 옳은 것은?

① 83-2000100.전장품 ASS'Y

② 87-1002001.BREAK SYSTEM

③ 88-1002010.PRESS FRAME-Z (TYPE A)

④ 85-1020400.POWER TRAIN ASS'Y(MTB)

02 아래 [보기]의 조건으로 데이터를 조회한 후 물음에 답하시오.

┤ 보 기 ├
- 사업장 : 2000.㈜한국자전거지사

다음 [보기]의 조건에 해당하는 [생산공정/작업장]에 대한 설명으로 옳지 않은 것은?

① [L200.작업공정]의 입고기본위치는 [L201.제품작업장]이다.

② [L400.작업공정(포장)]의 [L404.반제품용(포장)]의 적합여부는 '적합'이다.

③ [L400.작업공정(포장)]의 [L403.옵션및증정용(포장)]은 사용여부가 '미사용'이다.

④ [L300.작업공정(도색)]의 [L302.반제품작업장(조립품)]은 적합여부가 '부적합'이다.

03 아래 [보기]의 조건으로 데이터를 조회한 후 물음에 답하시오.

┤ 보 기 ├
- 계 정   : 4.반제품
- 자재담당자 : A300.최승재
- 생산담당자 : A200.문승효

다음 [보기]의 조건에 해당하는 품목으로 옳은 것은?

① 88-1001000.PRESS FRAME-W
② 83-2000110.전장품 ASS'Y (TYPE A)
③ 81-1001000.BODY-알미늄(GRAY-WHITE)
④ 85-1020420.POWER TRAIN ASS'Y(MTB, TYPE B)

04 아래 [보기]의 조건으로 데이터를 조회한 후 물음에 답하시오.

┤ 보 기 ├
- 모품목   : NAX-A400. 일반자전거(P-GRAY WHITE)
- 기준일자 : 2022/01/01
- 사용여부 : 1.사용

다음 [보기]의 조건에 해당하는 모품목 [NAX-A400.일반자전거(P-GRAY WHITE)]의 자재명세서에 대한 설명으로 옳지 않은 것은?

① [21-3001600.PEDAL]의 주거래처는 'YK PEDAL'이다.
② [83-2000100.전장품 ASS'Y]의 조달구분은 '생산'이다.
③ [88-1001000.PRESS FRAME-W]의 사급구분은 '자재'다.
④ [85-1020400.POWER TRAIN ASS'Y(MTB)]의 LOSS(%)가 가장 작다.

05 아래 [보기]의 조건으로 데이터를 조회한 후 물음에 답하시오.

┤ 보 기 ├
- 자품목   : 21-3001500.PEDAL(S)
- 기준일자 : 2022/01/01
- 사용여부 : 1.여

다음 [보기]의 자품목 [21-3001500.PEDAL(S)]에 대해 1LEVEL을 기준으로 자재로 사용되지 않은 모품목 정보로 옳은 것은?

① 83-2000100.전장품 ASS'Y
② 87-1002001.BREAK SYSTEM
③ 88-1002000.PRESS FRAME-Z
④ 88-1001000.PRESS FRAME-W

06 아래 [보기]의 조건으로 데이터를 조회한 후 물음에 답하시오.

┤보기├
- 사업장   : 2000.㈜한국자전거지사
- 작업예정일 : 2021/12/01 ~ 2021/12/04
- 계정구분   : 2.제품

다음 [보기]의 조건에 해당하는 생산계획내역에 대해 일생산량을 초과해 등록된 생산계획 품목과 작업예정일로 옳지 않은 것은?

① NAX-A421.산악자전거(P-21G,A421)   - 2021/12/04
② NAX-A401.일반자전거(P-GRAY RED)   - 2021/12/02
③ NAX-A400.일반자전거(P-GRAY WHITE)   - 2021/12/03
④ NAX-A402.일반자전거(P-GRAY BLACK)   - 2021/12/01

07 아래 [보기]의 조건으로 데이터를 조회한 후 물음에 답하시오.

┤보기├
- 사업장   : 2000.㈜한국자전거지사
- 공 정   : L300.작업공정(도색) / 작업장 : L301.제품작업장(완성품)
- 지시기간 : 2021/12/05 ~ 2021/12/11

㈜한국자전거지사 홍길동 사원은 작업지시 등록 시 검사구분을 직접 수정해 등록하고 있다. 다음 중 품목등록의 검사여부와 다른 검사구분으로 등록되어진 작업지시 품목으로 옳은 것은?

① NAX-A421.산악자전거(P-21G,A421)
② NAX-A422.산악자전거(P-21G,A422)
③ NAX-A400.일반자전거(P-GRAY WHITE)
④ NAX-A402.일반자전거(P-GRAY BLACK)

08 아래 [보기]의 조건으로 데이터를 조회한 후 물음에 답하시오.

┤보기├
- 사업장   : 2000.㈜한국자전거지사
- 공 정   : L200.작업공정 / 작업장 : L202.반제품작업장
- 지시기간 : 2021/12/12 ~ 2021/12/18
- 사용일   : 2021/12/14

다음 [보기]의 조건에 해당하는 작업지시내역에 대해 '확정'처리 시 확정수량의 합이 가장 적은 작업지시번호로 옳은 것은?

① WO2112000005   ② WO2112000006
③ WO2112000007   ④ WO2112000008

09 아래 [보기]의 조건으로 데이터를 조회한 후 물음에 답하시오.

┤ 보 기 ├
- 사업장   : 2000.㈜한국자전거지사
- 출고기간 : 2021/12/19 ～ 2021/12/25
- 출고창고 : M200.부품창고_인천지점
- 공 정   : L400.작업공정(포장) / 작업장 : L401, 기본작업장(포장)

다음 [보기]의 조건에 해당하는 자재출고내역에 대한 설명으로 옳지 않은 것은?

① 출고수량의 합이 가장 많은 품목은 [21-3001620.PEDAL (TYPE B)]이다.
② 모품목 [NAX-A421.산악자전거(P-21G,A421)]에 의한 자재출고수량의 합은 '69EA'다.
③ 출고품목 [83-2000100.전장품 ASS'Y]는 요청수량보다 출고수량이 더 많이 등록되었다.
④ 출고품목 [21-1060700.FRAME-NUT]의 모품목은 [NAX-A401.일반자전거(P-GRAY RED)]다.

10 아래 [보기]의 조건으로 데이터를 조회한 후 물음에 답하시오.

┤ 보 기 ├
- 사업장   : 2000.㈜한국자전거지사
- 지시(품목) : 2021/12/26 ～ 2021/12/31
- 지시공정 : L200.작업공정 / 작업장 : L202.반제품작업장

㈜한국자전거지사 홍길동 사원은 작업지시내역에 대한 작업실적 등록 시 실적구분에 따라 '적합', '부적합'으로 실적내역을 등록하고 있다. 다음 중 작업실적내역에 대해 적합구분이 '적합'인 실적수량의 합보다 '부적합'인 실적수량의 합이 더 많이 발생한 작업지시번호로 옳은 것은?

① WO2112000013   ② WO2112000014
③ WO2112000015   ④ WO2112000016

11 아래 [보기]의 조건으로 데이터를 조회한 후 물음에 답하시오.

┤ 보 기 ├
- 사업장   : 2000.㈜한국자전거지사
- 구 분   : 1.생산
- 실적공정 : L300.작업공정(도색) / 실적작업장 : L302.반제품작업장(조립품)
- 실적기간 : 2022/01/01 ～ 2022/01/08
- 상 태   : 1.확정

다음 [보기] 조건의 반제품에 대한 자재사용내역 중 청구적용 조회 시 잔량의 합이 가장 많이 남아 있는 작업실적번호로 옳은 것은?

① WR2201000001   ② WR2201000002
③ WR2201000003   ④ WR2201000004

12 아래 [보기]의 조건으로 데이터를 조회한 후 물음에 답하시오.

> **┤보 기├**
> • 사업장 : 2000.㈜한국자전거지사
> • 실적일 : 2022/01/09 ~ 2022/01/15
> • 공 정 : L400.작업공정(포장) / 작업장 : L402.프리미엄작업장(포장)

다음 [보기]의 조건에 해당하는 생산실적 검사내역에 대한 설명으로 옳지 않은 것은?

① 실적검사에 대한 검사구분은 모두 전장품검사를 진행했다.
② 검사담당자 문승효의 합격수량의 합이 가장 많이 발생했다.
③ 불합격수량이 발생하지 않은 작업실적번호는 'WR2201000007'이다.
④ 합격수량이 가장 많이 발생한 품목은 [NAX-A400.일반자전거(P-GRAY WHITE)]다.

13 아래 [보기]의 조건으로 데이터를 조회한 후 물음에 답하시오.

> **┤보 기├**
> • 사업장 : 2000.㈜한국자전거지사
> • 실적기간 : 2022/01/16 ~ 2022/01/22
> • 공 정 : L200.작업공정 / 작업장 : L202.반제품작업장

다음 [보기]의 생산품 창고 입고처리내역에 대한 설명으로 옳지 않은 것은?

① 실적번호 WR2201000009는 생산실적검사를 진행했다.
② 실적품목들에 대한 입고창고 · 입고장소는 모두 '제품창고_인천지점/제품장소_인천지점'이다.
③ 품목 [83-2000110.전장품 ASS'Y (TYPE A)]에 대한 생산품 입고처리 시 LOT 번호는 '필수'다.
④ 실적번호 WR2201000012의 입고가능수량은 실적수량에서 기입고수량을 뺀 나머지 '수량'이다.

14 아래 [보기]의 조건으로 데이터를 조회한 후 물음에 답하시오.

> **┤보 기├**
> • 사업장 : 2000.㈜한국자전거지사
> • 지시일 : 2022/01/16 ~ 2022/01/22
> • 공정구분 : 1.생산
> • 공 정 : L200.작업공정 / 작업장 : L201.제품작업장

㈜한국자전거지사 홍길동 사원은 작업지시내역 중 실적잔량이 가장 많이 남아 있는 작업지시번호에 대해 마감처리를 진행하려고 한다. 다음 중 실적잔량이 가장 많이 남아 있는 작업지시번호로 옳은 것은?

① WO2201000013　　　　　　② WO2201000014
③ WO2201000015　　　　　　④ WO2201000016

15 아래 [보기]의 조건으로 데이터를 조회한 후 물음에 답하시오.

┤ 보 기 ├
- 사업장 : 2000.㈜한국자전거지사
- 등록일 : 2022/01/02 ～ 2022/01/08

다음 [보기]의 조건으로 등록된 기초재공등록에 대한 설명으로 옳지 않은 것은?

① 작업공정, 제품작업장의 기초재공에 대한 금액의 합이 가장 많다.
② 작업공정(포장), 기본작업장(포장)의 기초재공에 대한 기초수량의 합이 가장 많다.
③ 작업공정(도색), 반제품작업장(조립품)의 기초재공 품목에는 LOT NO를 관리하는 품목이 있다.
④ 작업공정, 반제품작업장의 기초재공 품목에는 계정구분이 '반제품' 및 '제품'인 품목들만 등록되었다.

16 아래 [보기]의 조건으로 데이터를 조회한 후 물음에 답하시오.

┤ 보 기 ├
- 사업장　　: 2000.㈜한국자전거지사
- 실적기간 : 2022/01/09 ～ 2022/01/15
- 조건1　　: ㈜한국자전거지사의 홍길동 사원은 2022년 1월 11일 작업공정(포장)에 필요한 품목 [83-2000100.전장품 ASS'Y]를 반제품작업장으로부터 이동처리를 했다.
- 조건2　　: 이동수량은 '40EA'이며, 이동된 PROJECT는 '산악용자전거'로 처리했다.

다음 [보기]의 조건에 해당하는 재공품에 대한 이동번호로 옳은 것은?

① WM2201000001
② WM2201000002
③ WM2201000003
④ WM2201000004

17 아래 [보기]의 조건으로 데이터를 조회한 후 물음에 답하시오.

┤ 보 기 ├
- 사업장　　: 2000.㈜한국자전거지사
- 지시기간 : 2021/12/01 ～ 2021/12/11
- 공 정　　: L300.작업공정(도색) / 작업장 : L303.반제품작업장(조립품 PART 2)

다음 [보기]의 조건에 해당하는 지시 대비 실적내역에 대해 실적잔량의 합이 가장 적게 남아 있는 품목으로 옳은 것은?

① 83-2000100.전장품 ASS'Y
② 87-1002001.BREAK SYSTEM
③ 88-1002000.PRESS FRAME-Z
④ 81-1001000.BODY-알미늄(GRAY-WHITE)

18 아래 [보기]의 조건으로 데이터를 조회한 후 물음에 답하시오.

┤ 보 기 ├
- 사업장   : 2000.㈜한국자전거지사
- 지시기간 : 2021/12/12 ～ 2021/12/18
- 지시공정 : L400.작업공정(포장) / 지시작업장 : L402.프리미엄작업장(포장)

㈜한국자전거본사는 실적수량이 가장 많은 작업팀에게 인센티브를 지원하려고 한다. 다음 [보기] 조건에 해당하는 실적내역에 대해 실적수량의 합이 가장 많은 작업팀으로 옳은 것은?

① P2A, 작업 A팀
② P2B, 작업 B팀
③ P2C, 작업 C팀
④ P2D, 작업 D팀

19 아래 [보기]의 조건으로 데이터를 조회한 후 물음에 답하시오.

┤ 보 기 ├
- 사업장   : 2000.㈜한국자전거지사
- 실적기간   : 2022/01/01 ～ 2022/01/08
- 구 분   : 1.공정
- 공 정   : L300 작업공정(도색) / 작업장 : L302 반제품작업장(조립품)
- 수량조회기준 : 0.실적입고기준
- 단가 OPTION : 조달구분 구매, 생산 모두 실제원가[품목등록]

다음 [보기] 조건에 대한 실적기준의 생산일보를 조회한 후 반제품 계정의 양품금액이 가장 많은 품목으로 옳은 것은?

① 87-1002001.BREAK SYSTEM
② 88-1002000.PRESS FRAME-Z
③ 88-1001000.PRESS FRAME-W
④ 81-1001000.BODY-알미늄(GRAY-WHITE)

20 아래 [보기]의 조건으로 데이터를 조회한 후 물음에 답하시오.

---| 보 기 |--

- 사업장   : 2000.㈜한국자전거지사
- 해당년도 : 2022
- 계 정   : 0.원재료

㈜한국자전거지사 홍길동 사원은 품목 [21-1070700.FRAME-티타늄]의 재공수량을 확인 중에 있다. 다음 중 품목 [21-1070700.FRAME-티타늄]의 재공수량이 가장 적게 남아 있는 공정/작업장으로 옳은 것은?

① 공 정 : 작업공정   / 작업장 : 제품작업장
② 공 정 : 작업공정   / 작업장 : 반제품작업장
③ 공 정 : 작업공정(도색) / 작업장 : 제품작업장(완성품)
④ 공 정 : 작업공정(도색) / 작업장 : 반제품작업장(조립품)

이론문제

01	02	03	04	05	06	07	08	09	10
③	④	④	③	②	④	①	④	③	④
11	12	13	14	15	16	17	18	19	20
③	②	④	④	④	④	④	④	①	④

01 ③ ERP 시스템은 개방형 정보시스템 구성으로 자율성, 유연성 극대화를 추구한다.

02 ④ BPR(Business Process Re-Engineering)에 대한 설명이다.
① MRP(Material Requirement Program) : 제조 · 생산을 계획하도록 설계된 시스템
② MBO(Management by objectives, 목표관리시스템) : 목표에 의한 관리(Management By Objectives : MBO)를 제도화한 성과관리시스템
③ JIT(Just In Time, 적시생산시스템) : 필요한 양만큼 필요한 시간에 보유함으로써 재고를 최소화하는 방식의 시스템

03 ③ 개방적인 정보접근성을 특징으로 한다.

클라우드 ERP 시스템의 장점
• 접근성 및 편의성 • 맞춤형 및 비용 효율적인 솔루션 • 안정적인 데이터 관리 및 보안 강화 • 원격근무환경의 구현을 통한 스마트워크환경 구축

04 ③ 정보의 관리 · 감독 · 통제 기능이 강화된다.

05 ② 생산성에 대한 설명이다.
$$\text{• 생산성} = \frac{\text{산출량(Output)}}{\text{투입량(Input)}}$$

06 ④ 시장조사법, 판매원의견종합법, 델파이(Delphi)분석법은 모두 정성적(주관적) 수요예측기법이다.

수요예측방법		내 용
정성적 방법	시장조사법	시장상황에 대한 자료를 수집하고 이를 이용해 예측
	패널동의법	패널의 의견으로 모아 예측치로 활용
	중역평가법	중역들의 의견으로 모아 예측치로 활용
	판매원의견합성(종합)법	지역 담당판매원들이 예측한 각 지역 예측치를 모아 예측
	수명주기유추법	유사한 기존 제품의 수명주기상의 수용을 이용해 예측
	델파이분석법	여러 전문가들의 의견을 수집해 신제품의 수요를 예측
계량적 방법	시계열분석법	시간의 흐름에 따라 일정한 간격마다 기록한 시계열데이터를 분석해 예측(이동평균법, 지수평활법, ARIMA, 분해법 등)
	인과모형분석법	인과모형이 어떤 수요에 영향을 미치는지를 찾아내고, 그 요인과 수요와의 관계를 분석해 향후 수요를 예측

07 ① ARIMA에 대한 설명이다.

② 지수평활법 : 시간의 흐름에 따라 최근 시계열에 더 많은 가중치를 부여하여 예측

③ 패널동의법 : 정성적 방법 중 한 가지로 패널의 의견으로 모아 예측치로 활용

④ 분해법 : 과거 판매자료가 갖고 있는 변화를 추세변동, 주기변동, 계절변동, 불규칙변동으로 구분하여 각각을 예측한 후 이를 결합하여 수요를 예측

08 ④ ETO(Engineer-To-Order) : 주문설계생산

① MTS(Make-To-Stock) : 계획생산(소품종 대량생산)

② MTO(Make-To-Order) : 주문생산(다품종 소량생산)

③ ATO(Assemble-To-Order) : 주문조립생산(자동차와 같이 옵션이 많고 고가인 제품의 생산)

09 ③ 총괄생산계획은 ▲ 고용수준의 변동 ▲ 생산율의 조정 ▲ 재고수준의 조정 ▲ 하청의 네 가지 전략을 바탕으로 수립한다.

10 ④ 자재명세서(BOM)는 자재소요계획(MRP)을 수립하기 위해 필요한 요소다.

기준생산계획(MPS) 필수요소	자재소요계획(MRP) 필수요소
• 기간별 수요량 • 현재 재고량 • 주문정책 및 매개변수	• 기준생산계획(MPS) • 자재명세서(BOM) • 재고기록파일(IRFP)

11 • ①, ②, ④는 공정관리의 대내적인 목표다.

공정관리	목 표
대내적인 목표	생산과정에 있어서 작업자의 대기나 설비의 유휴에 의한 손실시간을 감소시켜서 가동률을 향상시키고, 자재의 투입에서부터 제품이 출하되기까지의 시간을 단축함으로써 재공품의 감소와 생산속도의 향상을 목적으로 하는 것
대외적인 목표	주문생산의 경우는 물론이고, 시장예측생산의 경우도 수요자의 필요에 따라 생산을 해야 하므로 주문자 또는 수요자의 요건을 충족시켜 주어야 한다. 그러므로 납기 또는 일정기간 중에 필요로 하는 생산량의 요구조건을 준수하기 위해 생산과정을 합리화하는 것

12 ② 공수계획에 대한 설명이다.

공정(절차)계획			내 용
1단계	절차계획		특정제품을 만드는 데 필요한 공정순서를 정의한 것으로 작업의 순서, 표준시간, 각 작업이 행해질 장소를 결정하고 할당
2단계	공수계획	부하계획	일반적으로 할당된 작업에 대해 최대작업량과 평균작업량의 비율인 부하율을 최적으로 유지할 수 있는 작업량의 할당을 계획하는 것
		능력계획	작업수행상의 능력에 대해 기준조업도와 실제조업도와의 비율을 최적으로 유지하기 위해 현재의 능력을 계획하는 것
3단계	일정계획	대일정계획	납기에 따른 월별생산량이 예정되면 기준일정표에 의거한 각 직장·제품·부분품별로 작업개시일, 작업시간, 완성기일을 지시하는 것
		중일정계획	제작에 필요한 세부작업, 즉 공정·부품별 일정계획으로 일정계획의 기본이 됨
		소일정계획	특정기계 내지 작업자에게 할당될 작업을 결정하고 그 작업의 개시일과 종료일을 나타내며, 이로 진도관리 및 작업분배가 이루어짐

13 ④ 대기와 저장의 상태는 정체공정(Delay)에 속한다.

공정의 분류		내 용
가공공정(Operation)		• 제조의 목적을 직접적으로 달성하는 공정 • 변질, 변형, 변색, 조립, 분해로 되어 있고 대상물을 목적에 접근시키는 유일한 상태
운반공정 (Transportation)		• 제품이나 부품이 하나의 작업장소에서 타 작업장소로 이동하기 위해 발생하는 작업 • 이동 또는 하역을 하고 있는 상태
검사공정 (Inspection)	양적검사	수량·중량 측정
	질적검사	가공부품의 가공정도·품질·등급별 분류
정체공정 (Delay)	대 기	제품이나 부품이 다음의 가공·조립을 위해 일시 기다리는 상태
	저 장	다음 가공·조립으로의 허가 없는 이동이 금지되어 있는 상태(계획적 보관)

14 ④ 사람 또는 기계가 유휴상태가 되지 않도록 적절하게 작업량을 할당한다.

공수계획의 기본적 방침
• 부하와 능력의 균형화 • 가동률의 향상 • 일정별 부하변동 방지 • 적정배치, 전문화 촉진 • 여유성

15 • ①, ②, ③은 간트차트의 단점(결점)이다.

간트차트의 장점	간트차트의 단점
• 연관작업의 일정을 조정하기 용이 • 전체적인 프로젝트 흐름을 쉽게 시각화 • 작업순서 파악 • 전체 공정시간, 작업완료시간, 다음 작업의 시작시간 파악 • 업무성과의 상호비교 가능	• 계획의 변화, 변경에 약함 • 일정계획에 있어서 정밀성을 기대하기 어려움 • 작업 상호 간 유기적 관계가 명확하지 못함 • 대규모의 공사에 적용하기 어려움

16 ④ 애로공정을 해결해야 생산성이 극대화된다.

17 ① 순환(주기)재고
② 안전재고
③ 파이프라인(수송)재고

재고의 종류	내 용
순환(주기)재고	일시에 필요한 양보다 더 많이 주문하는 경우에 생기는 재고
안전재고	여러 가지 불확실한 상황에 대처하기 위해 미리 확보하고 있는 재고
예상재고	계절적인 수요의 변화, 가격의 변화, 파업 등을 예상하고 대비하기 위한 재고
파이프라인(수송)재고	유통과정 중에 있는 제품이나 생산 중에 있는 재공품 재고

18 ④ 많은 단계를 갖는 자재명세서나 로트 크기가 큰 경우에 적절하다.

19 ② 개략생산능력계획(RCCP)의 주요 입력데이터는 'MPS Plan'이다.
③ 자원요구량을 계산하는 과정에서 생산능력소요계획(CRP)은이 개략생산능력계획(RCCP)보다 정확하다.
④ 생산능력소요계획(CRP)은 개략생산능력계획(RCCP)보다 현실적인 자원요구량 계획을 생성할 수 있다.

20 ④ 공급망관리(SCM)는 물자, 정보 및 재정 등이 원재료 공급업체, 도매상, 소매상, 소비자로 이동되는 흐름을 통합적으로 관리하는 시스템이다.

SCM 주요 3 흐름	내 용
제품흐름	공급자로부터 고객으로의 상품이동, 고객의 물품 반환 및 애프터서비스 요구 등
정보흐름	주문의 전달, 배송상황의 갱신 등
재정흐름	신용조건, 지불계획, 위탁판매, 권리소유권 합의 등

01	02	03	04	05	06	07	08	09	10
①	②	②	④	④	③	④	③	②	③
11	12	13	14	15	16	17	18	19	20
①	②	④	①	④	②	①	①	②	①

01 [시스템관리] – [기초정보등록] – [품목등록]

→ [계정구분 : 4.반제품] – [대분류 : 100.조립반제품] – [MASER/SPEC] 및 [ORDER/COST] 탭

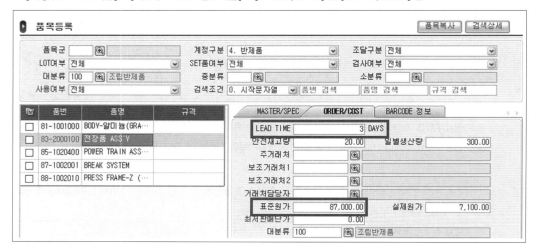

① '계정구분'은 [MASER/SPEC] 탭에서, '대분류 · LEAD TIME · 표준원가'는 [ORDER/COST] 탭에서 확인한다.

02 [시스템관리] – [기초정보등록] – [창고/공정(생산)/외주공정등록]

→ [생산공정/작업장] 탭 – [사업장 : 2000.㈜한국자전거지사]

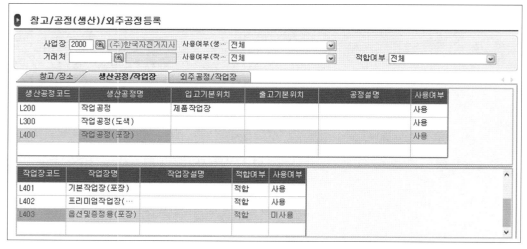

② [L400.작업공정(포장)]의 작업장 중에는 [L404.반제품용(포장)]이 없다.

03   [시스템관리] – [기초정보등록] – [물류실적(품목/고객)담당자등록]

→ [품목] 탭 – [계정 : 4.반제품]

② 보기의 조건에 해당하는 품목은 [83-2000110.전장품 ASS'Y (TYPE A)]다.

04   [생산관리공통] – [기초정보등록] – [BOM등록]

→ [모품목 : NAX-A400.일반자전거(P-GRAY WHITE)] – [기준일자 : 2022/01/01] – [사용여부 : 1.사용]

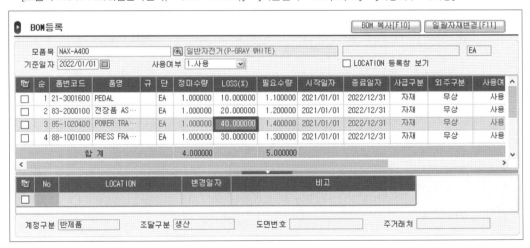

④ [85-1020400.POWER TRAIN ASS'Y(MTB)] 품목의 LOSS(%)가 '40'으로 가장 크다.

05 [생산관리공통] – [기초정보등록] – [BOM역전개]

→ [BOM] 탭 – [자품목 : 21-3001500.PEDAL(S)] – [기준일자 : 2022/01/01] – [사용여부 : 1.여]

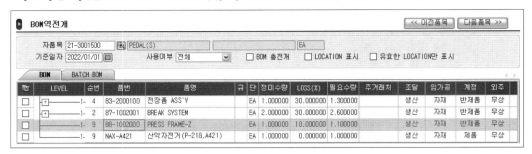

④ [88-1001000.PRESS FRAME-W] 품목의 하위정보가 없다.

06 [생산관리공통] – [생산관리] – [생산계획등록]

→ [날짜별] 탭 – [사업장 : 2000.㈜한국자전거지사] – [작업예정일 : 2021/12/01 ~ 2021/12/04] – [계정구분 : 2.제품]

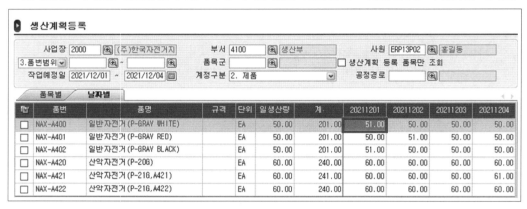

③ [NAX-A400.일반자전거(P-GRAY WHITE)] 품목의 일생산량을 초과하는 작업예정일은 '2021/12/01'이다.

07 [생산관리공통] – [생산관리] – [작업지시등록]

→ [사업장 : 2000.㈜한국자전거지사] – [공정 : L300.작업공정(도색)] – [작업장 : L301.제품작업장(완성품)] – [지시기
간 : 2021/12/05 ~ 2021/12/11] – 조회 후 상세내역에서 마우스 오른쪽 버튼/'부가기능 – 품목상세정보' 클릭 – [품
목 상세정보] 팝업창

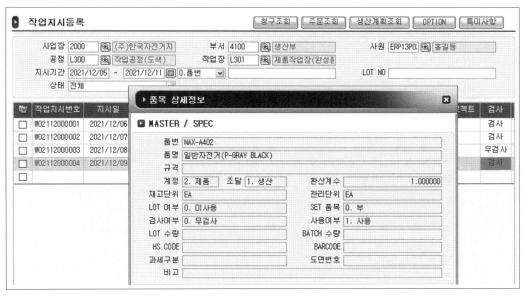

④ [NAX–A402.일반자전거(P–GRAY BLACK)]의 검사여부는 '0.무검사'이나 검사구분은 '검사'다.

08 [생산관리공통] – [생산관리] – [작업지시확정]

→ [사업장 : 2000.㈜한국자전거지사] – [공정 : L200.작업공정] – [작업장 : L202.반제품작업장] – [지시기간 :
2021/12/12 ~ 2021/12/18] – 조회 후 작업지시번호 체크 후 상단 [확정] 클릭 – [청구일자 입력] 팝업창 – [사용일 :
2021/12/14] – [확인] 클릭

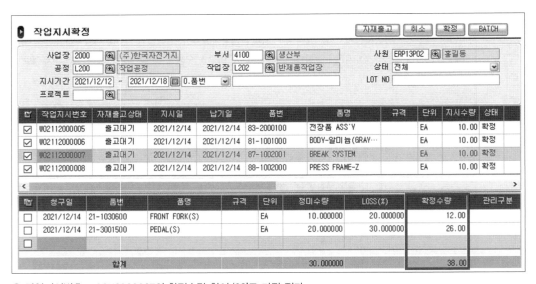

③ 작업지시번호 WO2112000007의 확정수량 합이 '38'로 가장 적다.

① WO2112000005의 확정수량 합 : 69.5

② WO2112000006의 확정수량 합 : 40

④ WO2112000008의 확정수량 합 : 89

09 [생산관리공통] – [생산관리] – [생산자재출고]

→ [사업장 : 2000.㈜한국자전거지사] – [출고기간 : 2021/12/19 ~ 2021/12/25] – [출고창고 : M200.부품창고_인천지점] – [공정 : L400.작업공정(포장)] – [작업장 : L401.기본작업장(포장)]

② 모품목 [NAX-A421.산악자전거(P-21G,A421)]에 의한 자재출고수량의 합은 '50'이다.

10 [생산관리공통] – [생산관리] – [작업실적등록]

→ [사업장 : 2000.㈜한국자전거지사] – [지시(품목) : 2021/12/26 ~ 2021/12/31] – [지시공정 : L200.작업공정] – [지시
작업장 : L202.반제품작업장]

③ 작업지시번호 WO2112000015의 실적수량 합은 '적합'이 20, '부적합'이 50으로 '적합'인 실적수량의 합이 더 많다.

11 [생산관리공통] – [생산관리] – [생산자재사용등록]

→ [사업장 : 2000.㈜한국자전거지사] – [구분 : 1.생산] – [실적공정 : L300.작업공정(도색)] – [실적작업장 : L302.반제
품작업장(조립품)] – [실적기간 : 2022/01/01 ~ 2022/01/08] – [상태 : 1.확정] – 조회 후 작업지시번호 클릭 후 상
단 [청구적용 [F8]] 클릭 – [청구 적용 도움창]

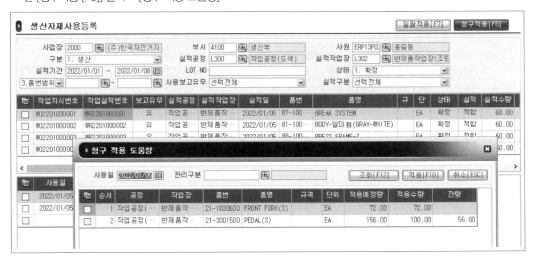

① 작업실적번호 WR2201000001의 잔량 합이 '56'으로 가장 많다.

② 작업실적번호 WR2201000002의 잔량 합 : 8 + 6 + 6 = 20

③ 작업실적번호 WR2201000003의 잔량 = 6 + 10 + 10 + 10 + 10 = 46

④ 작업실적번호 WR2201000004의 잔량 = 20 + 10 + 6 +2 = 38

12 [생산관리공통] – [생산관리] – [생산실적검사]

→ [사업장 : 2000.㈜한국자전거지사] – [실적일 : 2022/01/09 ~ 2022/01/15] – [공정 : L400.작업공정(포장)] – [작업장 : L402.프리미엄작업장(포장)]

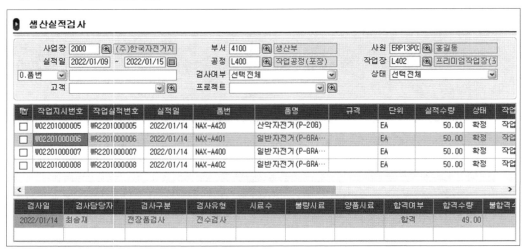

② 합격수량의 합이 가장 많이 발생한 검사담당자는 '최승재'다.

• 최승재 합격수량 = 49 + 50 = 99, 문승효 합격수량 = 45 + 47 = 92

13 [생산관리공통] – [생산관리] – [생산품창고입고처리]

→ [사업장 : 2000.㈜한국자전거지사] – [실적기간 : 2022/01/16 ~ 2022/01/22] – [공정 : L200.작업공정] – [작업장 : L202.반제품작업장]

④ 실적번호 WR2201000012의 입고가능수량은 입고대상수량에서 기입고수량을 뺀 나머지 수량이다.

입고가능수량 = 입고대상수량 – 기입고수량

→ 생산실적검사의 여부(①)를 확인하려면 상단 조회조건을 [검사구분 : 1.검사]로 하여 재조회한다.

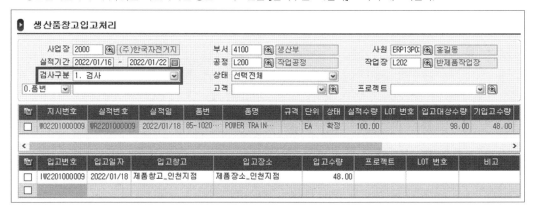

14 [생산관리공통] – [생산관리] – [작업지시마감처리]

→ [사업장 : 2000.㈜한국자전거지사] – [지시일 : 2022/01/16 ~ 2022/01/22] – [공정구분 : 1.생산] – [공정 : L200.작업공정] – [작업장 : L201.제품작업장]

① 작업지시번호 WO2201000013의 실적잔량이 '15'로 가장 많다.

② 작업지시번호 WO2201000014의 실적잔량 = 10

③ 작업지시번호 WO2201000015의 실적잔량 = 5

④ 작업지시번호 WO2201000016의 실적잔량 = 13

15 [생산관리공통] – [재공관리] – [기초재공등록]

→ [사업장 : 2000.㈜한국자전거지사] – [등록일 : 2022/01/02 ~ 2022/01/08]

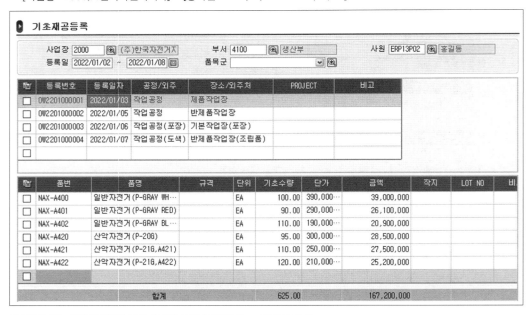

① 작업공정, 제품작업장의 기초재공에 대한 금액의 합 = 167,200,000

② 작업공정(포장), 기본작업장(포장)의 기초재공에 대한 기초수량의 합 = 1,790.00

③ 작업공정(도색), 반제품작업장(조립품)의 기초재공 품목에는 LOT NO를 관리하는 품목이 있다.

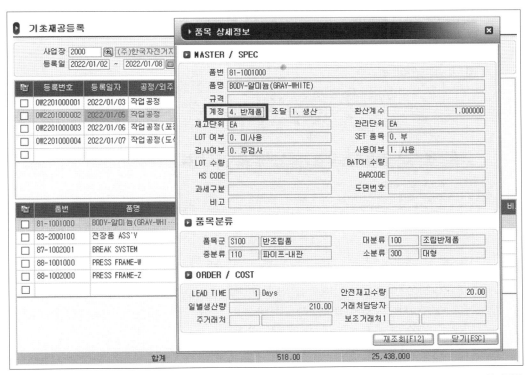

④ 하단 상세내역에서 마우스 오른쪽 버튼/'부가기능 – 품목상세정보' 클릭 – [품목 상세정보] 팝업창에서 확인했을
때 해당 기초재공 품목에는 계정구분이 '반제품'인 품목들만 등록되어 있다.

16 [생산관리공통] – [재공관리] – [재공창고입고/이동/조정등록]

→ [재공이동] 탭 – [사업장 : 2000.㈜한국자전거지사] – [실적기간 : 2022/01/09 ～ 2022/01/15]

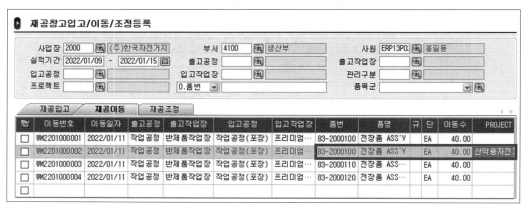

② 해당 조건으로 이동한 재공품의 이동번호는 'WM2201000002'다.

17 [생산관리공통] – [생산/외주/재공현황] – [지시대비실적현황]

→ [사업장 : 2000.㈜한국자전거지사] – [지시기간 : 2021/12/01 ～ 2021/12/11] – [공정 : L300.작업공정(도색)] – [작업장 : L303.반제품작업장(조립품 PART 2)]

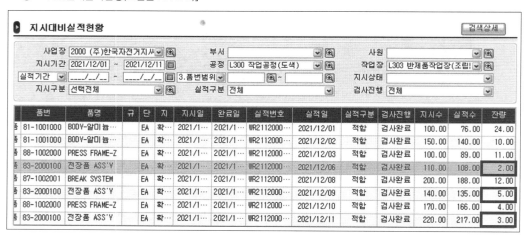

① [83-2000100.전장품 ASS'Y] 품목의 실적잔량 합이 '10(= 2 + 5 + 3)'으로 가장 적다.

② [87-1002001.BREAK SYSTEM] 품목의 실적잔량 합 = 12

③ [88-1002000.PRESS FRAME-Z] 품목의 실적잔량 합 = 15

④ [81-1001000.BODY-알미늄(GRAY-WHITE)] 품목의 실적잔량 합 = 24 + 10 = 34

18 [생산관리공통] – [생산/외주/재공현황] – [실적현황]

→ [사업장 : 2000.㈜한국자전거지사] – [지시기간 : 2021/12/12 ~ 2021/12/18] – [지시공정 : L400.작업공정(포장)] –
　[지시작업장 : L402.프리미엄작업장(포장)

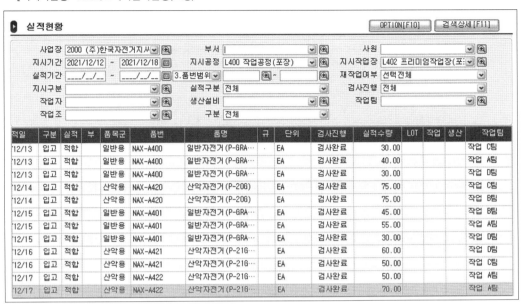

* 조회조건에 [작업팀]을 추가해 팀별로 구분해 조회도 가능하다.

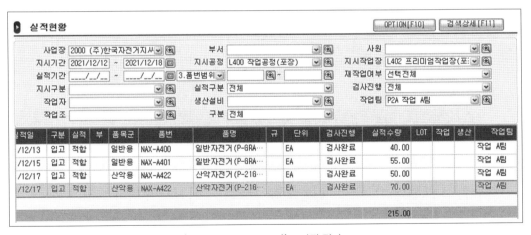

① [P2A.작업 A팀]의 실적수량 합이 '215(= 40 + 55 + 50 + 70)'로 가장 많다.
② [P2B.작업 B팀]의 실적수량 합 = 45 + 75 = 120
③ [P2C.작업 C팀]의 실적수량 합 = 30 + 75 + 50 = 155
④ [P2D.작업 D팀]의 실적수량 합 = 30 + 30 + 60 = 120

19 [생산관리공통] – [생산/외주/재공현황] – [생산일보]

→ [실적기준] 탭 – [사업장 : 2000.㈜한국자전거지사] – [실적기간 : 2022/01/01 ～ 2022/01/08] – [구분 : 1.공정] –
[공정 : L300.작업공정(도색)] – [작업장 : L302.반제품작업장(조립품)] – [수량조회기준 : 0.실적입고기준] – 조회 후
상단 [단가 OPTION[F10] 클릭 – [단가 OPTION[F10]] 팝업창 – [조달 : 구매 : 실제원가] 체크, [조달 : 생산 : 실제원
가] 체크 후 [확인(TAB)] 클릭

② [88-1002000.PRESS FRAME-Z] 품목의 양품금액이 '2,886,000'으로 가장 많다.

20 [생산관리공통] – [생산/외주/재공현황] – [현재공현황(공정/작업장)]

→ [작업장] 탭 – [해당년도 : 2022] – [계정 : 0.원재료] – [3.품목범위 : 21-1070700～21-1070700]

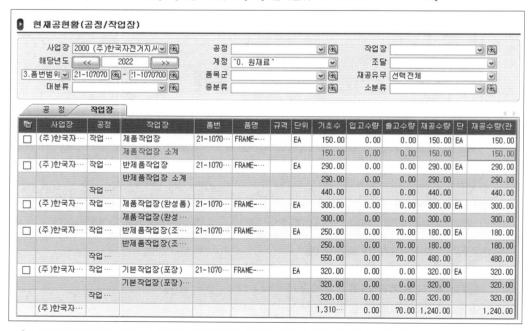

① [21-1070700.FRAME-티타늄] 품목의 재공수량이 가장 적게 남아 있는 공정/작업장은 '[공정 : 작업공정]/[작업장 :
제품작업장]'이다.

이론문제

01 원가, 품질, 서비스, 속도와 같은 주요 성과측정치의 극적인 개선을 위해 업무프로세스를 급진적으로 재설계하는 것은 무엇인가?

① BSC(Balanced Scorecard)
② BPR(Business Process Reengineering)
③ CALS(Commerce At Light Speed)
④ EIS(Executive Information System)

02 ERP 구축절차 4단계 중 '데이터 전환 및 시험가동'이 진행되는 단계로 옳은 것은?

① 구현단계
② 구축단계
③ 설계단계
④ 분석단계

03 ERP 도입의 예상효과로 가장 옳지 않은 것은?

① 투명한 경영
② 결산작업의 단축
③ 사이클타임(Cycle Time) 감소
④ 개별 업무시스템 효율적 운영

04 다음 중 ERP의 기능적 특징으로 옳지 않은 것은?

① 객체지향기술 사용
② 경영정보제공 및 경영조기경보체계를 구축
③ 중복업무의 배제 및 실시간 정보처리체계 구축
④ 표준을 지향하는 선진화된 최고의 실용성을 수용

05 Engineering BOM의 설명으로 옳은 것은?

① 생산관리부서 및 생산현장에서 사용되는 BOM이다.
② 주로 설계부서에서 사용, 기능을 중심으로 작성되는 BOM이다.
③ 생산관리 부서, 판매 및 마케팅 부서 등에서 사용되는 BOM이다.
④ 제품을 구성하는 부품의 양을 정수로 표현하는 것이 아니라 백분율로 표현한 BOM이다.

06 수요예측방법은 정성적인 방법(주관적)과 정량적인 방법(객관적)으로 구분된다. 구분방법이 나머지와 다른 예측방법은 무엇인가?

① 델파이법
② 지수평활법
③ 소비자조사법
④ 판매원의견종합법

07 다음 중 제조전략에 따라 생산시스템을 분류했을 때 일반적으로 리드타임(제작기간)이 가장 긴 것은 무엇인가?

① Engineer-To-Order(ETO)
② Make-To-Order(MTO)
③ Assemble-To-Order(ATO)
④ Make-To-Stock(MTS)

08 총괄생산계획(APP ; Aggregate Production Planning) 수립에 있어서 고려해야 할 전략과 거리가 먼 것을 고르시오.

① 하 청
② 품질 조정
③ 생산율 조정
④ 재고수준 조정

09 기준생산계획(MPS ; Master Production Scheduling)을 수립하기 위해 필요한 요소로 적당하지 않은 것은?

① 현재 재고량
② 기간별 수요량
③ 재고수준의 조정
④ 주문정책 및 매개변수

10 보기는 무엇에 대한 설명인가?

┤ 보 기 ├
- 잔여 납기일수를 잔여 작업일수로 나눈 값이며, 해당 값이 작은 순서대로 작업을 진행한다.

① 간트차트
② PERT/CPM
③ 긴급률(CR)
④ 자재명세서(BOM)

11 보기의 괄호 안에 공통적으로 들어갈 용어를 고르시오.

┤ 보 기 ├
- ( )은 작업개시에 앞서 능률적이며 경제적인 작업절차를 결정하기 위한 것으로서 이에 따라서 작업방법과 작업순서가 정해진다. ( )은 작업순서, 표준시간, 작업장소를 결정하고 할당하는 계획이다.

① 공수계획
② 일정계획
③ 절차계획
④ 생산계획

12 보기에서 설명하는 공정이 무엇인지 고르시오.

┤ 보 기 ├
- 변질, 변형, 변색, 조립, 분해 등의 과정을 통해 제조의 목적을 직접적으로 달성하는 공정이다.

① 애로공정
② 생산공정
③ 대기공정
④ 가공공정

13 공수계획에 대한 기본적 방침 중 적절하지 않은 것은?

① 가동률의 향상
② 부하와 능력의 균형화
③ 일정별 부하고정 방지
④ 적성배치와 전문화 촉진

14 기계별로 현재 능력에 대해 어느 정도의 작업량이 부하되어 있는가를 보여주는 도표는 무엇인가?

① 기계기록도표
② 작업할당도표
③ 작업진도도표
④ 작업부하도표

15 JIT(Just In Time)에 관한 설명으로 적절하지 않은 것은?

① 재고는 모든 악의 근원
② 불량률을 허용하지 않음
③ 납품업체와의 적극적 협업
④ 개선활동은 중요하지 않음

16 5S의 개념 중 보기에서 설명하는 것으로 옳은 것은?

┤ 보 기 ├
• 필요한 것을 필요할 때 즉시 사용할 수 있도록 지정된 장소에 위치시키는 것을 말한다.

① 정리(SEIRI)
② 정돈(SEITON)
③ 청소(SEISO)
④ 청결(SEIKETSU)

17 A부품의 연간 수요량은 400개이고, 1회 주문비용은 100원이며, 단가는 20원, 연간 재고유지비율이 0.1일 경우 경제적 주문량(EOQ)은 몇 개인가?

① 100개
② 200개
③ 300개
④ 400개

18 MRP(자재소요계획)에 대한 설명으로 옳지 않은 것은?

① 주로 컴퓨터를 이용해 업무를 처리한다.

② 자재는 독립적인 수요를 갖고 있어 예측을 통해 수요를 판단한다.

③ 주요입력요소에는 주생산일정계획, 자재명세서, 재고명세서가 있다.

④ 제품을 구성하는 수많은 자재요소들을 효율적으로 관리하기 위한 관리기법이다.

19 생산능력소요계획(CRP ; Capacity Requirement Planning)에 관한 내용으로 옳은 것은?

① CRP의 주요 입력데이터는 'MRP Record'다.

② 자원요구량을 계산할 때에는 RCCP가 CRP보다 정확하다.

③ CRP에 입력되는 자료로서 작업장의 상태정보는 사용되지 않는다.

④ CRP는 기준생산계획(MPS)이 주어진 제조자원의 용량을 넘어서는지 아닌지를 계산하는 모듈이다.

20 SCM 주요 흐름 중에서 제품·서비스 흐름에 해당되는 것을 고르시오.

① 신용조건 및 지불조건

② 위탁판매와 권리소유권 합의

③ 주문의 전달과 배송상황의 갱신

④ 어떤 고객의 물품반환이나 애프터서비스 요구

로그인 정보

회사코드	4005	사원코드	ERP13P02
회사명	생산2급 회사B	사원명	홍길동

01 아래 [보기]의 조건으로 데이터를 조회한 후 물음에 답하시오.

┤ 보 기 ├
- 조달구분 : 1.생산

보기 중 계정구분이 나머지와 다른 품목을 고르시오.

① 83-2000100. 전장품 ASS'Y

② 87-1002001. BREAK SYSTEM

③ 88-1002010. PRESS FRAME-Z (TYPE A)

④ NAX-A402. 일반자전거(P-GRAY BLACK)

02 아래 [보기]의 조건으로 데이터를 조회한 후 물음에 답하시오.

┤ 보 기 ├
- 검사구분 : 41.공정검사

[보기]의 조건에 해당하는 검사유형명 중에서 '필수'로 입력해야 하는 검사유형질문이 있는 검사유형명을 고르시오.

① 바디조립검사　　　　　　　　　　② 휠조립검사

③ 핸들조합검사　　　　　　　　　　④ 자전거 Ass'y 최종검사

03 아래 [보기]의 조건으로 데이터를 조회한 후 물음에 답하시오.

┤ 보 기 ├
- 사업장 : 2000.㈜한국자전거지사

㈜한국자전거지사의 창고와 장소, 공정과 작업장의 연결이 옳지 않은 것은?

① [M200.부품창고_인천지점], [P201.제품장소_인천지점]

② [P200.제품창고_인천지점], [P211, 제품장소_인천지점_가용]

③ [L200.작업공정], [L206, 반제품작업장_적합]

④ [L300.작업공정(도색)], [L305, 도색작업장(서울)]

04 아래 [보기]의 조건으로 데이터를 조회한 후 물음에 답하시오.

> ┤ 보 기 ├─
> • 모품목　　 : NAX-A402.일반자전거(P-GRAY BLACK)
> • 기준일자 : 2022/01/01
> • 사용여부 : 1.사용

[보기]의 조건에 해당하는 자재명세서에 대한 설명으로 옳은 것은?

① 총 12개의 자품목으로 구성되어 있다.
② 정미수량과 필요수량이 동일하다.
③ 외주구분은 모두 무상으로 구성되어 있다.
④ [21-1030600.FRONT FORK(S)] 주거래처는 '㈜하나상사'다.

05 아래 [보기]의 조건으로 데이터를 조회한 후 물음에 답하시오.

> ┤ 보 기 ├─
> • 자품목　　　 : 21-1060700.FRAME-NUT
> • 기준일자　　 : 2022/03/01
> • 사용여부　　 : 전 체
> • BOM 총전개 : 체 크

다음 중 자품목 [21-1060700.FRME-NUT]의 상위 모품목에 대한 설명으로 옳지 않은 것은?

① [87-1002001.BREAK SYSTEM]의 계정은 '반제품'이다.
② [88-1001000.PRESS FRAME-W]의 주거래처는 '㈜하나상사'다.
③ [81-1001000.BODY-알미늄(GRAY-WHITE)]의 외주는 '무상'이다.
④ 임가공 구분은 사급과 자재 모두 존재한다.

06 아래 [보기]의 조건으로 데이터를 조회한 후 물음에 답하시오.

> ┤ 보 기 ├─
> • 사업장　　 : 2000.㈜한국자전거지사
> • 작업예정일 : 2022/03/01 ~ 2022/03/10
> • 계정구분　 : 4.반제품

[보기] 조건의 생산계획내역 중 일생산량을 초과해 등록된 생산계획품목과 작업예정일로 옳은 것은?

① [81-1001010.BODY-알미늄 (GRAY-WHITE, TYPE A)] - 2022-03-05
② [81-1001020.BODY-알미늄 (GRAY-WHITE, TYPE B)] - 2022-03-04
③ [83-2000100.전장품 ASS'Y] - 2022-03-06
④ [83-2000120.전장품 ASS'Y (TYPE B)] - 2022-03-01

07 아래 [보기]의 조건으로 데이터를 조회한 후 물음에 답하시오.

┤ 보 기 ├
- 사업장   : 2000.㈜한국자전거지사
- 공 정   : L200.작업공정 / 작업장 : L201.제품작업장
- 지시기간 : 2022/03/01 ~ 2022/03/10

[보기]의 조건으로 등록된 작업지시내역 중 옳지 않은 것은?

① 작업지시번호 WO2203000001은 '생산설비 1호', '작업 1팀'으로 작업지시가 들어갔다.
② 작업지시번호 WO2203000002는 총 지시수량이 '15EA'다.
③ 작업지시번호 WO2203000003은 주문조회를 통해 '수주등록'데이터를 적용받아왔다.
④ 작업지시번호 WO2203000004만 검사구분이 '검사'다.

08 아래 [보기]의 조건으로 데이터를 조회한 후 물음에 답하시오.

┤ 보 기 ├
- 사업장   : 2000.㈜한국자전거지사
- 공 정   : L200.작업공정 / 작업장 : L202.반제품작업장
- 지시기간 : 2022/03/01 ~ 2022/03/05

[보기]의 작업지시내역에 대해 '확정'처리를 진행한 후 청구된 자재들의 확정수량의 합이 가장 큰 작업지시번호로 옳은 것은? (단, 사용일은 '2022/03/26'으로 한다)

① WO2203000005
② WO2203000006
③ WO2203000007
④ WO2203000008

09 아래 [보기]의 조건으로 데이터를 조회한 후 물음에 답하시오.

┤ 보 기 ├
- 사업장   : 2000.㈜한국자전거지사
- 출고기간 : 2022/03/05 ~ 2022/03/10

[보기]의 자재출고 중 옳지 않은 것은?

① 출고번호 MV2203000001은 모품목 [NAX-A400.일반자전거(P-GRAY WHITE)]와 관련된 자재출고 내용이다.
② 출고번호 MV2203000002의 자재에 대한 출고수량의 합이 가장 많다.
③ 출고번호 MV2203000003의 자재들은 요청수량의 합과 출고수량의 합이 같다.
④ 출고번호 MV2203000004는 원천 지시번호 WO2203000012와 관련된 출고내용이다.

10 아래 [보기]의 조건으로 데이터를 조회한 후 물음에 답하시오.

┌─ 보 기 ├─
- 사업장　　: 2000.㈜한국자전거지사
- 지시(품목) : 2022/03/01 ~ 2022/03/05
- 지시공정　: L200.작업공정 / 지시작업장 : L204.반제품작업장_부적합
└─────

[보기]의 작업실적내용 중 실적내용이 '적합'인 실적의 지시번호를 고르시오.

① WO2203000013　　　　　　② WO2203000014
③ WO2203000015　　　　　　④ WO2203000016

11 아래 [보기]의 조건으로 데이터를 조회한 후 물음에 답하시오.

┌─ 보 기 ├─
- 사업장　　: 2000.㈜한국자전거지사
- 구 분　　 : 1.생산
- 실적공정 : L200.작업공정 / 실적작업장 : L205.제품작업장_적합
- 실적기간 : 2022/03/15 ~ 2022/03/20 / 상태 : 1.확정
└─────

[보기] 조건으로 조회되는 작업지시 건들을 '일괄적용'을 통해 자재사용을 등록하려고 한다. 다음 중 일괄적용을 통해 생성된 자재사용내용의 설명으로 옳지 않은 것은? (단, 일괄적용 시 '실적 공정/날짜 기준'은 체크하며 출고창고는 [M200.부품창고_인천지점], [M201.부품/반제품_부품장소]로 한다.)

① 작업지시번호 WO2203000017은 총 55.5개의 자재가 사용등록되었다.
② 작업지시번호 WO2203000018은 2022/03/16 일자로 생산자재에 대한 사용내용이 등록되었다.
③ 작업지시번호 WO2203000019의 생산자재 사용수량의 합이 많다.
④ 작업지시번호 WO2203000020의 경우 필요한 자재가 없기 때문에 일괄적용을 통해 사용자재등록을 할 수 없다.

12 아래 [보기]의 조건으로 데이터를 조회한 후 물음에 답하시오.

┌─ 보 기 ├─
- 사업장 : 2000.㈜한국자전거지사
- 실적일 : 2022/03/25 ~ 2022/03/31
- 공 정　: L200.작업공정 / 작업장 : L206.반제품작업장_적합
└─────

[보기] 조건의 실적품목에 대한 검사내역 중 불합격수량이 가장 많이 나온 검사구분과 검사담당자를 고르시오.

① 바디조립검사 – 박지성　　　② 도색검사 – 최일영
③ 핸들조합검사 – 임준수　　　④ 자전거 Ass'y 최종검사 – 박상우

13 아래 [보기]의 조건으로 데이터를 조회한 후 물음에 답하시오.

┤ 보 기 ├
- 사업장 : 2000.㈜한국자전거지사
- 실적기간 : 2022/03/01 ~ 2022/03/05
- 공 정 : L300.작업공정(도색) / 작업장 : L301.제품작업장(완성품)

[보기] 조건의 생산품목의 창고 입고처리내역에 대한 설명으로 옳지 않은 것은?

① 실적번호 WR2203000013의 검사구분은 '무검사'다.
② 실적번호 WR2203000014의 입고가능수량은 '2EA'다.
③ 실적번호 WR2203000015에 대한 실적품목은 LOT사용 품목이다.
④ 실적번호 WR2203000016의 기입고수량에 대한 입고창고는 '제품창고_인천지점'이다.

14 아래 [보기]의 조건으로 데이터를 조회한 후 물음에 답하시오.

┤ 보 기 ├
- 사업장 : 2000.㈜한국자전거지사
- 등록일 : 2022/03/01 ~ 2022/03/05

[보기] 조건으로 등록된 [기초재공등록]에 대한 설명으로 옳지 않은 것은?

① '작업공정/제품작업장'에는 총 200EA의 기초수량이 등록되었다.
② 등록번호 OW2203000002는 LOT 품목에 관한 것들만 기초수량으로 등록했다.
③ 일반용자전거로 등록된 프로젝트에 가장 많은 기초수량의 합이 등록되었다.
④ '작업공정/제품작업장_적합'에 등록된 기초재공의 총 금액은 1,500,000원이다.

15 아래 [보기]의 조건으로 데이터를 조회한 후 물음에 답하시오.

┤ 보 기 ├
- 사업장 : 2000.㈜한국자전거지사
- 실적기간 : 2022/03/01 ~ 2022/03/31
- 조건1 : 2022년 3월 5일에 '작업공정/제품작업장'에서 품목 [21-3001500.PEDAL(S)]에 대한 재공수량을 변동했다.
- 조건2 : 조정수량은 '100EA'이며, COM교육사업 프로젝트로 관리하려 한다.

[보기] 조건에 해당하는 조정번호로 옳은 것은?

① WI22030000001
② WM2203000001
③ WM2203000002
④ WA2203000001

16 아래 [보기]의 조건으로 데이터를 조회한 후 물음에 답하시오.

> **┤ 보 기 ├**
> • 사업장 : 2000.㈜한국자전거지사
> • 지시기간 : 2022/03/01 ~ 2022/03/31

작업지시 대비 작업실적에 대한 내용을 확인하려고 한다. [보기]의 조건 내용 중 옳지 않은 것은?

① 실적구분이 '적합'인 수량보다 '부적합'인 수량이 더 많다.

② 실적구분이 '부적합'인 품목들은 지시 대비 실적비율이 100%이다.

③ 해당 기간 내에 프로젝트가 관리되는 실적내용은 없다.

④ 품목 [83-2000100.전장품 ASS'Y]는 아직 지시만 내려지고 실적이 이뤄지지 않았다.

17 아래 [보기]의 조건으로 데이터를 조회한 후 물음에 답하시오.

> **┤ 보 기 ├**
> • 사업장 : 2000.㈜한국자전거지사
> • 지시기간 : 2022/03/01 ~ 2022/03/31

실적에 대한 현황을 확인하고 있다. 다음 기간 중의 실적수량 중 아직 '검사대기' 건인 실적수량의 합을 고르시오.

① 0   ② 239

③ 174   ④ 65

18 아래 [보기]의 조건으로 데이터를 조회한 후 물음에 답하시오.

> **┤ 보 기 ├**
> • 사업장 : 2000.㈜한국자전거지사
> • 실적기간 : 2022/03/01 ~ 2022/03/31
> • 조회TAB : 실적기준
> • 수량조회기준 : 0.실적입고기준
> • 단가 OPTION : 조달구분 구매, 생산 모두 표준원가[품목등록] 적용

다음 [보기] 조건에 해당하는 생산내용을 확인하고, 양품금액이 가장 큰 품목으로 옳은 것은?

① NAX-A402.일반자전거(P-GRAY BLACK)

② NAX-A420.산악자전거(P-20G)

③ NAX-A421.산악자전거(P-21G, A421)

④ 85-1020410.POWER TRAIN ASS'Y(MTB, TYPE A)

19 아래 [보기]의 조건으로 데이터를 조회한 후 물음에 답하시오.

> ┤ 보 기 ├
> • 사업장   : 2000.㈜한국자전거지사
> • 해당년도 : 2022
> • 조회TAB : 작업장

㈜한국자전거지사의 현재공을 확인하고 있다. 다음 중 옳은 내용을 고르시오.

① 현 기준 총 출고수량은 '892'다.
② 총 재공수량과 총 재공수량(관리)의 개수는 다르다.
③ 품목 [NAX-A400.일반자전거(P-GRAY WHITE)]의 현재공은 '15'다.
④ '작업공정(도색) / 제품작업장(완성품)'에는 현재공이 하나도 없다.

20 아래 [보기]의 조건으로 데이터를 조회한 후 물음에 답하시오.

> ┤ 보 기 ├
> • 사업장 : 1000.㈜한국자전거본사
> • 지시일 : 2022/03/01 ～ 2022/03/31
> • 공 정 : L100.본사작업장 / 작업장 : L101.본사작업장

㈜한국자전거지사에서 해야 할 작업지시를 ㈜한국자전거본사로 작업지시를 잘못 내려 지시 마감처리를 하려고 한다. [보기]의 조건으로 조회를 한 후 '마감처리'할 수 있는 작업지시번호를 고르시오.

① WO2203000023
② WO2203000024
③ WO2203000025
④ WO2203000026

이론문제

01	02	03	04	05	06	07	08	09	10
②	①	④	①	②	②	①	②	③	③
11	12	13	14	15	16	17	18	19	20
③	④	③	④	④	②	②	②	①	④

01　② BPR(Business Process Reengineering)에 대한 설명이다.

　　① BSC(Balanced Scorecard)

　　③ CALS(Commerce At Light Speed)

　　④ EIS (Executive Information System)

02　① '4단계 구현' 단계에서는 시스템 운영, 시험가동, 시스템 평가, 유지·보수, 향후일정 수립 등이 진행된다.

ERP 구축절차	내 용
1단계 분석	현황 분석, TFT 구성, 문제 파악, 목표·범위 설정, 경영전략·비전 도출 등
2단계 설계	미래업무 도출, GAP 분석, 패키지 설치·파라미터 설정, 추가 개발·수정·보완 등
3단계 구축	모듈 조합화, 테스트, 추가 개발·수정·보완 확정, 출력물 제시 등
4단계 구현	시스템 운영, 시험가동, 시스템 평가, 유지·보수, 향후일정 수립 등

03　④ 통합 업무시스템 구축과 운영이 가능하다.

ERP 시스템 도입 시 예상효과
통합 업무시스템 구축, 재고물류비용 감소, 고객서비스 개선, 수익성 개선, 생산성 향상 및 매출 증대, 비즈니스 프로세스 혁신, 생산계획의 소요기간 단축, 리드타임 감소, 결산작업 단축, 원가절감, 투명한 경영, 표준화·단순화·코드화, 사이클타임 단축, 최신 정보기술 도입

04　① 객체지향기술 사용은 ERP의 기술적 특징이다.

ERP 특징	내 용
기능적 특징	다국적·다통화·다언어 지원, 중복업무 배제 및 실시간 정보처리체계 구축, 표준 지향 선진프로세스 수용, 비즈니스 프로세스 모델에 의한 리엔지니어링, 파라미터 지정에 의한 프로세스 정의, 경영정보 제공 및 경영조기경보체계 구축, 투명경영의 수단으로 활용, 오픈·멀티벤더 시스템
기술적 특징	4세대 언어(4GL), CASE TOOL 사용, 관계형 데이터베이스 채택, 객체지향기술 사용, 인터넷환경의 e-비즈니스를 수용할 수 있는 Multi-tier환경 구성

05　② Engineering BOM은 주로 설계과정에서 작성되며, 기능 중심으로 작성된다.

　　① 생산관리부서 및 생산현장에서 사용되는 BOM : Manufacturing BOM

　　③ 생산관리부서, 판매 및 마케팅 부서 등에서 사용되는 BOM : Planning BOM

　　④ 제품을 구성하는 부품의 양을 백분율로 표현한 BOM : Percentage BOM

06　② 지수평활법은 정량적 수요예측 방법이고, 델파이법 · 판매원의견종합법 · 소비자조사법은 정성적 수요예측 방법이다.

수요예측방법	
정성적 방법	시장조사법
	패널동의법
	중역평가법
	판매원의견합성(종합)법
	수명주기유추법
	델파이분석법
계량적(정량적) 방법	시계열분석법(이동평균법, 지수평활법, ARIMA, 분해법, 확산모형 등)
	인과모형분석법(단순 · 다중 회귀분석)

07　① 리드타임 비교 : MTS < ATO < MTO < ETO

08　② 총괄생산계획은 ▲ 고용수준의 변동 ▲ 생산율의 조정 ▲ 재고수준의 조정 ▲ 하청의 네 가지 전략을 바탕으로 수립한다.

09　③ 재고수준의 조정은 총괄생산계획 수립을 위한 필수전략이다.

기준생산계획(MPS) 필수요소	총괄생산계획 필수전략
• 기간별 수요량 • 현재 재고량 • 주문정책 및 매개변수	• 고용수준의 변동 • 생산율의 조정 • 재고수준의 조정 • 하 청

10　③ 긴급률(CR)에 대한 설명이다.

　　① 간트차트 : 프로젝트 일정관리를 위한 바(bar)형태의 도구로서 계획과 통제의 기능을 동시에 수행하는 전통적인 일정관리기법이다.

　　② PERT/CPM : 비용을 절감하면서 최단시간 내에 계획을 완성하기 위한 프로젝트 일정방법으로 작업들을 논리적으로 배열하고 관계를 도식화하는 것이다.

　　④ 자재명세서(BOM) : 완제품 1단위를 생산하기 위해 필요한 재료, 부품, 반제품 등의 품목, 규격, 소요량 등에 대한 명세서다.

11 ③ 절차계획에 대한 설명이다.

공정(절차)계획			내 용
1단계	절차계획		특정제품을 만드는 데 필요한 공정순서를 정의한 것으로 작업의 순서, 표준시간, 각 작업이 행해질 장소를 결정하고 할당
2단계	공수계획	부하계획	일반적으로 할당된 작업에 대해 최대작업량과 평균작업량의 비율인 부하율을 최적으로 유지할 수 있는 작업량의 할당을 계획하는 것
		능력계획	작업수행상의 능력에 대해 기준조업도와 실제조업도와의 비율을 최적으로 유지하기 위해 현재의 능력을 계획하는 것
3단계	일정계획	대일정계획	납기에 따른 월별생산량이 예정되면 기준일정표에 의거한 각 직장·제품·부분별로 작업개시일, 작업시간, 완성기일을 지시하는 것
		중일정계획	제작에 필요한 세부작업, 즉 공정·부품별 일정계획으로 일정계획의 기본이 됨
		소일정계획	특정기계 내지 작업자에게 할당될 작업을 결정하고 그 작업의 개시일과 종료일을 나타내며, 이로 진도관리 및 작업분배가 이루어짐

12 ④ 가공공정에 대한 설명으로 대상물을 목적에 접근시키는 유일한 상태다.

공정의 분류		내 용
가공공정 (Operation)		• 제조의 목적을 직접적으로 달성하는 공정 • 변질, 변형, 변색, 조립, 분해로 되어 있고 대상물을 목적에 접근시키는 유일한 상태
운반공정 (Transportation)		• 제품이나 부품이 하나의 작업장소에서 타 작업장소로 이동하기 위해 발생하는 작업 • 이동 또는 하역을 하고 있는 상태
검사공정 (Inspection)	양적검사	수량·중량 측정
	질적검사	가공부품의 가공정도·품질·등급별 분류
정체공정 (Delay)	대기(지체)	제품이나 부품이 다음의 가공·조립을 위해 일시 기다리는 상태
	저 장	다음 가공·조립으로의 허가 없는 이동이 금지되어 있는 상태(계획적 보관)

13

공수계획의 기본적 방침

• 부하와 능력의 균형화
• 가동률의 향상
• 일정별 부하변동 방지
• 적정배치, 전문화 촉진
• 여유성

14 ④ 작업부하도표에 대한 설명이다.

간트차트 분류	사용목적
작업자·기계 기록도표	작업실적 기록
작업할당도표	작업 계획
작업진도도표	진도 관리
작업부하도표	능력 활용

15 ④ 납품업체와 밀접한 관계를 유지하고, 약간의 불량률도 허용하지 않으며, 재고는 낭비이고, 개선활동을 중요시한다.

16 ② 정돈에 대한 설명이다.
- 5S란 JIT생산방식을 달성하기 위한 현장개선의 기초로서 정리(SEIRI), 정돈(SEITON), 청소(SEISO), 청결(SEIKETSU), 습관화(SHITSUKE)를 말한다.

17

$$경제적 주문량(EOQ) = \sqrt{\frac{2 \times 1회\ 주문비용 \times 연간\ 총수요}{단위당\ 연간\ 재고유지비용}} = \sqrt{\frac{2SD}{H}}$$

$$= \sqrt{\frac{2 \times 1회\ 주문비용 \times 연간\ 총수요}{단가 \times 연간\ 재고유지비율}} = \sqrt{\frac{2SD}{P \times i}}$$

(S : 1회 주문비용, D : 연간 총수요, H : 단위당 연간 재고유지비용, P : 단가, i : 연간 재고유지비율)

② 경제적 주문량(EOQ) $= \sqrt{\dfrac{2 \times 100원 \times 400개}{20원 \times 0.1}} = \sqrt{40,000개} = 200$

18 ② MRP는 종속수요품목의 자재소요계획을 목적으로 한다.

19 ② RCCP보다 CRP가 보다 정확하다.
③ 작업장의 상태정보는 CRP에 입력되는 자료로 사용된다.
④ 기준생산계획(MPS)이 주어진 제조자원의 용량을 넘어서는지 아닌지를 계산하는 모듈은 RCCP다.

20 ④ 제품·서비스 흐름은 공급자로부터 고객으로의 상품이동은 물론이고, 어떤 고객의 물품반환이나 애프터서비스 요구 등을 모두 포함한다.

SCM 주요 3 흐름	내 용
제품흐름	공급자로부터 고객으로의 상품이동, 고객의 물품 반환 및 애프터서비스 요구 등
정보흐름	주문의 전달, 배송상황의 갱신 등
재정흐름	신용조건, 지불계획, 위탁판매, 권리소유권 합의 등

01	02	03	04	05	06	07	08	09	10
④	③	①	③	②	③	③	①	②	④
11	12	13	14	15	16	17	18	19	20
④	③	③	②	④	①	④	③	②	①

01 [시스템관리] – [기초정보등록] – [품목등록]

→ [조달구분 : 1.생산] – [MASER/SPEC] 탭

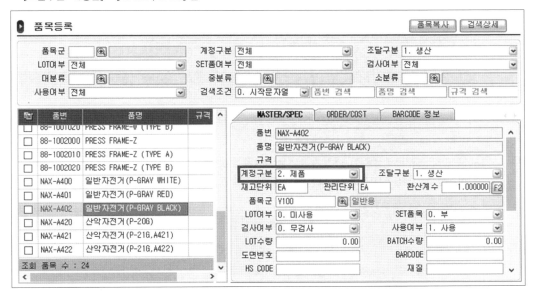

④ [NAX–A402.일반자전거(P–GRAY BLACK)] 품목은 '제품'이고, 나머지는 모두 '반제품'이다.

02 [시스템관리] – [기초정보등록] – [검사유형등록]

→ [검사구분 : 41.공정검사]

③ [40010.핸들조합검사]만 '필수'인 검사유형질문이 존재한다.

03 [시스템관리] – [기초정보등록] – [창고/공정(생산)/외주공정등록]

→ [창고/장소], [생산공정/작업장], [외주공정/작업장] 탭별 – [사업장 : 2000.㈜한국자전거지사]

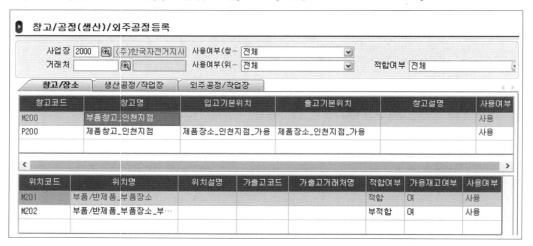

① [창고/공정] 탭 : [M200.부품창고_인천지점]의 위치는 'M201', 'M202'다.

② [창고/공정] 탭

③ [생산공정/작업장] 탭

④ [생산공정/작업장] 탭

04 [생산관리공통] – [기초정보등록] – [BOM등록]

→ [모품목 : NAX–A402.일반자전거(P–GRAY BLACK)] – [기준일자 : 2022/01/01] – [사용여부 : 1.사용]

① 순번은 '12'이지만, 자재가 12개는 아니다.

② 정미수량과 필요수량은 다르다.

④ [21–1030600.FRONT FORK(S)] 품목의 주거래처는 없다.

05 [생산관리공통] – [기초정보등록] – [BOM역전개]

→ [BOM] 탭 – [자품목 : 21–1060700.FRAME–NUT] – [기준일자 : 2022/03/01] – [사용여부 : 전체] – [BOM 총전개 : 체크]

② [88–1001000.PRESS FRAME–W] 품목의 주거래처는 '㈜제동기어'다.

06 [생산관리공통] – [생산관리] – [생산계획등록]

→ [날짜별] 탭 – [사업장 : 2000.㈜한국자전거지사] – [작업예정일 : 2022/03/01 ~ 2022/03/10] – [계정구분 : 4.반제품]

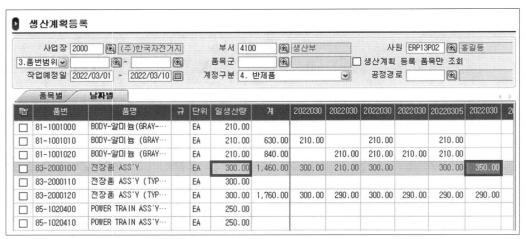

③ 일생산량이 '300'인 [83–2000100.전장품 ASS'Y] 품목 '2022/03/06'의 일생산량은 '350'이다.

07 [생산관리공통] – [생산관리] – [작업지시등록]

→ [사업장 : 2000.㈜한국자전거지사] – [공정 : L200.작업공정] – [작업장 : L201.제품작업장] – [지시기간 : 2022/03/01 ~ 2022/03/10] – 조회 후 상세내역에서 마우스 오른쪽 버튼/'[작업지시등록] 이력정보' 클릭

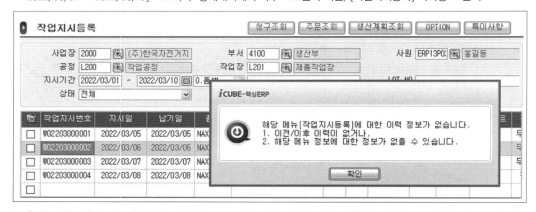

③ '[작업지시등록] 이력정보' 클릭했을 때 작업지시번호 WO2204000002는 이력정보가 없으므로 '직접입력'한 것이다.

08 [생산관리공통] – [생산관리] – [작업지시확정]

→ [사업장 : 2000.㈜한국자전거지사] – [공정 : L200.작업공정] – [작업장 : L202.반제품작업장] – [지시기간 : 2022/03/01 ~ 2022/03/05] – 조회 후 작업지시번호 체크 후 상단 [확정] 클릭 – [청구일자 입력] 팝업창 – [사용일 : 2022/03/26] – [확인] 클릭

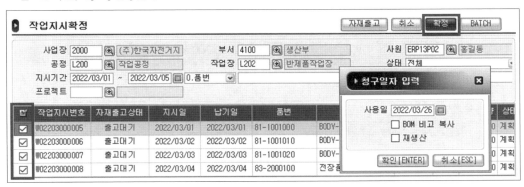

① 작업지시번호 WO2203000005의 확정수량 합이 '58.5'로 가장 많다.

09   [생산관리공통] – [생산관리] – [생산자재출고]

→ [사업장 : 2000.㈜한국자전거지사] – [출고기간 : 2022/03/05 ～ 2022/03/10] – 조회 후 상단 [출고요청] 클릭 –
[출고요청 조회 적용] 팝업창 – [청구기간 : 2022/03/05 ～ 2022/03/10]

② 모든 자재가 출고되기 전이다.

10 [생산관리공통] – [생산관리] – [작업실적등록]

→ [사업장 : 2000.㈜한국자전거지사] – [지시(품목) : 2022/03/01 ~ 2022/03/05] – [지시공정 : L200.작업공정] – [지시작업장 : L204.반제품작업장_부적합]

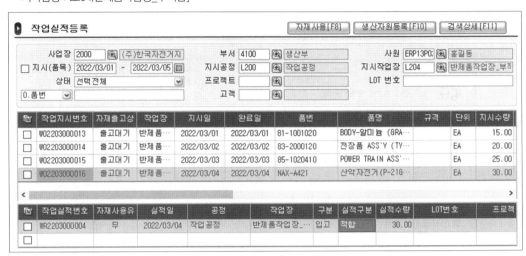

④ 작업지시번호 WO2203000016만 '적합', 나머지는 모두 '부적합'이다.

11 [생산관리공통] – [생산관리] – [생산자재사용등록]

→ [사업장 : 2000.㈜한국자전거지사] – [구분 : 1.생산] – [실적공정 : L200.작업공정] – [실적작업장 : L205.제품작업장_적합] – [실적기간 : 2022/03/15 ~ 2022/03/20] – [상태 : 1.확정] – 작업지시번호 체크 후 상단 [일괄적용[F7]] 클릭 – [사용일자, 공정/외주 입력] 팝업창 – '실적 공정/날짜 기준' 체크, [출고창고 : M200.부품창고_인천지점], [출고장소 : M201.부품/반제품_부품장소] 입력 후 [확인(TAB)] 클릭

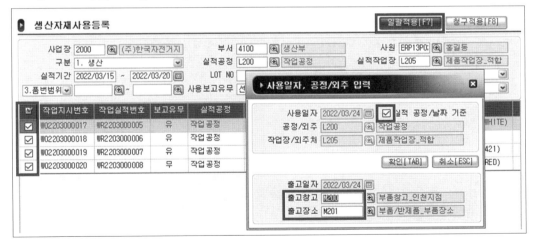

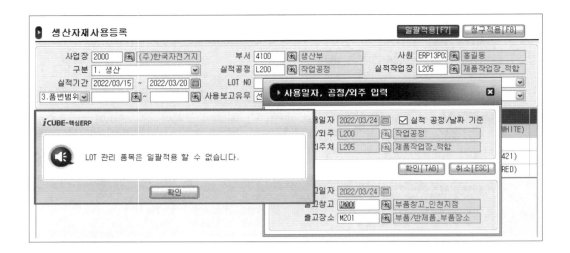

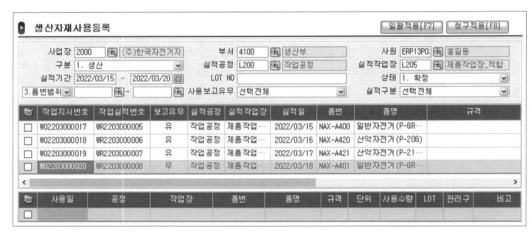

④ 작업지시번호 WO2203000020은 LOT 관리 품목이기 때문에 '일괄적용'을 할 수 없다.

12 [생산관리공통] – [생산관리] – [생산실적검사]

→ [사업장 : 2000.㈜한국자전거지사] – [실적일 : 2022/03/25 ～ 2022/03/31] – [공정 : L200.작업공정] – [작업장 : L206.반제품작업장_적합]

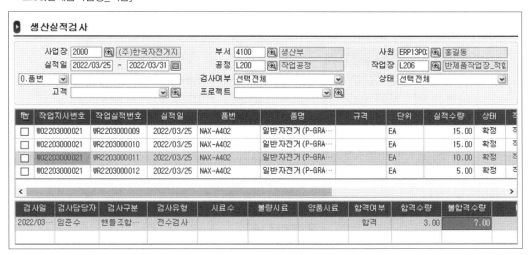

③ 불합격수량이 '7'로 가장 많이 나온 검사구분은 '핸들조합검사'이고, 검사담당자는 '임준수'다.

13 [생산관리공통] – [생산관리] – [생산품창고입고처리]

→ [사업장 : 2000.㈜한국자전거지사] – [실적기간 : 2022/03/01 ～ 2022/03/05] – [공정 : L300.작업공정(도색)] – [작업장 : L301.제품작업장(완성품)]

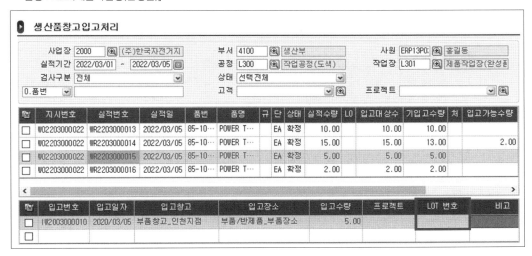

③ LOT 품목이면 LOT 번호를 입력해야 입고데이터를 등록할 수 있다.

→ 검사구분/LOT 여부 : 조회 후 상세내역에서 마우스 오른쪽 버튼/'부가기능 – 품목상세정보' 클릭 – [품목 상세정보] 팝업창에서 확인

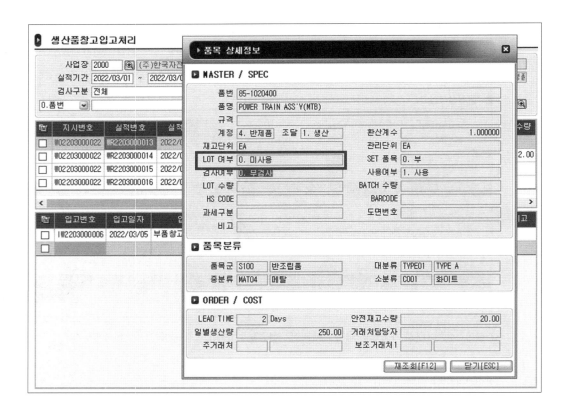

14 [생산관리공통] – [재공관리] – [기초재공등록]
→ [사업장 : 2000.㈜한국자전거지사] – [등록일 : 2022/03/01 ~ 2022/03/05]

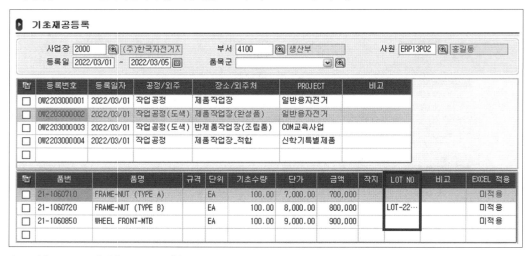

② 품번 [21-1060710]과 [21-1060850]은 LOT 품목이 아니다.

15 [생산관리공통] – [재공관리] – [재공창고입고/이동/조정등록]

→ [재공조정] 탭 – [사업장 : 2000.㈜한국자전거지사] – [실적기간 : 2022/03/01 ~ 2022/03/31]

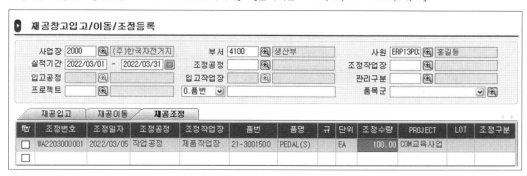

④ 조건을 만족하는 재공의 변동건은 'WA2203000001'이다.

16 [생산관리공통] – [생산/외주/재공현황] – [지시대비실적현황]

→ [사업장 : 2000.㈜한국자전거지사] – [지시기간 : 2022/03/01 ~ 2022/03/31] – [실적구분 : 0.적합] 또는 [실적구분 : 1.부적합]

① 적합(179)이 부적합(60)보다 많다.

17　[생산관리공통] – [생산/외주/재공현황] – [실적현황]

→ [사업장 : 2000.㈜한국자전거지사] – [지시기간 : 2022/03/01 ~ 2022/03/31] – [검사진행 : 0.검사대기]

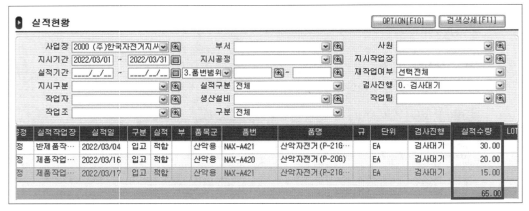

④ 검사대기 중인 실적수량의 합 = 30 + 20 + 15 = 65

18 [생산관리공통] − [생산/외주/재공현황] − [생산일보]

→ [실적기준] 탭 − [사업장 : 2000.㈜한국자전거지사] − [실적기간 : 2022/03/01 ∼ 2022/03/31] − [수량조회기준 : 0.실적입고기준] − 조회 후 상단 [단가 OPTION[F10]] 클릭 − [단가 OPTION[F10]] 팝업창 − [조달 : 구매 : 표준원가] 체크, [조달 : 생산 : 표준원가] 체크 후 [확인(TAB)] 클릭

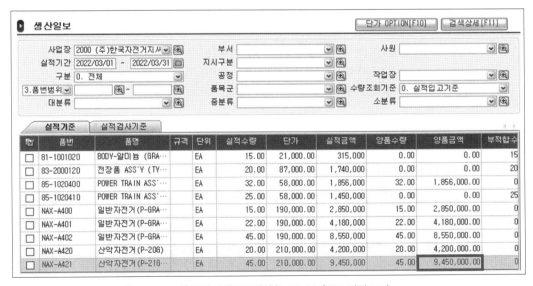

③ [NAX−A421.산악자전거(P−21G,A421)] 품목의 양품금액이 '9,450,000'으로 가장 크다.

19 [생산관리공통] – [생산/외주/재공현황] – [현재공현황(공정/작업장)]
→ [작업장] 탭 – [해당년도 : 2022]

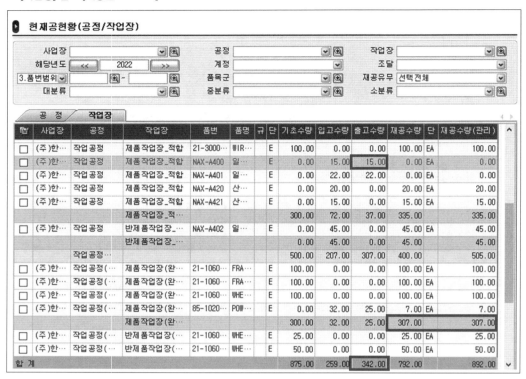

① '892'는 재공수량(관리)이며, 현재 기준 총 출고수량은 '342'다.

③ [NAX–A400.일반자전거(P–GRAY WHITE)] 품목의 현재 재공은 '15'다.

④ 작업공정(도색)/제품작업장(완성품)에는 재공이 존재한다.

20 [생산관리공통] – [생산관리] – [작업지시마감처리]
→ [사업장 : 1000.㈜한국자전거본사] – [지시일 : 2022/03/01 ～ 2022/03/31] – [공정 : L100.본사작업장] – [작업장 :
L101.본사작업장]

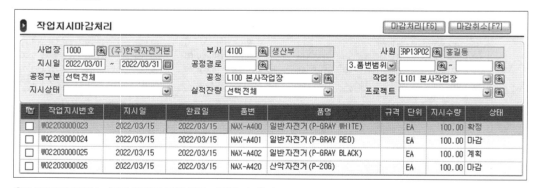

② WO2203000024 : '마감처리'가 되어 있어 마감할 수 없다.

③ WO2203000025 : 계획단계이므로 '마감처리'를 할 수 없다.

④ WO2203000026 : '마감처리'가 되어 있어 마감할 수 없다.

이론문제

01 ERP 도입 시 구축절차에 따른 방법에 대한 설명으로 가장 옳은 것은?

① 설계단계에서는 AS-IS를 파악한다.
② 구현단계에서는 시험가동 및 시스템평가를 진행한다.
③ 구축단계에서는 패키지를 설치하고 커스터마이징을 진행한다.
④ 분석단계에서는 패키지 기능과 To-BE 프로세스와의 차이를 분석한다.

02 클라우드 ERP의 특징 혹은 효과에 대한 설명 중 가장 옳지 않은 것은?

① 안정적이고 효율적인 데이터 관리
② IT자원관리의 효율화와 관리비용의 절감
③ 폐쇄적인 정보접근성을 통한 데이터 분석기능
④ 원격근무환경 구현을 통한 스마트워크환경 정착

03 ERP의 기능적 특징으로 적절하지 않은 것은?

① 선진프로세스의 내장
② 객체지향기술의 사용
③ 기업의 투명경영수단으로 활용
④ 실시간 정보처리체계 구축

04 ERP에 대한 설명으로 적절하지 않은 것은?

① 경영혁신수단으로 사용된다.
② 개방성, 확장성, 유연성이 특징이다.
③ 의사결정방식은 Bottom-Up방식이다.
④ 프로세스 중심의 업무처리방식을 갖는다.

05 [보기]의 설명으로 적합한 자재명세서(BOM ; Bill Of Material)는 무엇인가?

> **│ 보 기 │**
>
> • 방대한 양의 BOM 데이터를 관리하고, 주생산계획(MPS)을 수립할 때에도 효과적인 BOM으로 옵션(Option) 과 공통부품들로 구성된다.

① Modular BOM
② Inverted BOM
③ Indented BOM
④ Planning BOM

06 기업의 수요예측에서 고려할 사항이 아닌 것은?

① 경제 전체의 추세
② 다른 산업과의 관련
③ 개별기업의 범위 내에서 예측
④ 일정기간의 전 제품 매상 전망

07 수요예측기법 중에서 정성적 예측기법이 아닌 것은?

① 패널동의법
② 지수평활법
③ 수명주기유추법
④ 델파이(Delphi)법

08 [보기]는 ㈜생산성의 월별 자전거 판매량이다. 가중이동평균법을 활용해 5월의 판매예측치를 구하시오(단, 1, 2, 3, 4월의 가중치는 0.1, 0.2, 0.3, 0.4다).

> **│ 보 기 │**

월	1	2	3	4
판매량	90	80	90	80

① 82
② 83
③ 84
④ 85

09 [보기]의 설명으로 가장 적합한 것은?

┤보 기├
- 기업의 수요나 주문의 시간적 및 수량적 요건을 만족시키기 위해 생산시스템의 능력을 전체의 입장에서 파악해 조정해나가는 계획을 말한다. 아울러 기업의 전반적인 생산율수준, 고용수준, 하청수준, 재고수준 등을 결정한다.

① 총괄생산계획(APP ; Aggregate Production Planning)
② 기준생산계획(MPS ; Master Production Scheduling)
③ 자재소요계획(MRP ; Material Requirement Planning)
④ 생산능력소요계획(CRP ; Capacity Requirement Planning)

10 긴급률(CR)에 대한 해석으로 가장 옳은 것은?

① CR = 1.5 : 일정보다 빠른 생산이 가능하다.
② CR = 1.0 : 일정보다 빠른 생산이 가능하다.
③ CR = 1.0 : 다른 작업보다 우선적으로 이루어져야 한다.
④ CR = 0.5 : 일정보다 빠른 생산이 가능하다.

11 공정의 분류에서 질적검사의 내용으로 옳지 않은 것은?

① 가공부품을 등급별로 분류하는 것
② 가공부품을 품질별로 분류하는 것
③ 가공부품을 종류별로 분류하는 것
④ 설정된 품질표준에 대해서 가공부품의 가공정도를 확인하는 것

12 [보기]와 같은 조건에서 가동률은 얼마인가?

┤보 기├
- 출근율　　　　　　 : 90%
- 잡작업률(간접작업률) : 30%
- 종업원수　　　　　 : 15명

① 63%
② 72%
③ 75%
④ 80%

13 간트차트(Gantt Chart)에 대한 설명으로 가장 옳지 않은 것은?

① 작업 서로 간의 유기적인 관계가 명확하지 못하다.
② 작업자별, 부문별 업무성과의 상호비교가 가능하다.
③ 일정계획의 변동에 대해 신축적으로 대응이 용이하다.
④ 작업진도, 실제작업시간, 작업지연상태 등을 알 수 있다.

14 애로공정(Bottleneck)에 관한 설명으로 가장 옳지 않은 것은?

① 병목공정 또는 병목현상이라고도 한다.
② 전체공정의 흐름을 막고 있는 공정이다.
③ 전체라인의 생산속도를 좌우하지는 못 한다.
④ 생산라인에서 작업시간이 가장 긴 공정이다.

15 칸반(Kanban)시스템에 대한 설명으로 가장 옳은 것은?

① 공정을 안정화 및 합리화한다.
② 칸반은 미세조정의 수단이 아니다.
③ 불량품은 후공정으로 보내져도 된다.
④ 선행공정이 인수해 간 양만큼만 생산한다.

16 JIT(Just In Time)의 7가지 낭비요소로 옳지 않은 것은?

① 재고의 낭비
② 운반의 낭비
③ 동작의 낭비
④ 시간의 낭비

17 경제적 주문량(EOQ)의 재고비용에 포함되지 않는 것은?

① 자본비용
② 자산비용
③ 재고유지비용
④ 재고부족비용

18 자재소요계획(MRP ; Material Requirement Planning)시스템의 Input(입력)요소로 옳지 않은 것은?

① 자재명세서
② 재고기록파일
③ 기간별 수요량
④ 기준생산계획

19 보기는 무엇에 관한 설명인가?

┤ 보 기 ├
• 기준생산계획과 제조자원 간의 크기를 비교해 자원요구량을 계산한다.

① 자재소요계획(MRP ; Material Requirement Planning)
② 총괄생산계획(APP ; Aggregate Production Planning)
③ 생산능력소요계획(CRP ; Capacity Requirement Planning)
④ 개략능력요구계획(RCCP ; Rough Cut Capacity Planning)

20 공급사슬망관리(SCM ; Supply Chain Management)의 추진효과로 가장 적절하지 않은 것은?

① 물류비용 절감
② 설비효율의 극대화
③ 생산효율의 극대화
④ 고객만족의 대응력 강화

로그인 정보

회사코드	4002	사원코드	ERP13P02
회사명	생산2급 회사A	사원명	홍길동

01 아래 [보기]의 조건으로 데이터를 조회한 후 물음에 답하시오.

┤보 기├

- 조달구 분 : 1.생산
- 대분류 : 100.조립반제품
- LEAD TIME : 3 DAYS
- 일별생산량 : 425

다음 [보기]의 조건에 해당하는 품목으로 옳은 것은?

① 83-2000100.전장품 ASS'Y
② 87-1002001.BREAK SYSTEM
③ 88-1002010.PRESS FRAME-Z (TYPE A)
④ 81-1001000.BODY-알미늄(GRAY-WHITE)

02 아래 [보기]의 조건으로 데이터를 조회한 후 물음에 답하시오.

┤보 기├

- 사업장 : 2000.㈜한국자전거지사

다음 [보기]의 조건에 해당하는 [생산공정/작업장]에 대한 설명으로 옳지 않은 것은?

① [L200.작업공정]의 [L202.반제품작업장]은 적합여부가 '적합'이다.
② [L400.작업공정(포장)]의 입고기본위치는 [L401.기본작업장(포장)]이다.
③ [L500.반제품공정]의 [L502.반제품도색작업장]의 사용여부는 '미사용'이다.
④ [L300.작업공정(도색)]의 [L302.반제품작업장(조립품)]의 사용여부는 '미사용'이다.

03 아래 [보기]의 조건으로 데이터를 조회한 후 물음에 답하시오.

┤ 보 기 ├
- 계 정   : 2.제품
- 영업담당자 : A100.이혜리
- 생산담당자 : A400.박찬영

다음 [보기]의 조건에 해당하는 품목으로 옳은 것은?

① NAX-A420.산악자전거(P-20G)
② NAX-A421.산악자전거(P-21G,A421)
③ NAX-A401.일반자전거(P-GRAY RED)
④ NAX-A402.일반자전거(P-GRAY BLACK)

04 아래 [보기]의 조건으로 데이터를 조회한 후 물음에 답하시오.

┤ 보 기 ├
- 모품목   : NAX-A420.산악자전거(P-20G)
- 기준일자 : 2022/01/01
- 사용여부 : 1.사용

다음 [보기]의 조건에 해당하는 모품목 [NAX-A420.산악자전거(P-20G)]의 자재명세서에 대한 설명으로 옳지 않은 것은?

① 품목 [87-1002001.BREAK SYSTEM] 조달구분은 '생산'이다.
② 품목 [83-2000100.전장품 ASS'Y]의 계정구분은 '반제품'이다.
③ 품목 [21-9000200.HEAD LAMP]의 주거래처는 '㈜형광램프'다.
④ 품목 [85-1020400.POWER TRAIN ASS'Y(MTB)]의 사급구분은 '자재'다.

05 아래 [보기]의 조건으로 데이터를 조회한 후 물음에 답하시오.

┤ 보 기 ├
- 자품목   : 21-9000200.HEAD LAMP
- 기준일자 : 2022/01/01
- 사용여부 : 1.여

다음 [보기]의 자품목 [21-9000200.HEAD LAMP]에 대한 상위 모품목 정보로 옳지 않은 것은? (단, LEVEL 기준은 1LEVEL을 기준으로 한다)

① 83-2000100.전장품 ASS'Y
② 21-3065700.GEAR REAR C
③ 88-1002000.PRESS FRAME-Z
④ NAX-A420.산악자전거(P-20G)

06 아래 [보기]의 조건으로 데이터를 조회한 후 물음에 답하시오.

┤ 보 기 ├
- 사업장   : 2000.㈜한국자전거지사
- 작업예정일 : 2022/04/01 ～ 2022/04/09
- 계정구분   : 2.제품

다음 [보기]의 조건에 해당하는 생산계획내역 중 계획수량의 합이 가장 많은 품목으로 옳은 것은?

① NAX-A420. 산악자전거(P-20G)
② NAX-A422. 산악자전거(P-21G, A422)
③ NAX-A400. 일반자전거(P-GRAY WHITE)
④ NAX-A402. 일반자전거(P-GRAY BLACK)

07 아래 [보기]의 조건으로 데이터를 조회한 후 물음에 답하시오.

┤ 보 기 ├
- 사업장 : 2000.㈜한국자전거지사
- 공 정   : L200.작업공정 / 작업장 : L201.제품작업장
- 지시기간 : 2022/04/01 ～ 2022/04/09

다음 [보기]의 조건으로 등록된 작업지시내역에 대한 설명으로 옳지 않은 것은?

① 작업지시번호 WO2204000004의 지시수량이 가장 많다.
② 작업지시번호 WO2204000001의 고객은 '㈜영동바이크'다.
③ 작업지시번호 WO2204000003의 프로젝트는 '산악용자전거'다.
④ 작업지시번호 WO2204000002는 주문조회 기능을 이용해 등록했다.

08 아래 [보기]의 조건으로 데이터를 조회한 후 물음에 답하시오.

┤ 보 기 ├
- 사업장 : 2000.㈜한국자전거지사
- 공 정   : L500.반제품공정 / 작업장 : L501.반제품조립작업장
- 지시기간 : 2022/04/10 ～ 2022/04/16
- 사용일   : 2022/04/13

다음 [보기]의 조건에 해당하는 작업지시내역에 대해 '확정'처리 시 확정수량의 합이 가장 많은 작업지시번호로 옳은 것은?

① WO2204000005
② WO2204000006
③ WO2204000007
④ WO2204000008

09 아래 [보기]의 조건으로 데이터를 조회한 후 물음에 답하시오.

> **보기**
> • 사업장　　: 2000.㈜한국자전거지사
> • 출고기간 : 2022/04/17 ~ 2022/04/23
> • 청구기간 : 2022/04/17 ~ 2022/04/23

㈜한국자전거지사 홍길동 사원은 생산자재 출고 시 출고요청 기능을 이용해 자재를 출고하고 있다. 다음 중 청구잔량의 합이 가장 많이 남아 있는 품목으로 옳은 것은?

① 21-3001600.PEDAL
② 21-9000200.HEAD LAMP
③ 83-2000100.전장품 ASS'Y
④ 87-1002001.BREAK SYSTEM

10 아래 [보기]의 조건으로 데이터를 조회한 후 물음에 답하시오.

> **보기**
> • 사업장　　: 2000.㈜한국자전거지사
> • 지시(품목) : 2022/04/24 ~ 2022/04/30
> • 지시공정 : L400.작업공정(포장) / 지시작업장 : L401.기본작업장(포장)

다음 [보기]의 작업실적내역에 대해 적합구분이 '적합'인 실적수량의 합보다 '부적합'인 실적수량의 합이 더 많이 발생한 작업지시번호로 옳은 것은?

① WO2204000011　　　　　② WO2204000012
③ WO2204000013　　　　　④ WO2204000014

11 아래 [보기]의 조건으로 데이터를 조회한 후 물음에 답하시오.

> **보기**
> • 사업장　　: 2000.㈜한국자전거지사
> • 구 분　　: 1.생산
> • 실적공정 : L200.작업공정 / 실적작업장 : L201.제품작업장
> • 실적기간 : 2022/05/01 ~ 2022/05/07
> • 상 태　　: 1.확정

다음 [보기] 조건의 제품에 대한 자재사용내역 중 청구적용 조회 시 잔량의 합이 가장 많이 남아 있는 작업실적번호로 옳은 것은?

① WR2205000001　　　　　② WR2205000002
③ WR2205000003　　　　　④ WR2205000004

12 아래 [보기]의 조건으로 데이터를 조회한 후 물음에 답하시오.

> **┤ 보 기 ├**
> • 사업장 : 2000.㈜한국자전거지사
> • 실적일 : 2022/05/08 ~ 2022/05/14
> • 공 정 : L500.반제품공정 / 작업장 : L501.반제품조립작업장

다음 [보기]의 조건에 해당하는 [생산실적검사] 내역에 대한 설명으로 옳지 않은 것은?

① 검사품목들에 대해 검사유형은 모두 전수검사를 시행했다.
② 불합격수량이 발생한 불량코드, 불량명으로는 [E10.도색 불량]이다.
③ 불합격수량이 발생하지 않은 작업실적번호는 'WR2205000006'이다.
④ 합격수량이 가장 많이 발생한 품목은 [88-1001000.PRESS FRAME-W]다.

13 아래 [보기]의 조건으로 데이터를 조회한 후 물음에 답하시오.

> **┤ 보 기 ├**
> • 사업장 : 2000.㈜한국자전거지사
> • 실적기간 : 2022/05/15 ~ 2022/05/21
> • 공 정 : L400.작업공정(포장) / 작업장 : L401.기본작업장(포장)

다음 [보기]의 [생산품창고입고처리] 내역에 대한 설명으로 옳지 않은 것은?

① 실적번호 WR2205000010은 생산실적검사를 진행했다.
② 실적번호 WR2205000011의 입고가능수량이 가장 많이 남아 있다.
③ 모든 생산 품목들에 대한 입고창고 · 입고장소는 '제품창고_인천지점, 제품장소_인천지점'이다.
④ 해당 메뉴에서 의미하는 입고가능수량은 실적수량에서 기입고수량을 뺀 나머지 수량이다.

14 아래 [보기]의 조건으로 데이터를 조회한 후 물음에 답하시오.

> **┤ 보 기 ├**
> • 사업장 : 2000.㈜한국자전거지사
> • 지시일 : 2022/05/22 ~ 2022/05/28
> • 공정구분 : 1.생산
> • 공 정 : L300.작업공정(도색) / 작업장 : L301.제품작업장(완성품)

㈜한국자전거지사 홍길동 사원은 작업지시내역 중 실적잔량이 가장 많이 남아 있는 작업지시번호에 대해 마감처리를 진행하려고 한다. 다음 중 실적잔량이 가장 많이 남아 있는 작업지시번호로 옳은 것은?

① WO2205000013
② WO2205000014
③ WO2205000015
④ WO2205000016

15 아래 [보기]의 조건으로 데이터를 조회한 후 물음에 답하시오.

> ┤ 보 기 ├
> - 사업장 : 2000.㈜한국자전거지사
> - 등록일 : 2022/05/01 ~ 2022/05/01

다음 [보기]의 조건으로 등록된 [기초재공등록]에 대한 설명으로 옳지 않은 것은?

① 작업공정(포장), 기본작업장(포장)의 기초수량의 합이 가장 적게 등록되었다.
② 반제품공정, 반제품조립작업장의 품목 중에는 LOT NO를 관리하는 품목이 있다.
③ 작업공정, 제품작업장의 품목들은 모두 계정구분이 제품인 품목들만 등록되었다.
④ 작업공정(도색), 제품작업장(완성품)의 기초재공에 대한 PROJECT는 '산악용자전거'다.

16 아래 [보기]의 조건으로 데이터를 조회한 후 물음에 답하시오.

> ┤ 보 기 ├
> - 사업장 : 2000.㈜한국자전거지사
> - 실적기간 : 2022/05/10 ~ 2022/05/10
> - 조건1 : 2022년 5월 10일에 작업공정, 제품작업장에서 품목 [NAX-A401.일반자전거(P-GRAY RED)]에 대해 재공조정처리되었다.
> - 조건2 : 조정수량은 '10EA'이며, 조정구분으로는 '보관파손'이다.

다음 [보기]의 조건에 해당하는 조정번호로 옳은 것은?

① WA2205000001　　　　　　② WA2205000002
③ WA2205000003　　　　　　④ WA2205000004

17 아래 [보기]의 조건으로 데이터를 조회한 후 물음에 답하시오.

> ┤ 보 기 ├
> - 사업장 : 2000.㈜한국자전거지사
> - 지시기간 : 2022/05/01 ~ 2022/05/07
> - 공 정 : L500.반제품공정 / 작업장 : L501.반제품조립작업장

다음 [보기] 조건에 해당하는 작업지시 대비 실적내역에 대해 잔량이 가장 많이 남아 있는 품목으로 옳은 것은?

① 83-2000100.전장품 ASS'Y
② 87-1002001.BREAK SYSTEM
③ 88-1001000.PRESS FRAME-W
④ 85-1020400.POWER TRAIN ASS'Y(MTB)

18 아래 [보기]의 조건으로 데이터를 조회한 후 물음에 답하시오.

┤ 보 기 ├
- 사업장   : 2000.㈜한국자전거지사
- 사용기간 : 2022/05/08 ~ 2022/05/14
- 공 정   : L200.작업공정 / 작업장 : L201.제품작업장

㈜한국자전거지사 홍길동 사원은 제품에 대한 자재사용내역에 대해 분석 중이다. 다음 [보기] 조건의 제품 중 자재들의 사용수량의 합이 가장 많이 발생한 제품으로 옳은 것은?

① NAX-A421.산악자전거(P-21G,A421)
② NAX-A422.산악자전거(P-21G,A422)
③ NAX-A401.일반자전거(P-GRAY RED)
④ NAX-A402.일반자전거(P-GRAY BLACK)

19 아래 [보기]의 조건으로 데이터를 조회한 후 물음에 답하시오.

┤ 보 기 ├
- 사업장   : 2000.㈜한국자전거지사
- 실적기간   : 2022/05/01 ~ 2022/05/28
- 구 분   : 1.공정
- 공 정   : L200.작업공정 / 작업장 : L201.제품작업장
- 수량조회기준 : 0.실적입고기준
- 단가 OPTION : 조달구분 구매, 생산 모두 표준원가[품목등록] 체크함

다음 [보기] 조건에 대한 실적기준의 생산일보를 조회한 후 제품 계정의 실적금액이 가장 큰 품목으로 옳은 것은?

① NAX-A420.산악자전거(P-20G)
② NAX-A422.산악자전거(P-21G,A422)
③ NAX-A401.일반자전거(P-GRAY RED)
④ NAX-A400.일반자전거(P-GRAY WHITE)

20 아래 [보기]의 조건으로 데이터를 조회한 후 물음에 답하시오.

┤ 보 기 ├
- 사업장   : 2000.㈜한국자전거지사
- 검사기간 : 2022/05/08 ~ 2022/05/21

다음 [보기] 조건에 해당하는 품목별 품질내역에 대한 전수검사내역 중 합격률이 가장 높은 품목으로 옳은 것은?

① 83-2000100.전장품 ASS'Y
② 87-1002001.BREAK SYSTEM
③ 88-1001000.PRESS FRAME-W
④ 88-1002000.PRESS FRAME-Z

이론문제

01	02	03	04	05	06	07	08	09	10
②	③	②	③	①	③	②	③	①	①

11	12	13	14	15	16	17	18	19	20
③	①	③	③	①	④	②	③	④	②

01 ① AS-IS 파악 – 분석단계
③ 패키지 설치, 커스터마이징 – 설계단계
④ 패키지 기능과 To-BE 프로세스와 차이 분석 – 설계단계

02 ③ ERP 시스템은 개방형 정보시스템 구성으로 자율성, 유연성 극대화를 추구한다.

03 ② 객체지향기술의 사용은 ERP의 기술적 특징이다.

ERP 특징	내 용
기능적 특징	다국적 · 다통화 · 다언어 지원, 중복업무 배제 및 실시간 정보처리체계 구축, 표준 지향 선진프로세스 수용, 비즈니스 프로세스 모델에 의한 리엔지니어링, 파라미터 지정에 의한 프로세스 정의, 경영정보 제공 및 경영조기경보체계 구축, 투명경영의 수단으로 활용, 오픈 · 멀티벤더 시스템
기술적 특징	4세대 언어(4GL), CASE TOOL 사용, 관계형 데이터베이스 채택, 객체지향기술 사용, 인터넷환경의 e-비즈니스를 수용할 수 있는 Multi-tier환경 구성

04 ③ ERP시스템의 의사결정방식은 Top-Down방식이다.

05 ① 최종제품의 옵션이 다양한 경우 BOM데이터를 효과적으로 관리하는 데 활용할 수 있는 Modular BOM에 대한 설명이다.
② Inverted BOM : 나무가 뒤집힌 것처럼 역삼각형 형태의 BOM으로서 적은 종류 또는 단일한 부품(원료)을 가공하여 여러 종류의 최종제품을 만드는 경우에 해당한다.
③ Indented BOM : 계층을 표시하기 위해 한 아이템의 하위 아이템을 1단계 들여쓰기 형식으로 표현한 BOM이다.
④ Planning BOM : 생산계획과 MPS(기준일정계획)에서 쓰이며 생산부서에서 사용한다.

06 ③ 개별기업의 범위 내에서 국한하지 않고 널리 다른 산업과의 관련 경제 전체의 추세로 범위를 확대하여 예측한다.

07 ② 지수평활법은 계량적(정량적) 예측기법에 속한다.

수요예측방법	
정성적 방법	시장조사법, 패널동의법, 중역평가법, 판매원의견합성(종합)법, 수명주기유추법, 델파이분석법
계량적(정량적) 방법	시계열분석법(이동평균법, 지수평활법, ARIMA, 분해법, 확산모형 등), 인과모형분석법(단순 · 다중 회귀분석)

08

> 가중이중평균법에 따른 판매예측치 = (각 달의 판매량 × 각 달의 가중치)의 총합

③ 5월 판매예측치 = (90 x 0.1) + (80 x 0.2) + (90 x 0.3) + (80 x 0.4) = 84

09 ① 총괄생산계획(APP)에 대한 설명이다.

② 기준생산계획(MPS) : 중요부품에 대한 생산계획(또는 구매계획)을 수립하는 활동

③ 자재소요계획(MRP) : 수요충족 및 전체 생산성 개선을 목표로 필요한 자재를 파악하고 수량을 추정하며 생산일정을 맞추기 위해 자재가 필요한 시기를 판단하고 납품시점을 관리하는 등 제조생산을 계획하도록 설계된 시스템

④ 생산능력소요계획(CRP) : 공장의 생산능력에 맞추어 자재소요계획을 수립하기 위해 작업장의 능력소요량을 시간대별로 예측하는 기법

10 ① 작업의 긴급률(CR)값이 1보다 클 경우 일정보다 빠른 생산이 가능하다고 해석가능하다. 작업의 긴급률(CR)값이 1인 경우 무조건 다른 작업보다 이루어져야 한다는 의미는 아니며, 마찬가지로 일정보다 빠른 생산이 가능하다는 의미보다는 일정에 맞추어 작업완료가 가능하다고 해석할 수 있다.

11 ③ 질적검사는 설정된 품질표준에 대해 가공부품의 가공정도를 확인하는 것 또는 가공부품을 품질, 등급별로 분류하는 것이다.

공정의 분류		내 용
가공공정 (Operation)		• 제조의 목적을 직접적으로 달성하는 공정 • 변질, 변형, 변색, 조립, 분해로 되어 있고 대상물을 목적에 접근시키는 유일한 상태
운반공정 (Transportation)		• 제품이나 부품이 하나의 작업장소에서 타 작업장소로 이동하기 위해 발생하는 작업 • 이동 또는 하역을 하고 있는 상태
검사공정 (Inspection)	양적검사	수량 · 중량 측정
	질적검사	가공부품의 가공정도 · 품질 · 등급별 분류
정체공정 (Delay)	대기(지체)	제품이나 부품이 다음의 가공 · 조립을 위해 일시 기다리는 상태
	저 장	다음 가공 · 조립으로의 허가 없는 이동이 금지되어 있는 상태(계획적 보관)

12 ① 가동률(A) = 출근율 × (1 − 간접작업률)
= 0.9 × (1 − 0.3)
= 0.63

13 ③ 일정계획의 변동에 대하여 신축적으로 대응하기가 어렵다.

간트차트의 장점	간트차트의 단점
• 연관작업의 일정을 조정하기 용이 • 전체적인 프로젝트 흐름을 쉽게 시각화 • 작업순서 파악 • 전체 공정시간, 작업완료시간, 다음 작업의 시작시간 파악 • 업무성과의 상호비교 가능	• 계획의 변화, 변경에 약함 • 일정계획에 있어서 정밀성을 기대하기 어려움 • 작업 상호 간 유기적 관계가 명확하지 못함 • 대규모의 공사에 적용하기 어려움

14 ③ 애로공정(Bottleneck)은 전체라인의 생산속도를 좌우하며 전체공정의 흐름을 막고 있는 공정으로서 생산라인에서 작업시간이 가장 길다.

15 ① 칸반(Kanban)은 불량품을 후공정으로 보내지 않는 것이 중요한 운영규칙 중 하나로서 미세조정의 수단으로 활용된다.

칸반(Kanban)시스템의 운영규칙
• 불량품은 절대로 후공정에 보내지 않는다. • 후공정이 카반능 가지러 온다. • 전공정은 후공정이 인수해 간 만큼 생산한다. • 미세조정의 수단으로 필요 생산량은 카반의 수를 변경해 조절한다. • 생산을 평준화한다. • 공정을 안정화 · 합리화한다.

16 ④ 시간의 낭비, 사람의 낭비는 7가지 낭비에 해당하지 않는다.

JIT(Just In Time)의 7가지 낭비			
• 과잉생산의 낭비	• 재고의 낭비	• 운반의 낭비	• 불량의 낭비
• 가공 그 자체의 낭비	• 동작의 낭비	• 대기의 낭비	

17 ② 재고비용에는 주문비용, 재고유지비용, 자본비용(재고자산에 투입된 자금의 금리), 재고부족비용 등이 포함된다.

18 ③ 기간별 수요량은 기준생산계획(MPS)을 수립하기 위해 필요한 요소다.

기준생산계획(MPS) 필수요소	자재소요계획(MRP) 필수요소
• 기간별 수요량 • 현재 재고량 • 주문정책 및 매개변수	• 기준생산계획(MPS) • 자재명세서(BOM) • 재고기록파일(IRFP)

19 ④ 개략능력요구계획(RCCP)에 대한 설명으로서 주요 입력데이터는 기준생산계획(MPS)이다.

20

SCM 추진효과			
• 물류비용 절감	• 생산효율의 극대화	• 고객만족의 대응력 강화	• 시장변화에 대응력
• 구매비용 절감	• 총체적 경제우위 확보		

01	02	03	04	05	06	07	08	09	10
③	④	①	④	②	①	④	②	①	③
11	12	13	14	15	16	17	18	19	20
①	④	④	③	②	②	③	①	③	②

01 [시스템관리] – [기초정보등록] – [품목등록]

→ [조달구분 : 1.생산] – [대분류 : 100.조립반제품] – [ORDER/COST] 탭

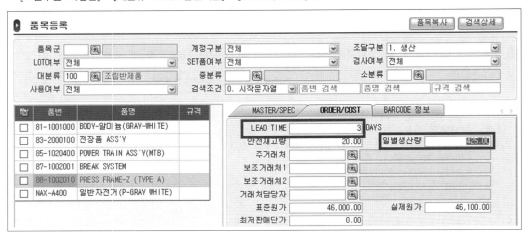

③ 보기의 조건에 해당하는 품목은 [88–1002010, PRESS FRAME–Z (TYPE A)]다.

02 [시스템관리] – [기초정보등록] – [창고/공정(생산)/외주공정등록]

→ [생산공정/작업장] 탭 – [사업장 : 2000.㈜한국자전거지사]

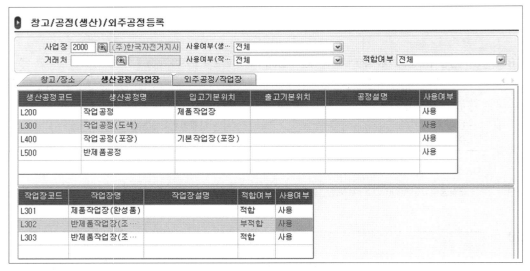

④ [L300.작업공정(도색)]의 [L302.반제품작업장(조립품)] 사용여부는 '사용'이다.

03 [시스템관리] – [기초정보등록] – [물류실적(품목/고객)담당자등록]

→ [품목] 탭 – [계정 : 2.제품]

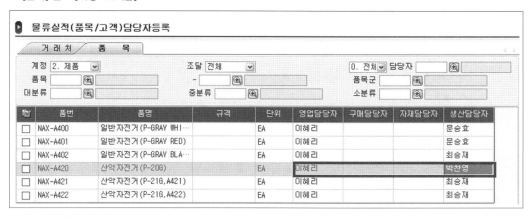

① 보기의 조건에 해당하는 품목은 [NAX–A420.산악자전거(P–20G)]다.

04 [생산관리공통] – [기초정보등록] – [BOM등록]

→ [모품목 : NAX–A420.산악자전거(P–20G)] – [기준일자 : 2022/01/01] – [사용여부 : 1.사용]

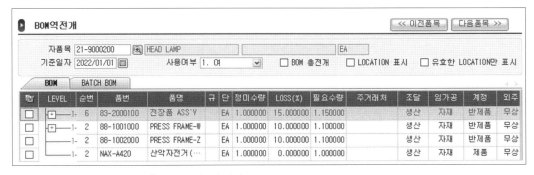

④ [85–1020400.POWER TRAIN ASS'Y(MTB)] 품목의 사급구분은 '사급'이다.

05 [생산관리공통] – [기초정보등록] – [BOM역전개]

→ [BOM] 탭 – [자품목 : 21–9000200.HEAD LAMP] – [기준일자 : 2022/01/01] – [사용여부 : 1.여]

② [21–3065700.GEAR REAR C] 품목의 정보가 없다.

06 [생산관리공통] – [생산관리] – [생산계획등록]

→ [날짜별] 탭 – [사업장 : 2000.㈜한국자전거지사] – [작업예정일 : 2022/04/01 ~ 2022/04/09] – [계정구분 : 2.제품]

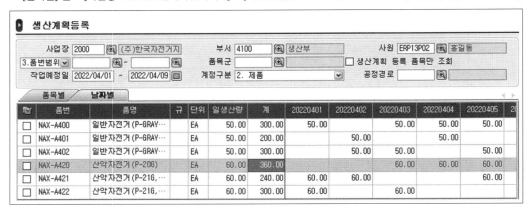

① [NAX–A420.산악자전거(P–20G)] 품목의 계획수량 합이 '360'으로 가장 많다.

07 [생산관리공통] – [생산관리] – [작업지시등록]

→ [사업장 : 2000.㈜한국자전거지사] – [공정 : L200.작업공정] – [작업장 : L201.제품작업장] – [지시기간 : 2022/04/01 ~ 2022/04/09] – 조회 후 상세내역에서 마우스 오른쪽 버튼/[작업지시등록] 이력정보' 클릭

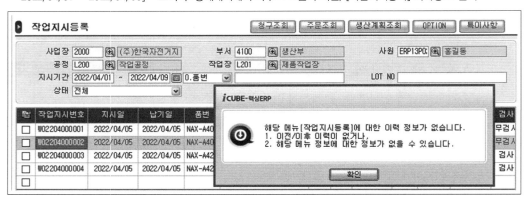

④ 작업지시번호 WO2204000002는 이력정보가 없으므로 '직접입력'한 것이다.

08 [생산관리공통] – [생산관리] – [작업지시확정]

→ [사업장 : 2000.㈜한국자전거지사] – [공정 : L500.반제품공정] – [작업장 : L501.반제품조립작업장] – [지시기간 : 2022/04/10 ~ 2022/04/16] – 조회 후 작업지시번호 체크 후 상단 [확정] 클릭 – [청구일자 입력] 팝업창 – [사용일 : 2022/04/13]

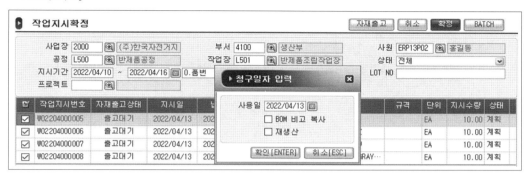

② 작업지시번호 WO2204000006의 확정수량 합이 '89'로 가장 많다.

09 [생산관리공통] – [생산관리] – [생산자재출고]

→ [사업장 : 2000.㈜한국자전거지사] – [출고기간 : 2022/04/17 ~ 2022/04/23] – 조회 후 상단 [출고요청] 클릭 – [출고요청 조회 적용] 팝업창 – [청구기간 : 2022/04/17 ~ 2022/04/23]

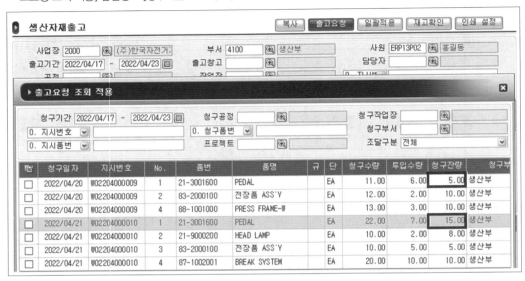

① [21–3001600,PEDAL] 품목의 청구잔량 합이 '20(= 5 + 15)'으로 가장 많다.

10 [생산관리공통] – [생산관리] – [작업실적등록]

→ [사업장 : 2000.㈜한국자전거지사] – [지시(품목) : 2022/04/24 ~ 2022/04/30] – [지시공정 : L400.작업공정(포장)]
   – [지시작업장 : L401.기본작업장(포장)]

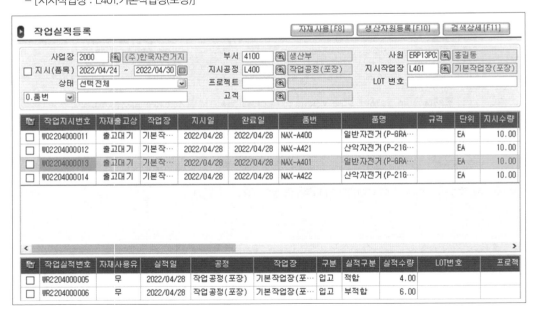

③ 작업지시번호 WO2204000013은 적합이 4, 부적합 6로 부적합실적이 더 많다.

① WO2204000011 : 적합 6 > 부적합 4

② WO2204000012 : 적합 7 > 부적합 3

④ WO2204000014 : 적합 8 > 부적합 2

11 [생산관리공통] − [생산관리] − [생산자재사용등록]

→ [사업장 : 2000.㈜한국자전거지사] − [구분 : 1.생산] − [실적공정 : L200.작업공정] − [실적작업장 : L201.제품작업장]
− [실적기간 : 2022/05/01 ~ 2022/05/07] − [상태 : 1.확정] − 조회 후 상단 [청구적용[F8]] 클릭 − [청구 적용 도움창]

① 작업실적번호 WR2205000001의 총 잔량이 '35(= 10 + 10 + 15)'로 가장 많다.

② 작업실적번호 WR2205000002의 총 잔량 = 10 +10 +10 = 30

③ 작업실적번호 WR2205000003의 총 잔량 = 2 + 8 + 12 = 22

④ 작업실적번호 WR2205000004의 총 잔량 = 10 + 10 + 7 = 27

12 [생산관리공통] − [생산관리] − [생산실적검사]

→ [사업장 : 2000.㈜한국자전거지사] − [실적일 : 2022/05/08 ~ 2022/05/14] − [공정 : L500.반제품공정] − [작업장 :
L501.반제품조립작업장]

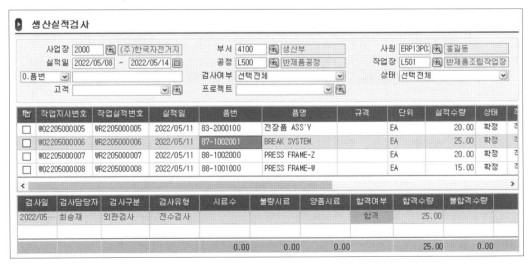

④ 합격수량이 가장 많이 발생한 품목은 '25'인 [87−1002001.BREAK SYSTEM]이다.

13 [생산관리공통] – [생산관리] – [생산품창고입고처리]

→ [사업장 : 2000.㈜한국자전거지사] – [실적기간 : 2022/05/15 ~ 2022/05/21] – [공정 : L400.작업공정(포장)] – [작업장 : L401.기본작업장(포장)]

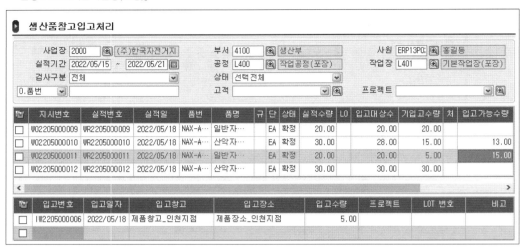

④ 입고가능수량은 입고대상수량에서 기입고수량을 뺀 나머지 수량이다.

입고가능수량 = 입고대상수량 − 기입고수량

→ 생산실적검사의 여부(①)를 확인하려면 상단 조회조건을 [검사구분 : 1.검사]로 하여 재조회한다.

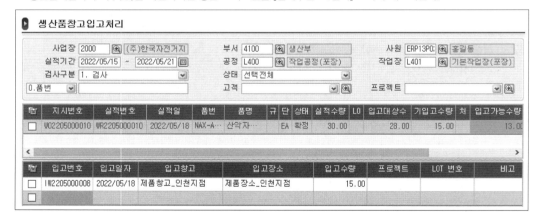

14   [생산관리공통] – [생산관리] – [작업지시마감처리]

→ [사업장 : 2000.㈜한국자전거지사] – [지시일 : 2022/05/22 ～ 2022/05/28] – [공정 : L300.작업공정(도색)] – [작업장 : L301.제품작업장(완성품)]

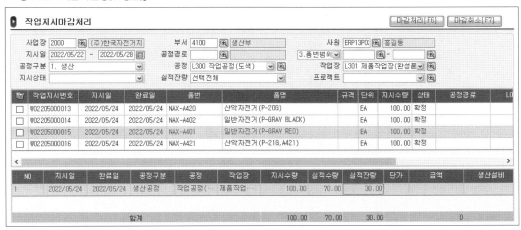

③ 작업지시번호 WO2205000015의 실적잔량이 '30'으로 가장 많다.

15   [생산관리공통] – [재공관리] – [기초재공등록]

→ [사업장 : 2000.㈜한국자전거지사] – [등록일 : 2022/05/01 ～ 2022/05/01]

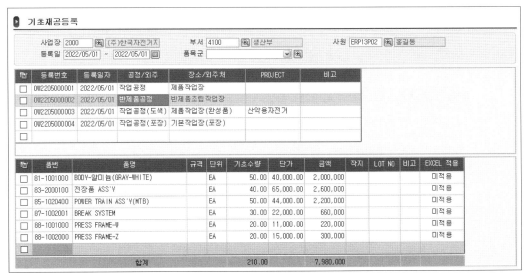

② 반제품공정, 반제품조립작업장의 품목 중에는 'LOT NO'를 관리하는 품목이 없다.

16 [생산관리공통] – [재공관리] – [재공창고입고/이동/조정등록]

→ [재공조정] 탭 – [사업장 : 2000.㈜한국자전거지사] – [실적기간 : 2022/05/10 ~ 2022/05/10]

② 조건에 부합하는 재공조정은 'WA2205000002'다.

17 [생산관리공통] – [생산/외주/재공현황] – [지시대비실적현황]

→ [사업장 : 2000.㈜한국자전거지사] – [지시기간 : 2022/05/01 ~ 2022/05/07] – [공정 : L500.반제품공정] – [작업장 : L501.반제품조립작업장]

③ [88–1001000, PRESS FRAME–W] 품목의 잔량이 '30'으로 가장 많다.

18 [생산관리공통] – [생산/외주/재공현황] – [자재사용현황(제품별)]

→ [사용기간 : 2022/05/08 ~ 2022/05/14] – [공정 : L200.작업공정] – [작업장 : L201.제품작업장]

① [NAX-A421.산악자전거(P-21G,A421)] 품목의 사용수량 합이 '97.05'로 가장 많다.

19 [생산관리공통] − [생산/외주/재공현황] − [생산일보]

→ [실적기준] 탭 − [사업장 : 2000.㈜한국자전거지사] − [실적기간 : 2022/05/01 ～ 2022/05/28] − [구분 : 1.공정] −
[공정 : L200.작업공정] − [작업장 : L201.제품작업장] − [수량조회기준 : 0.실적입고기준] − 조회 후 상단 [단가
OPTION[F10]] 클릭 − [단가 OPTION[F10]] 팝업창 − [조달 : 구매 : 표준원가] 체크, [조달 : 생산 : 표준원가] 체크 후
[확인(TAB)] 클릭

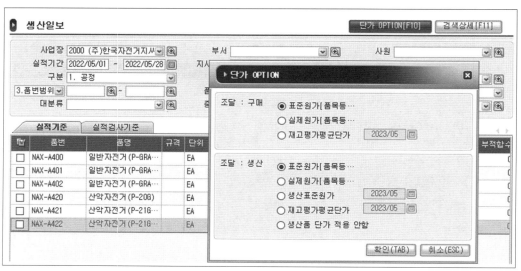

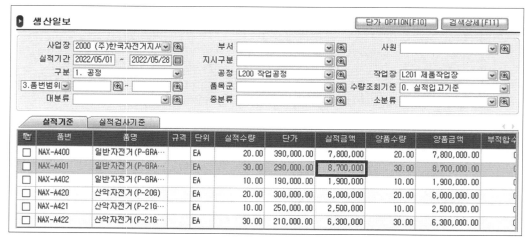

③ [NAX−A401.일반자전거(P−GRAY RED)] 품목의 실적금액이 '8,700,000'으로 가장 크다.

20 [생산관리공통] – [생산/외주/재공현황] – [품목별품질현황(전수검사)]
→ [사업장 : 2000.㈜한국자전거지사] – [검사기간 : 2022/05/08 ~ 2022/05/21]

② [87-1002001.BREAK SYSTEM] 품목의 합격률이 '100'으로 가장 높다.

01 ERP 도입의 예상효과로 적절하지 않은 것은?

① 사이클타임 증가
② 고객서비스 개선
③ 최신 정보기술 도입
④ 통합 업무시스템 구축

02 ERP에 대한 설명으로 가장 적절하지 않은 것은?

① 경영혁신환경을 뒷받침하는 새로운 경영업무시스템 중 하나다.
② 기업의 전반적인 업무과정이 컴퓨터로 연결되어 실시간관리를 가능하게 한다.
③ 기업 내 각 영역의 업무프로세스를 지원하고 단위별 업무처리의 강화를 추구하는 시스템이다.
④ 전통적 정보시스템과 비교해 보다 완벽한 형태의 통합적인 정보인프라구축을 가능하게 해주는 새로운 경영혁신의 도구다.

03 정보시스템의 역할로 가장 적절하지 않은 것은?

① 기업의 다양한 업무지원
② 고객만족 및 서비스증진 효과
③ 효율적 의사결정을 위한 지원기능
④ 조직원의 관리 · 감독 · 통제 기능 강화

04 대부분 기업에서의 ERP 도입의 최종목적으로 가장 적절한 것은?

① 해외매출 확대
② 경영정보의 분권화
③ 관리자 리더십 향상
④ 고객만족과 이윤 극대화

05 생산성측정 유형에서 '산출량/(노동 + 기계)', '산출량/(노동 + 기계 + 자본)'은 어느 유형에 속하는가?

① 부분척도
② 다요소척도
③ 총요소척도
④ 분리요소척도

06 BOM에 대한 설명으로 적절하지 않은 것은?

① Common Parts BOM이란 제품 또는 제품군에 공통적으로 사용되는 부품들을 모아 놓은 BOM이다.
② Percentage BOM은 제품군을 구성하는 제품 또는 제품을 구성하는 부품의 양을 백분율로 표현한 것이다.
③ Engineering BOM(설계 BOM)은 영업부서에서 주로 사용하는 BOM으로 고객의 기능 개선 요구를 중심으로 구성된다.
④ Manufacturing BOM(제조 BOM, 생산 BOM)은 MRP시스템에서 사용되는 BOM으로 생산관리 부서 및 생산현장에서 주로 사용된다.

07 수요예측기법 중 성격이 다른 기법은 무엇인가?

① 지수평활법
② 이동평균법
③ 시장조사법
④ 단순이동평균법

08 액체 · 기체 · 분말의 성질을 가진 석유, 화학, 가스, 주류, 철강 등의 제품에 가장 적합한 생산방식은 무엇인가?

① 개별생산방식(Job Shop)

② 흐름생산방식(Flow Shop)

③ 프로젝트 생산방식(Project Shop)

④ 연속생산방식(Continuous Production)

09 합리적인 일정계획을 수립하기 위한 방법으로 옳지 않은 것은?

① 병목현상이 발생하는 공정의 능력을 증강할 것

② 부분공정에 작업의 생산활동만을 동기화할 것

③ 이동로트 수를 적게 해 작업흐름을 신속히 할 것

④ 정체기간을 최소한으로 단축시켜 생산기간을 단축할 것

10 PERT/CPM에 대한 설명으로 가장 적절한 것은?

① 소규모 공사관리(토목/건설 공사)에 적합한 방법이다.

② 주일정공정이 포함된 계획내용은 원가계산에 활용한다.

③ 네트워크를 사용하므로 부분적인 활동만 파악이 가능하다.

④ 네트워크를 작성해 분석하므로 상세한 계획수립이 쉽다.

11 [보기]에서 설명하는 공정의 분류로 가장 적절한 것은?

┤ 보 기 ├
• 수량, 중량 등을 측정하고 설정된 품질표준을 기준으로 가공부품의 가공정도를 확인하는 공정

① 정체공정(Delay)

② 가공공정(Operation)

③ 검사공정(Inspection)

④ 운반공정(Transportation)

12 간트차트(Gantt Chart)에 대한 설명으로 옳지 않은 것은?

① 각 작업의 완료시간을 알 수 있다.
② 다음 작업의 시작시간을 알 수 있다.
③ 각 작업의 전체 공정시간을 알 수 있다.
④ 복잡하거나 대규모 공사에 적용하기 용이하다.

13 작업장에 능력 이상의 부하가 적용되어 전체공정의 흐름을 막고 있는 병목현상을 해결하기 위해 사용할 수 있는 방법으로 가장 적절한 것은?

① 공수분석
② 라인밸런싱
③ 연속공정분석
④ 흐름공정분석

14 작업장별 작업시간이 보기와 같을 때 라인밸런싱의 효율은 얼마인가? (단, 각 작업장의 작업자는 1명)

┌─ **보 기** ────────────────────────────┐
• 작업장 A : 25분
• 작업장 B : 28분
• 작업장 C : 30분
• 작업장 D : 27분
└──────────────────────────────────────┘

① 85.7%
② 88.7%
③ 91.7%
④ 93.7%

15 JIT 생산방식의 '저스트 인 타임'을 실현하기 위한 11가지의 개선사항으로 가장 적절하지 않은 것은?

① 소인화
② 흐름생산
③ 단공정담당
④ 준비교체작업

16 5S의 개념 중 필요한 물품과 불필요한 물품을 구분해 불필요한 물품을 처분하는 활동은 무엇인가?

① 정리(SEIRI)
② 청소(SEISO)
③ 정돈(SEITON)
④ 청결(SEIKETSU)

17 경제적주문량(EOQ)에서 재고유지비용으로 가장 적절하지 않은 것은?

① 자본비용
② 입고비용
③ 보관비용
④ 재고감손비용

18 자재소요계획(MRP ; Material Requirement Planning)시스템에 대한 설명으로 가장 적절한 것은?

① 납기준수율이 낮아진다.
② 생산소요시간이 단축된다.
③ 자재부족현상이 높아진다.
④ 비반복적인 생산에는 부적합하다.

19 [보기]는 무엇에 대한 설명인가?

┤ 보 기 ├
• 자재소요계획(생산계획) 활동 중에서 기준생산계획(MPS)이 주어진 제조자원의 용량을 넘어서는지 않는지
를 계산하는 모듈. 즉, 기준생산계획과 제조자원 간의 크기를 비교해 자원요구량을 계산해내는 것

① 능력소요계획(CRP)
② 기준생산계획(MPS)
③ 주생산일정계획(MPS)
④ 개략능력요구계획(RCCP)

20 SCM(공급망관리)의 추진효과로 가장 적절하지 않은 것은?

① 품질향상
② 생산효율화
③ 구매비용 감소
④ 통합적 정보시스템 운영

실무문제

회사코드	4005	사원코드	ERP13P02
회사명	생산2급 회사B	사원명	홍길동

01 아래 [보기]의 조건으로 데이터를 조회한 후 물음에 답하시오.

┤ 보 기 ├
- 품목군 : F100.FRONT

다음 [보기]에서 주어진 품목군에 속한 품목이 아닌 것은?

① 21-1030600.FRONT FORK(S)

② 21-1030610.FRONT FORK (TYPE SA)

③ 21-1030620.FRONT FORK (TYPE SB)

④ 21-1060700.FRAME-NUT

02 아래 [보기]의 조건으로 데이터를 조회한 후 물음에 답하시오.

┤ 보 기 ├
- 사업장 : 2000.㈜한국자전거지사

다음 [보기]의 조건에 해당하는 생산공정/작업장을 조회하고 적합여부가 '부적합'인 작업장과 생산공정/작업장이 올바르게 연결되어있는 것을 고르시오.

① L200.작업공정 - L203.제품작업장_부적합

② L300.작업공정(도색) - L302.반제품작업장(조립품)

③ L300.작업공정(도색) - L303.도색작업장(대전)

④ L300.작업공정(도색) - L305.도색작업장(서울)

03 아래 [보기]의 조건으로 데이터를 조회한 후 물음에 답하시오.

┤ 보 기 ├
- 검사구분 : 41.공정검사
- 사용여부 : 1.사용

다음 [보기]의 조건에 해당하는 검사유형 중 입력필수값이 '필수'인 검사유형을 포함하고 있는 검사유형의 코드를 고르시오.

① 40010

② 41010

③ 42010

④ 43010

04 아래 [보기]의 조건으로 데이터를 조회한 후 물음에 답하시오.

┤ 보 기 ├
- 계 정　　　 : 2.제품
- 생산담당자 : 곽동옥

다음 [보기]의 조건에 해당하는 품목으로 옳은 것은?

① 81-1001020.BODY-알미늄 (GRAY-WHITE, TYPE B)

② 83-2000110.전장품 ASS'Y (TYPE A)

③ NAX-A402.일반자전거(P-GRAY BLACK)

④ NAX-A420.산악자전거(P-20G)

05 아래 [보기]의 조건으로 데이터를 조회한 후 물음에 답하시오.

┤ 보 기 ├
- 모품목　　 : NAX-A422.산악자전거(P-21G,A422)
- 기준일자 : 2022/07/23
- 사용여부 : 1.사용

다음 [보기]의 조건에 해당하는 품목의 자재명세서에 대한 설명으로 옳지 않은 것은?

① 조회된 자품목들 중에 외주구분이 '유상'인 품목도 있다.

② [21-3001620.PEDAL (TYPE B)]의 LOSS(%)가 가장 작다.

③ [21-9000202.HEAD LAMP (TYPE B)]의 필요수량은 '1.25'다.

④ [83-2000100.전장품 ASS'Y]는 기준일자를 '2022/08/31'로 변경할 시 조회되지 않는다.

06 아래 [보기]의 조건으로 데이터를 조회한 후 물음에 답하시오.

┤ 보 기 ├
- 사업장   : 2000.㈜한국자전거지사
- 작업예정일 : 2022/07/01 ～ 2022/7/10
- 계정구분   : 4.반제품

다음 [보기]의 조건에 해당하는 생산계획내역 중 계획수량의 합이 가장 많은 품목을 고르시오.

① [81-1001000.BODY-알미늄(GRAY-WHITE)]
② [81-1001010.BODY-알미늄 (GRAY-WHITE, TYPE A)]
③ [81-1001020.BODY-알미늄 (GRAY-WHITE, TYPE B)]
④ [83-2000100.전장품 ASS'Y]

07 아래 [보기]의 조건으로 데이터를 조회한 후 물음에 답하시오.

┤ 보 기 ├
- 사업장   : 2000.㈜한국자전거지사
- 공 정   : L200.작업공정 / 작업장 : L201.반제품작업장
- 지시기간 : 2022/07/01 ～ 2022/07/10

다음 [보기]의 조건으로 등록된 작업지시내역을 확인 후 옳은 내용을 고르시오.

① 작업지시번호 WO2207000001은 '청구, 주문, 생산계획' 등을 통해 적용받지 않고 직접 입력했다.
② 작업지시번호 WO2207000002는 '주문조회'를 통해 적용받아 입력했다.
③ 조회된 작업지시건들은 모두 '확정'처리되었다.
④ 조회된 작업지시건의 품목들은 모두 '반제품' 계정이다.

08 아래 [보기]의 조건으로 데이터를 조회한 후 물음에 답하시오.

┤ 보 기 ├
- 사업장   : 2000.㈜한국자전거지사
- 공 정   : L200.작업공정 / 작업장 : L202.반제품작업장
- 지시기간 : 2022/07/01 ～ 2022/07/10

다음 [보기]의 조건의 [작업지시확정] 내역 중 정미수량의 합과 확정수량의 합의 차이가 가장 큰 작업지시번호를 고르시오.

① WO2207000005
② WO2207000006
③ WO2207000007
④ WO2207000008

09 아래 [보기]의 조건으로 데이터를 조회한 후 물음에 답하시오.

> **│보 기│**
>
> • 사업장　　　: 2000.㈜한국자전거지사
> • 공 정　　　 : L200.작업공정 / 작업장 : L201.제품작업장
> • 지시기간　　: 2022/07/15 ～ 2022/07/15
> • 사용일　　　: 2022/07/23
> • 작업지시번호 : WO2207000009

다음 [보기]의 작업지시내역을 확정처리한 후 확정수량의 총합을 고르시오.

① 15　　　　　　　　　　　　　　　② 60
③ 18.5　　　　　　　　　　　　　　④ 69

10 아래 [보기]의 조건으로 데이터를 조회한 후 물음에 답하시오.

> **│보 기│**
>
> • 사업장　　 : 2000.㈜한국자전거지사
> • 출고기간 : 2022/07/01 ～ 2022/07/15
> • 청구기간 : 2022/07/01 ～ 2022/07/15
> • 청구공정 : L200.작업공정 / 청구작업장 : L203.제품작업장_부적합

㈜한국자전거지사 홍길동 사원은 생산자재 출고 시 출고요청기능을 이용해 자재를 출고하고 있다. 다음 중 [보기]의 조건으로 조회했을 때 청구잔량의 합이 가장 많이 남아 있는 지시번호를 고르시오.

① WO2207000010
② WO2207000011
③ WO2207000012
④ WO2207000013

11 아래 [보기]의 조건으로 데이터를 조회한 후 물음에 답하시오.

> **│보 기│**
>
> • 사업장　　 : 2000.㈜한국자전거지사
> • 지시(품목) : 2022/07/01 ～ 2022/07/20
> • 지시공정　 : L200.작업공정 / 지시작업장 : L204.반제품작업장_부적합

다음 [보기]의 작업실적내역 중에 실적잔량이 가장 적게 남은 품목의 작업지시번호를 고르시오.

① WO2207000014
② WO2207000015
③ WO2207000016
④ WO2207000017

12 아래 [보기]의 조건으로 데이터를 조회한 후 물음에 답하시오.

┤ 보 기 ├
- 사업장   : 2000.㈜한국자전거지사
- 구 분   : 1.생산
- 실적공정 : L200.작업공정 / 실적작업장 : L205.제품작업장_적합
- 실적기간 : 2022/07/01 ~ 2022/07/15 / 상 태 : 1.확정

다음 [보기]의 [생산자재사용등록] 내역을 확인 후 옳지 않은 설명을 고르시오.

① 작업지시번호 WO2207000018는 [일괄적용] 버튼을 통해서는 자재사용등록을 진행할 수 없다.

② 작업지시번호 WO2207000019의 총 사용수량은 '67'이다.

③ 작업지시번호 WO2207000020의 보고유무는 현재 '유'다.

④ 작업지시번호 WO2207000021의 청구요청수량과 사용수량이 동일하다.

13 아래 [보기]의 조건으로 데이터를 조회한 후 물음에 답하시오.

┤ 보 기 ├
- 사업장 : 2000.㈜한국자전거지사
- 실적일 : 2022/07/01 ~ 2022/07/15
- 공 정 : L200.작업공정 / 작업장 : L206.반제품작업장_적합

다음 [보기]의 [생산실적검사] 내용을 확인 후 검사유형이 '전수검사'인 품목을 고르시오.

① NAX-A400.일반자전거(P-GRAY WHITE)

② NAX-A401.일반자전거(P-GRAY RED)

③ [NAX-A420.산악자전거(P-20G)

④ [NAX-A421.산악자전거(P-21G, A21)

14 아래 [보기]의 조건으로 데이터를 조회한 후 물음에 답하시오.

┤ 보 기 ├
- 사업장   : 2000.㈜한국자전거지사
- 실적기간 : 2022/07/01 ~ 2022/07/15
- 공 정   : L300.작업공정(도색) / 작업장 : L301.제품작업장(완성품)

다음 [보기]에 해당하는 [생산품창고입고처리] 데이터를 확인 후 옳은 내용을 고르시오.

① 조회된 모든 품목들은 생산실적검사에서 '합격'판정을 받은 후 입고되었다.

② 실적번호 WR2207000014의 생산품목은 LOT품목이다.

③ 실적번호 WR2207000015는 15개의 입고수량이 모두 [M200, 부품창고_인천지점] 창고에 입고되었다.

④ 조회된 모든 품목들은 '반제품' 계정이다.

15 아래 [보기]의 조건으로 데이터를 조회한 후 물음에 답하시오.

┤ 보 기 ├
- 사업장 : 2000.㈜한국자전거지사
- 지시일 : 2022/07/01 ~ 2022/07/15
- 공 정 : L300.작업공정(도색) / 작업장 : L302.반제품작업장(조립품)

다음 [보기]의 내역으로 조회된 작업지시내역 중 실적잔량이 가장 많이 남아 있는 작업지시번호에 대해 마감처리를 진행하려고 한다. 다음 중 실적잔량이 가장 많이 남아 있는 작업지시번호를 고르시오.

① WO2207000030
② WO2207000031
③ WO2207000032
④ WO2207000033

16 아래 [보기]의 조건으로 데이터를 조회한 후 물음에 답하시오.

┤ 보 기 ├
- 사업장 : 2000.㈜한국자전거지사
- 등록일 : 2022/07/01 ~ 2022/07/31

다음 [보기]의 조건으로 등록된 [기초재공등록]에 대한 설명 중 옳은 것은?

① 해당 기간 내에 등록된 기초재공 중 등록번호 OW2207000001의 금액의 합이 가장 크다.
② 등록번호 OW2207000002의 기초수량의 합이 가장 많다.
③ 등록번호 OW2207000003의 경우 전부 '제품'인 품목들이 등록되었다.
④ 조회된 [기초재공등록]은 모두 [L200.작업공정] 공정에 기초수량이 등록되었다.

17 아래 [보기]의 조건으로 데이터를 조회한 후 물음에 답하시오.

┤ 보 기 ├
- 사업장 : 2000.㈜한국자전거지사
- 실적기간 : 2022/07/01 ~ 2022/07/10
- 조건1 : 2022년 7월 1일 '작업공정, 반제품작업장'에서 품목 [NAX-A420.산악자전거(P-20G)]에 대해 '재공조정'처리되었다.
- 조건2 : 조정수량은 '15EA'이며, 프로젝트는 'COM교육사업'이다.

다음 [보기]의 조건에 해당하는 조정번호로 옳은 것은?

① WI2207000001
② WM2207000001
③ WA2207000001
④ WA2207000002

18 아래 [보기]의 조건으로 데이터를 조회한 후 물음에 답하시오.

> **보기**
> - 사업장 : 2000.㈜한국자전거지사
> - 지시기간 : 2022/07/01 ~ 2022/07/31
> - 공 정 : L300.작업공정(도색)

다음 [보기]의 조건에 해당하는 작업지시 대비 실적내역을 확인 후 옳은 것을 고르시오.

① 지시수량의 합과 실적수량의 합이 같다.
② 실적구분이 '부적합'인 것들도 있다.
③ 총 지시수량은 '101'이다.
④ [NAX-A400.일반자전거(P-GRAY WHITE)]의 실적수량이 가장 적다.

19 아래 [보기]의 조건으로 데이터를 조회한 후 물음에 답하시오.

> **보기**
> - 사업장 : 2000.㈜한국자전거지사
> - 검사기간 : 2022/07/01 ~ 2022/07/31

다음 [보기]의 기간 동안 어떤 품목을 검사했는지 확인하려고 한다. '샘플검사'를 기준으로 조회했을 때 다음 중 검사한 품목이 아닌 것을 고르시오.

① [83-2000100.전장품 ASS'Y]
② [NAX-A400.일반자전거(P-GRAY WHITE)]
③ [NAX-A420.산악자전거(P-20G)]
④ [NAX-A421.산악자전거(P-21G,A421)]

20 아래 [보기]의 조건으로 데이터를 조회한 후 물음에 답하시오.

> **보기**
> - 해당년도 : 2022

현 시점의 전사 기준으로 재공을 파악하려고 한다. 다음 중 재공수량(관리)가 가장 많은 품목을 고르시오.

① [21-1030610.FRONT FORK (TYPE SA)]
② [21-1060850.WHEEL FRONT-MTB]
③ [21-1030600.FRONT FORK(S)]
④ [21-1060851.WHEEL FRONT-MTB (TYPE A)]

이론문제

01	02	03	04	05	06	07	08	09	10
①	③	④	④	②	③	③	②	②	④
11	12	13	14	15	16	17	18	19	20
③	④	②	③	③	①	②	②	④	①

01 ① 사이클타임이 단축된다.

ERP 시스템 도입 시 예상효과
통합 업무시스템 구축, 재고물류비용 감소, 고객서비스 개선, 수익성 개선, 생산성 향상 및 매출 증대, 비즈니스 프로세스 혁신, 생산계획의 소요기간 단축, 리드타임 감소, 결산작업 단축, 원가절감, 투명한 경영, 표준화 · 단순화 · 코드화, 사이클타임 단축, 최신 정보기술 도입

02 ③ ERP 시스템은 데이터 관리 및 기업 업무프로세스의 통합을 가능하게 함으로써 효율적인 기업 경영활동을 지원한다.

03 ④ 조직원이 아니라 정보의 관리 · 감독 · 통제 기능이 강화된다.

04 ④ ERP 도입목적 자체가 업무프로세스를 혁신적으로 계획 · 설계함으로서 수익을 극대화하는 데 있다.

05 ② 생산성은 노동시간, 기계사용시간 등의 생산요소를 경제재로 변환시킴으로써 효용을 산출하는 과정으로서 요소의 개수에 따라 부분척도, 다요소척도, 총요소척도도 유형이 구분된다.

생산성측정 유형	필요 요소	내 용
부분척도	단 일	산출량/노동, 산출량/기계, 산출량/자본, 산출량/에너지
다요소척도	하나 이상	산출량/(노동 + 기계), 산출량/(노동 + 기계 + 자본)
총요소척도	모든 요소	제품 혹은 서비스/생산활동에 사용된 모든 투입량

06 ③ Engineering BOM(설계 BOM)이란 설계부서에서 사용하는 BOM으로 제품 설계기능을 중심으로 구성된다.

07 ③ 단순이동평균법, 이동평균법, 지수평활법은 정량적 수요예측기법이고, 시장조사법은 정성적 수요예측기법이다.

수요예측방법		
정성적 방법	시장조사법	
	패널동의법	
	중역평가법	
	판매원의견합성(종합)법	
	수명주기유추법	
	델파이분석법	
계량적(정량적) 방법	시계열분석법(이동평균법, 지수평활법, ARIMA, 분해법, 확산모형 등)	
	인과모형분석법(단순 · 다중 회귀분석)	

08 ② 흐름생산방식은 원자재가 파이프라인을 통해 공정으로 이동되며, 각 공정의 옵션에 따라서 몇 가지의 제품을 생산하는 방식이다.
① 개별생산방식(Job Shop) : 주문자의 요구에 의한 생산방식
③ 프로젝트 생산방식(Project Shop) : 건물이나 교량, 배처럼 장소의 제한을 받으며 자재투입 및 생산공정이 시기별로 변경되는 생산방식
④ 연속생산방식(Continuous Production) : 소품종 대량생산의 방식

09 ② 전 공정에 걸쳐서 전작업 또는 전공정의 작업기간을 동기화시켜야 한다

10 ① 주일정공정이 포함된 계획내용은 일정관리에 활용한다.
② 대규모 공사관리에 적합한 방법으로 주로 토목 · 건설 공사에 활용한다.
③ 네트워크를 사용하므로 전체적인 활동을 파악할 수 있다.

11 ③ 검사공정에는 양적검사와 질적검사가 있는데 양적검사로는 수량, 중량 등을 측정하고, 질적검사로는 가공부품을 품질 및 등급별로 분류한다.

검사공정 (Inspection)	양적검사	수량 · 중량 측정
	질적검사	가공부품의 가공정도 · 품질 · 등급별 분류

12 ④ 간트차트의 단점으로서 복잡하거나 대규모 공사에 적용하기 어렵다.

간트차트의 단점
• 계획의 변화, 변경에 약하다. • 일정계획에 있어서 정밀성을 기대하기 어렵다. • 작업 상호 간 유기적 관계가 명확하지 못하다. • 대규모의 공사에 적용하기 어렵다.

13 ② 라인밸런싱((Line Balancing)은 각각 공정의 역할분담을 고르게 나누고, 최대의 생산효율을 높이는 데 사용되는 방법으로서 Bottleneck Process 중심으로 공정을 분할하거나 종합하여 균형화에 주력하는 만큼 병목현상 해결에 적절하다.

14 ③ 라인밸런싱 효율 $= \dfrac{\text{라인의 순 작업시간의 합계}}{\text{작업장 수} + \text{사이클타임(최대값)}} \times 100\%$

$\qquad\qquad\qquad = \dfrac{25 + 28 + 30 + 27}{4 \times 30} \times 100\%$

$\qquad\qquad\qquad = 91.7\%$

15

JIT 생산방식의 '저스트 인 타임'을 실현하기 위한 11가지의 개선사항			
① 흐름생산	② 다공정담당	③ 간판(kanban)	④ 소인화
⑤ 눈으로 보는 관리	⑥ 평준화	⑦ 준비교체작업	⑧ 품질보증
⑨ 표준작업	⑩ 자동화	⑪ 보건 · 안전	

16 ① 정리에 대한 설명이다.

5S	내 용
정리(SEIRI)	필요한 것과 불필요한 것을 구분하고 작업현장에는 필요한 것 이외는 일체 두지 않는다.
정돈(SEITON)	필요한 물품은 즉시 끄집어낼 수 있도록 만든다.
청소(SEISO)	먼지와 더러움을 없애 직장 및 설비를 깨끗한 상태로 만든다.
청결(SEIKETSU)	직장을 위생적으로 하여 작업환경을 향상시킨다.
마음가짐(SHITSUKE)	정리 · 정돈 · 청소 · 청결(4S)을 실시하여 사내에서 결정된 사항 및 표준을 준수해나가는 태도를 몸에 익힌다.

17 ② 재고유지비용에는 자본비용, 보관비, 재고감손비용 등이 있다.

18 ② MRP시스템은 완제품에 대한 소요시기와 소요량을 전제로 그 제품을 생산하는 데 필요한 자재가 언제, 얼마만큼 준비되어야 하는가를 결정해주기 때문에 종래의 재고관리기법에서 야기되는 과잉재고와 품절현상을 최소화하여 재고비용을 절감하는 효과가 있고, 비반복적인 생산이나 많은 단계를 갖는 자재명세서, 로트의 크기가 큰 경우에 적합하다.

19 ④ 개략능력요구계획(RCCP)대한 설명이다.
① 능력소요계획(CRP) : 공장의 생산능력에 맞추어 자재소요계획을 수립하기 위해 작업장의 능력소요량을 시간대별로 예측하는 기법
② 기준생산계획(MPS) : 총괄생산계획을 분해해서 실행계획으로 구체화시키는 중기계획
③ 주생산일정계획(MPS) : 주(週) 또는 일(日)별로 생산되어야 할 구체적인 제품 또는 제품군의 양을 명시한 것

20

SCM의 추진효과		
• 통합적 정보시스템 운영	• 물류비용 절감	• 고객만족, 시장변화에 대응력
• 구매비용 절감	• 생산효율화	• 총체적 경쟁우위 확보

01	02	03	04	05	06	07	08	09	10
④	①	④	③	①	③	②	②	④	③
11	12	13	14	15	16	17	18	19	20
①	③	②	③	①	②	④	④	①	③

01 [시스템관리] – [기초정보등록] – [품목등록]

→ [품목군 : F100.FRONT]

④ 해당 품목군에 속하지 않은 것은 [21-1060700.FRAME-NUT]다.

02 [시스템관리] – [기초정보등록] – [창고/공정(생산)/외주공정등록]

→ [생산공정/작업장] 탭 – [사업장 : 2000.㈜한국자전거지사]

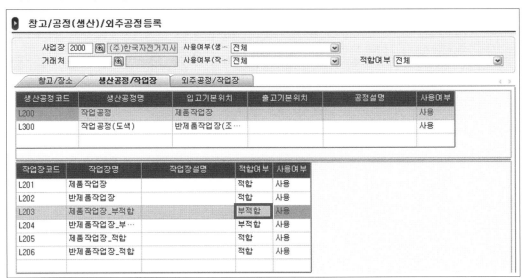

① [L200.작업공정 – L203.제품작업장_부적합]이 적합여부가 부적합으로 바르게 연결되어 있다.

03 [시스템관리] – [기초정보등록] – [검사유형등록]

→ [검사구분 : 41.공정검사] – [사용여부 : 1.사용]

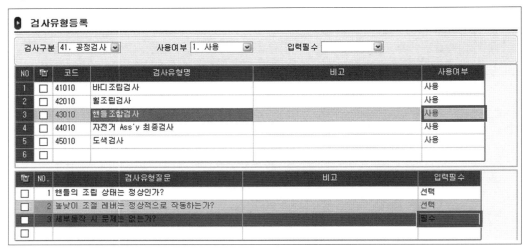

④ [43010.핸들조합검사]의 경우 입력필수인 값이 있으며, 사용여부 또한 '사용'이다.

04 [시스템관리] – [기초정보등록] – [물류실적(품목/고객)담당자등록]

→ [품목] 탭 – [계정 : 2.제품]

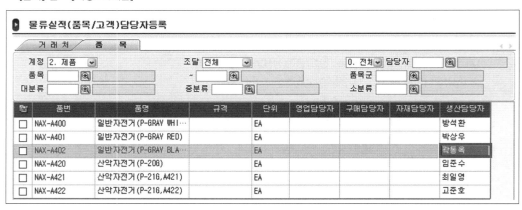

③ [NAX-A402.일반자전거(P-GRAY BLACK)]의 생산담당자는 '곽동옥'이다.

05 [생산관리공통] – [기초정보등록] – [BOM등록]

→ [모품목 : NAX–A422,산악자전거(P–21G,A422)] – [기준일자 : 2022/07/23] – [사용여부 : 1.사용]

① 기준에 의해 조회된 품목들의 외주구분값은 모두 '무상'이다.

06 [생산관리공통] – [생산관리] – [생산계획등록]

→ [날짜별] 탭 – [사업장 : 2000.㈜한국자전거지사] – [작업예정일 : 2022/07/01 ~ 2022/7/10] – [계정구분 : 4.반제품]

③ [81–1001020.BODY–알미늄(GRAY–WHITE, TYPE B)] 품목의 합계가 '1,470'으로 가장 많다.

07 [생산관리공통] – [생산관리] – [작업지시등록]

→ [사업장 : 2000.㈜한국자전거지사] – [공정 : L200.작업공정] – [작업장 : L201.제품작업장] – [지시기간 : 2022/07/01 ~ 2022/07/10] – 조회 후 상세내역에서 마우스 오른쪽 버튼/'[작업지시등록] 이력정보' 클릭 – [진행상태 확인 및 메뉴이동 :: 작업지시등록] 팝업창

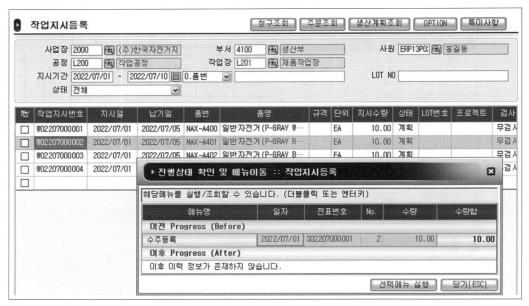

② 작업지시번호 'WO2207000002'는 '주문적용'을 받아 등록했다.

① 작업지시번호 WO2207000001은 주문적용을 받아 등록했다.

③ 조회된 작업지시건들은 모두 '계획'단계다.

④ 조회된 작업지시건의 품목들은 모두 '제품' 계정이다.

08 [생산관리공통] – [생산관리] – [작업지시확정]

→ [사업장 : 2000.㈜한국자전거지사] – [공정 : L200.작업공정] – [작업장 : L202.반제품작업장] – [지시기간 : 2022/07/01 ~ 2022/07/10]

② 작업지시번호 WO2207000006의 확정수량(76.25)과 정미수량(65)의 차이가 11.25로 가장 크다.

① 확정수량 34 – 정미수량 30 = 4

③ 확정수량 56 – 정미수량 50 = 6

④ 확정수량 45 – 정미수량 40 = 5

09 [생산관리공통] – [생산관리] – [작업지시확정]

→ [사업장 : 2000.㈜한국자전거지사] – [공정 : L200.작업공정] – [작업장 : L201.제품작업장] – [지시기간 : 2022/07/15 ~ 2022/07/15] – 조회 후 작업지시번호 'WO2207000009' 체크 후 상단 [확정] 클릭 – [청구일자 입력] 팝업창 – [사용일 : 2022/07/23] – [확인[ENTER]] 클릭

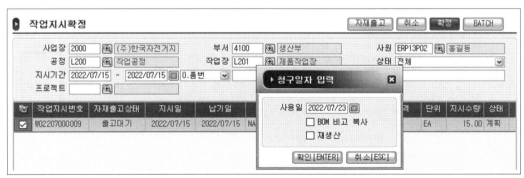

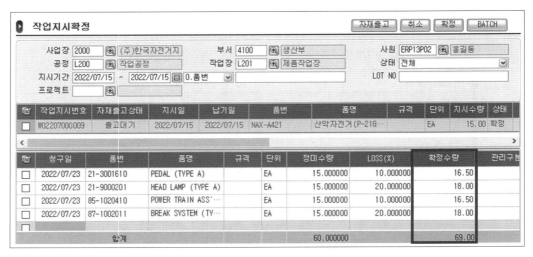

④ 확정수량의 합은 '69'다.

10 [생산관리공통] – [생산관리] – [생산자재출고]

→ [사업장 : 2000.㈜한국자전거지사] – [출고기간 : 2022/07/01 ～ 2022/07/15] – 조회 후 상단 [출고요청] 버튼 클릭
– [출고요청 조회 적용] 팝업창 – [청구기간 : 2022/07/01 ～ 2022/07/15] – [청구공정 : L200.작업공정] – [청구작
업장 : L203.제품작업장_부적합]

③ WO2207000012 = 6 + 6 + 7 + 6 + 12 = 37

① WO2207000010 = 2.5

② WO2207000011 = 2 + 11 = 13

④ WO2207000013 : 해당 작업지시 없음

11 [생산관리공통] – [생산관리] – [작업실적등록]

→ [사업장 : 2000.㈜한국자전거지사] – [지시(품목) : 2022/07/01 ～ 2022/07/20] – [지시공정 : L200.작업공정] – [지
시작업장 : L204.반제품작업장_부적합]

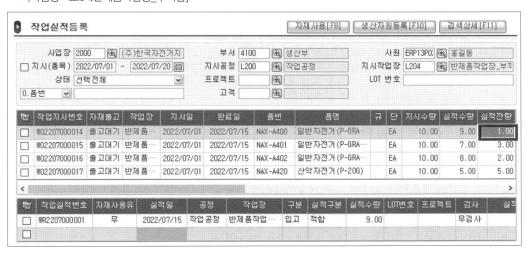

① 작업지시번호 WO2207000014의 실적잔량이 '1'로 가장 적다.

12 [생산관리공통] – [생산관리] – [생산자재사용등록]

→ [사업장 : 2000.㈜한국자전거지사] – [구분 : 1.생산] – [실적공정 : L200.작업공정] – [실적작업장 : L205.제품작업
장_적합] – [실적기간 : 2022/07/01 ～ 2022/07/15] – [상태 : 1.확정]

③ 작업지시번호 WO2207000020의 보고유무는 현재 '무'다.

13 [생산관리공통] − [생산관리] − [생산실적검사]

→ [사업장 : 2000.㈜한국자전거지사] − [실적일 : 2022/07/01 ～ 2022/07/15] − [공정 : L200.작업공정] − [작업장 : L206.반제품작업장_적합]

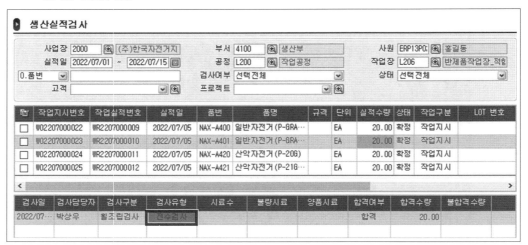

② [NAX−A401.일반자전거(P−GRAY RED)] 품목의 검사유형은 '전수검사'이고, 그 외는 모두 '샘플검사'다.

14 [생산관리공통] − [생산관리] − [생산품창고입고처리]

1) 입고창고/장소 확인, LOT품목 확인

→ [사업장 : 2000.㈜한국자전거지사] − [실적기간 : 2022/07/01 ～ 2022/07/15] − [공정 : L300.작업공정(도색)] − [작업장 : L301.제품작업장(완성품)]

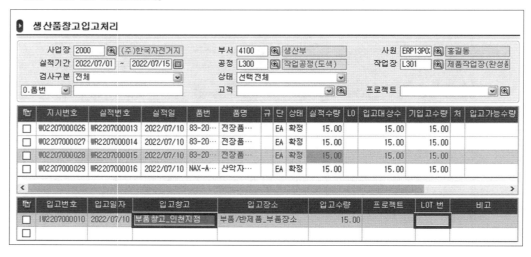

2) 검사 여부 및 계정 확인

→ 조회 후 상세내역에서 마우스 오른쪽 버튼/'부가기능 – 품목상세정보' 클릭 – [품목 상세정보] 팝업창

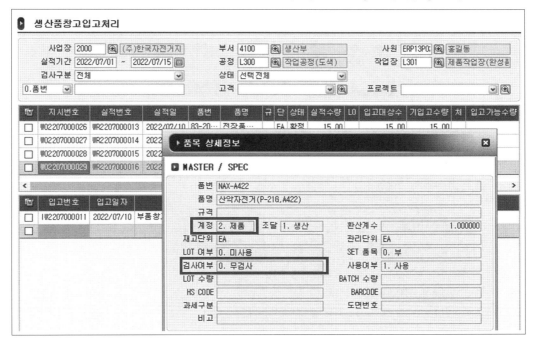

① 모두 검사를 진행하지 않았다.

② 모두 LOT품목이 아니다.

④ [NAX–A422.산악자전거(P–218,A422)] 품목의 계정은 '제품'이다.

15 [생산관리공통] – [생산관리] – [작업지시마감처리]

→ [사업장 : 2000.㈜한국자전거지사] – [지시일 : 2022/07/01 ~ 2022/07/15] – [공정 : L300.작업공정(도색)] – [작업
장 : L302.반제품작업장(조립품)]

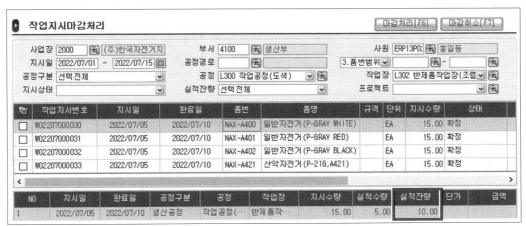

① 실적잔량이 가장 많이 남아 있는 작업지시번호는 '10'인 'WO2207000030'이다.

16 [생산관리공통] – [재공관리] – [기초재공등록]

→ [사업장 : 2000.㈜한국자전거지사] – [등록일 : 2022/07/01 ∼ 2022/07/31]

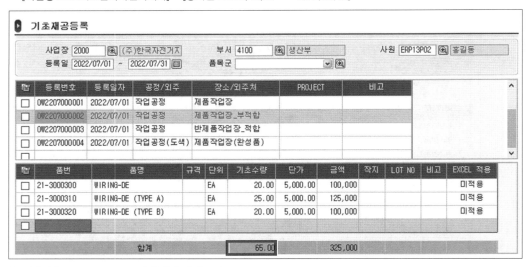

① 등록번호 OW2207000003의 금액이 가장 크다.

③ 반제품들이 등록되어 있다.

④ 등록번호 OW2207000003은 해당 공정에 등록되어 있지 않다.

17 [생산관리공통] – [재공관리] – [재공창고입고/이동/조정등록]

→ [재공조정] 탭 – [사업장 : 2000.㈜한국자전거지사] – [실적기간 : 2022/07/01 ∼ 2022/07/10]

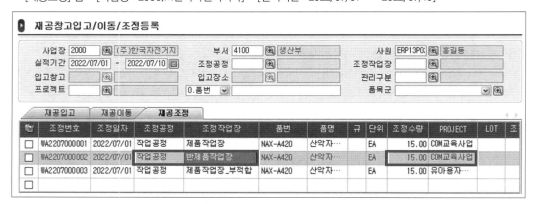

④ 조건에 부합하는 재공조정은 'WA2207000002'다.

18 [생산관리공통] – [생산/외주/재공현황] – [지시대비실적현황]

→ [사업장 : 2000.㈜한국자전거지사] – [지시기간 : 2022/07/01 ~ 2022/07/31] – [공정 : L300.작업공정(도색)]

① 실적수량과 잔량의 합이 지시수량과 같다.

② 조회된 조건에서 실적구분은 모두 '적합'이다.

③ 총 지시수량은 '120'이다

19 [생산관리공통] – [생산/외주/재공현황] – [품목별품질현황(샘플검사)]

→ [사업장 : 2000.㈜한국자전거지사] – [검사기간 : 2022/07/01 ~ 2022/07/31]

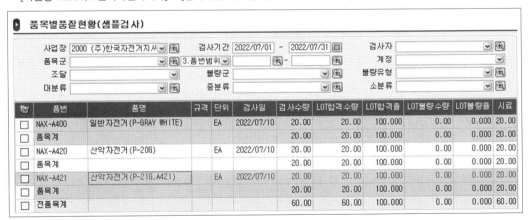

① [83-2000100.전장품 ASS'Y] 품목은 기간 내에 샘플검사를 하지 않았으므로 조회내역에 존재하지 않는다.

20 [생산관리공통] – [생산/외주/재공현황] – [현재공현황(전사/사업장)]

→ [전사] 탭 – [해당년도 : 2022]

③ [21-1030600.FRONT FORK(S)] 품목의 '재공수량(관리)'이 '160'으로 가장 많다.

이론문제

01 클라우드서비스 기반 ERP와 관련된 설명으로 가장 적절하지 않은 것은?

① PaaS에는 데이터베이스 클라우드서비스와 스토리지 클라우드서비스가 있다.

② ERP 소프트웨어 개발을 위한 플랫폼을 클라우드서비스로 제공받는 것을 PaaS라고 한다.

③ ERP 구축에 필요한 IT인프라 자원을 클라우드서비스로 빌려 쓰는 형태를 IaaS라고 한다.

④ 기업의 핵심 애플리케이션인 ERP, CRM 솔루션 등의 소프트웨어를 클라우드서비스를 통해 제공 받는 것을 SaaS라고 한다.

02 ERP 시스템 구축의 장점으로 가장 적절하지 않은 것은?

① ERP 시스템은 비즈니스 프로세스의 표준화를 지원한다.

② ERP 시스템의 유지보수비용은 ERP 시스템 구축 초기보다 증가할 것이다.

③ ERP 시스템은 이용자들이 업무처리를 하면서 발생할 수 있는 오류를 예방한다.

④ ERP 구현으로 재고비용 및 생산비용의 절감효과를 통한 효율성을 확보할 수 있다.

03 정보시스템의 역할로 가장 적절하지 않은 것은?

① 기업의 다양한 업무 지원

② 고객만족 및 서비스 증진 효과

③ 효율적 의사결정을 위한 지원기능

④ 조직원의 관리·감독·통제 기능 강화

04 [보기]의 괄호 안에 들어갈 용어로 가장 적절한 것은?

> **│보 기│**
> • 확장된 ERP시스템 내의 (   )모듈은 공급자부터 소비자까지 이어지는 물류, 자재, 제품, 서비스, 정보의 흐름 전반에 걸쳐 계획하고 관리함으로써 수요와 공급의 일치를 최적으로 운영하고 관리하는 활동이다.

① SCM(Supply Chain Management)
② ERP(Enterprise Resource Planning)
③ KMS(Knowledge Management System)
④ CRM(Customer Relationship Management)

05 생산의 정의로 가장 적절한 것은?

① 고객만족과 경제적 생산
② 최소의 투입으로 산출가치가 최대화되도록 생산활동을 전개
③ 생산요소를 유형 · 무형의 경제재로 변환시켜 효용을 산출하는 과정
④ 제품을 생산하는 제조활동과 서비스를 산출하는 서비스활동으로 구별

06 자재명세서(BOM ; Bill of Material)의 용도로 가장 적절하지 않은 것은?

① 제품원가의 산정
② 생산일정의 수립
③ 판매계획의 수립
④ 구매일정의 수립

07 제품 수명주기 중 성숙기에 가장 적합한 예측기법은 무엇인가?

① 델파이법
② Trend분석
③ 이동평균법
④ 영업부서 분석

08 [보기]는 ㈜생산성의 월별 자동차 판매량이다. 가중이동평균법을 활용해 5월의 판매예측치를 구하시오(단, 1, 2, 3, 4월의 가중치는 0.2, 0.2, 0.3, 0.3).

보 기				
월	1	2	3	4
판매량	90	80	70	90

① 82
② 83
③ 84
④ 85

09 개별생산방식(Job Shop)의 특징으로 가장 적절하지 않은 것은?

① 공정별 기계배치
② 높은 수준의 유연성
③ 주문에 의한 생산방식
④ 공장 내 물자이송(물류)량이 적음

10 일정계획을 합리적으로 수립하기 위해 고려해야 할 원칙으로 가장 적절한 것은?

① 생산기간의 연장
② 공정계열의 직렬화
③ 이동로트수의 최소화
④ 가공로트수의 최대화

11 공정관리의 기능으로 적합하지 않은 것은?

① 감사기능
② 계획기능
③ 권고기능
④ 통제기능

12 [보기]와 같은 조건에서 출근한 종업원수는 몇 명인가?

┌─┤ 보 기 ├───┐
- 가동율   : 72%
- 잡작업률(간접작업률) : 20%
- 종업원수   : 20명
└──┘

① 12명   ② 14명
③ 16명   ④ 18명

13 주어진 생산예정표에 의해 결정된 생산량에 대해 작업량을 구체적으로 결정하고 이것을 현 인원과 기계설비능력을 고려해 양자를 조정하는 기능은 무엇인가?

① 일정계획   ② 공수계획
③ 공정계획   ④ 절차계획

14 간트차트의 사용 목적에 따라 작업자, 특히 기계별로 현재 능력에 대해 어느 정도의 작업량이 부하되어 있는가를 보여주는 도표는 무엇인가?

① 작업할당 도표   ② 작업부하 도표
③ 작업진도 도표   ④ 기계기록 도료

15 애로공정(Bottleneck Operation)에 관한 설명으로 가장 옳은 것은?

① 병목공정 또는 병목현상이라고도 한다.
② 전체라인의 생산속도를 좌우하지는 못 한다.
③ 전체공정의 흐름을 원활하게 하는 공정이다.
④ 생산라인에서 작업시간이 가장 짧은 공정을 말한다.

16 칸반시스템(Kanban System)의 특징으로 적합하지 않은 것은?

① 재고의 최소화 및 낭비 배제
② 모든 공정의 생산량 균형을 유지
③ 수요가 발생할 때만 작업을 진행
④ 특정신호에 의해 밀어내기 방식(Push System)으로 작업을 진행

17 재고 관련 비용이 최소가 될 수 있도록 최적의 주문량을 결정하는 것은?

① EPQ(Economic Production Quantity)
② PCC(Production Change Cost)
③ EOQ(Economic Order Quantity)
④ CRP(Capacity Requirement Planning)

18 자재소요계획(MRP ; Material Requirement Planning)의 가정으로 가장 적절하지 않은 것은?

① 제조공정이 독립적이어야 한다.
② 모든 제품은 저장할 수 있어야 한다.
③ 독립적 수요방식으로 자재를 조달한다.
④ 모든 자재의 조달기간을 파악할 수 있어야 한다.

19 생산능력소요계획(CRP ; Capacity Requirement Planning)의 설명으로 가장 적절한 것은?

① 재고 관련 비용이 최소가 되는 최적 주문량을 결정하는 모형이다.
② 정보 및 재정 등이 공급자로부터 생산자, 도매업자, 소매상, 소비자에게 이동되는 것을 관리하는 것이다.
③ 경제적 주문량과 주문점 산정을 기초로 하는 전통적인 재고통제기법의 약점을 보완하기 위해 개발된 기법이다.
④ 자재소요계획(MRP) 또는 생산계획 활동 중에서 MRP 전개에 의해서 생성된 계획이 얼마만큼의 제조자원을 요구하는 계산하는 모듈이다.

20 공급망관리(SCM ; Supply Chain Management)의 추진효과로 가장 적절하지 않은 것은?

① 구매비용 절감효과가 있다.
② 생산의 효율화를 이룰 수 있다.
③ 총체적 경쟁우위를 가질 수 있다.
④ 기업 간 독립적 정보시스템을 운영할 수 있다.

로그인 정보

회사코드	4002	사원코드	ERP13P02
회사명	생산2급 회사A	사원명	홍길동

01 아래 [보기]의 조건으로 데이터를 조회한 후 물음에 답하시오.

┤보 기├
- 목 군 : S100.반조립품
- 검사여부 : 0.무검사
- 대분류 : 100.조립반제품
- LEAD TIME : 5 DAYS

다음 [보기]의 조건에 해당하는 품목으로 옳은 것은?

① [83-2000100.전장품 ASS'Y]
② [88-1002010.PRESS FRAME-Z (TYPE A)]
③ [85-1020400.POWER TRAIN ASS'Y(MTB)]
④ [81-1001000.BODY-알미늄(GRAY-WHITE)]

02 아래 [보기]의 조건으로 데이터를 조회한 후 물음에 답하시오.

┤보 기├
- 사업장 : 2000.㈜한국자전거지사

다음 [보기]의 조건에 해당하는 생산공정/작업장에 대한 설명으로 옳지 않은 것은?

① [L200.작업공정]의 [L201.제품작업장]의 '적합여부'는 '적합'이다.
② [L500.반제품공정]의 [L502.반제품도색작업장]은 '미사용' 작업장이다.
③ [L400.작업공정(포장)]의 '입고기본위치'는 [L401.기본작업장(포장)] 작업장이다.
④ [L300.작업공정(도색)]의 [L302.반제품작업장(조립품)]은 '부적합' 작업장이면서, '미사용' 작업장이다.

03 아래 [보기]의 조건으로 데이터를 조회한 후 물음에 답하시오.

┌─┤ 보 기 ├───┐
│ • 계 정 : 2.제품   │
└───┘

다음 [보기]의 조건에 해당하는 품목에 대한 생산담당자로 올바르게 연결된 것은?

① [NAX−A420.산악자전거(P−20G)] − [A300.최승재]
② [NAX−A401.일반자전거(P−GRAY RED)] − [A400.박찬영]
③ [NAX−A400.일반자전거(P−GRAY WHITE)] − [A200.문승효]
④ [NAX−A402.일반자전거(P−GRAY BLACK)] − [A100.이혜리]

04 아래 [보기]의 조건으로 데이터를 조회한 후 물음에 답하시오.

┌─┤ 보 기 ├───┐
│ • 모품목   : NAX−A420.산악자전거(P−20G)   │
│ • 기준일자 : 2022/09/24   │
│ • 사용여부 : 1.사용   │
└───┘

다음 중 [보기]의 조건에 해당하는 자재명세서에 대한 설명으로 옳지 않은 것은?

① 자품목 [21−3001600.PEDAL]의 조달구분은 '구매'다.
② 자품목 [87−1002001.BREAK SYSTEM]은 외주구분이 '유상'이다.
③ 자품목 [83−2000100.전장품 ASS'Y]의 계정구분은 '반제품'이다.
④ 자품목 [21−9000200.HEAD LAMP]의 주거래처는 'YK PEDAL'이다.

05 아래 [보기]의 조건으로 데이터를 조회한 후 물음에 답하시오.

┌─┤ 보 기 ├───┐
│ • 자품목   : 21−3001600.PEDAL   │
│ • 기준일자 : 2022/09/24   │
│ • 사용여부 : 1.여   │
└───┘

다음 [보기]의 자품목 [21−3001600.PEDAL]에 대한 상위 모품목 정보로 옳지 않은 것은?

① [NAX−A420.산악자전거(P−20G)]
② [NAX−A422.산악자전거(P−21G,A422)]
③ [NAX−A421.산악자전거(P−21G,A421)]
④ [NAX−A400.일반자전거(P−GRAY WHITE)]

06 아래 [보기]의 조건으로 데이터를 조회한 후 물음에 답하시오.

> **┤보 기├**
> • 사업장   : 2000.㈜한국자전거지사
> • 작업예정일 : 2022/08/01 ~ 2022/08/06
> • 계정구분   : 2.제품

다음 [보기]의 조건에 해당하는 생산계획에 대해 계획수량의 합이 가장 많은 품목으로 옳은 것은?

① [NAX-A420.산악자전거(P-20G)]

② [NAX-A421.산악자전거(P-21G, A421)]

③ [NAX-A402.일반자전거(P-GRAY BLACK)]

④ [NAX-A400.일반자전거(P-GRAY WHITE)]

07 아래 [보기]의 조건으로 데이터를 조회한 후 물음에 답하시오.

> **┤보 기├**
> • 사업장   : 2000.㈜한국자전거지사
> • 공 정   : L200.작업공정 / 작업장 : L201.제품작업장
> • 지시기간 : 2022/08/07 ~ 2022/08/13

다음 [보기]의 조건에 해당하는 [작업지시등록] 내역 중 [생산계획조회] 기능을 이용하지 않고 직접 수기입력한 작업지시번호로 옳은 것은?

① WO2208000001   ② WO2208000002

③ WO2208000003   ④ WO2208000004

08 아래 [보기]의 조건으로 데이터를 조회한 후 물음에 답하시오.

> **┤보 기├**
> • 사업장   : 2000.㈜한국자전거지사
> • 공 정   : L200.작업공정 / 작업장 : L201.제품작업장
> • 지시기간 : 2022/08/14 ~ 2022/08/20
> • 사용일   : 2022/08/17

다음 [보기]의 조건에 해당하는 작업지시에 대해 '확정'처리 시 확정수량의 합이 가장 많은 작업지시번호로 옳은 것은?

① WO2208000005   ② WO2208000006

③ WO2208000007   ④ WO2208000008

09 아래 [보기]의 조건으로 데이터를 조회한 후 물음에 답하시오.

> **보 기**
> • 사업장 : 2000.㈜한국자전거지사
> • 출고기간 : 2022/08/21 ～ 2022/08/27
> • 청구기간 : 2022/08/21 ～ 2022/08/27
> • 청구공정 : L200.작업공정 / 청구작업장 : L202.반제품작업장

㈜한국자전거지사 홍길동 사원은 생산자재 출고 시 [출고요청] 기능을 이용해 자재들을 출고하고 있다. 다음 중 [출고요청] 조회 시 청구 잔량의 합이 가장 많이 남아 있는 품목으로 옳은 것은?

① [21-3001500.PEDAL(S)]
② [21-9000200.HEAD LAMP]
③ [21-1070700.FRAME-티타늄]
④ [87-1002001.BREAK SYSTEM]

10 아래 [보기]의 조건으로 데이터를 조회한 후 물음에 답하시오.

> **보 기**
> • 사업장 : 2000.㈜한국자전거지사
> • 지시(품목) : 2022/08/28 ～ 2022/08/31
> • 지시공정 : L500.반제품공정 / 작업장 : L501.반제품조립작업장

다음 [보기]의 조건에 해당하는 작업실적내역에 대한 설명으로 옳지 않은 것은?

① 작업실적번호 WR2208000004번은 생산실적검사를 진행해야 한다.
② 조회되는 작업지시번호들에 대한 자재출고상태는 모두 '출고완료'다.
③ 작업지시번호 WO2208000015번에 대한 실적내역은 '적합' 실적내역이다.
④ 실적잔량이 가장 많이 남아 있는 작업지시번호는 WO2208000016번이다.

11 아래 [보기]의 조건으로 데이터를 조회한 후 물음에 답하시오.

┌─ 보 기 ├───
- 사업장   : 2000.㈜한국자전거지사
- 구 분   : 1.생산
- 실적공정   : L400.작업공정(포장) / 실적작업장 : L401.기본작업장(포장)
- 실적기간   : 2022/09/01 ~ 2022/09/03
- 상 태   : 1.확정
- 실적공정/날짜기준 : 체 크
- 출고창고   : M200.부품창고_인천지점 / 출고장소 : M201.부품/반제품_부품장소
└───

㈜한국자전거지사 홍길동 사원은 생산실적품목에 대한 자재사용 시 [일괄적용] 기능을 이용해 자재사용등록을 하고 있다. 다음 중 보기의 조건으로 자재사용등록 시 사용수량의 합이 가장 많은 작업실적번호로 옳은 것은?

① WR2209000005
② WR2209000006
③ WR2209000007
④ WR2209000008

12 아래 [보기]의 조건으로 데이터를 조회한 후 물음에 답하시오.

┌─ 보 기 ├───
- 사업장 : 2000.㈜한국자전거지사
- 실적일 : 2022/09/04 ~ 2022/09/10
- 공 정 : L300.작업공정(도색) / 작업장 : L301.제품작업장(완성품)
└───

다음 [보기]의 조건에 해당하는 [생산실적검사] 내역에 대한 설명으로 옳지 않은 것은?

① 품목들에 대한 검사구분은 모두 외관검사를 시행했다.
② 품목 [NAX-A420.산악자전거(P-20G)는 LOT 사용품목이다.
③ 불합격수량이 발생한 사유로는 모두 [E10.도색불량]으로 발생했다.
④ 생산실적에 대한 검사담당자로는 이혜리, 최승재, 박찬영이 진행했다.

13 아래 [보기]의 조건으로 데이터를 조회한 후 물음에 답하시오.

┤ 보 기 ├
- 사업장 : 2000.㈜한국자전거지사
- 실적기간 : 2022/09/11 ~ 2022/09/17
- 공 정 : L500.반제품공정 / 작업장 : L501.반제품조립작업장

다음 [보기]의 조건에 해당하는 [생산품창고입고처리] 내역에 대한 설명으로 옳은 것은?

① 실적번호 WR2209000015번의 기입고수량이 가장 많다.
② 실적번호 WR2209000014번은 생산실적검사를 진행했다.
③ 실적번호 WR2209000013번의 입고가능수량이 가장 많이 남아 있다.
④ 실적번호 WR2209000016번은 입고처리 시 분할해 입고처리했다.

14 아래 [보기]의 조건으로 데이터를 조회한 후 물음에 답하시오.

┤ 보 기 ├
- 사업장 : 2000.㈜한국자전거지사
- 지시일 : 2022/09/18 ~ 2022/09/24
- 공정구분 : 1.생산
- 공 정 : L300.작업공정(도색) / 작업장 : L301.제품작업장(완성품)

다음 [보기]의 조건에 해당하는 작업지시내역 중 지시번호에 대한 마감처리가 가능한 작업지시번호로 옳은 것은?

① WO2209000014
② WO2209000015
③ WO2209000016
④ WO2209000017

15 아래 [보기]의 조건으로 데이터를 조회한 후 물음에 답하시오.

┤ 보 기 ├
- 사업장 : 2000.㈜한국자전거지사
- 등록일 : 2022/08/01 ~ 2022/08/01

다음 [보기]의 조건으로 등록된 [기초재공등록]에 대한 설명으로 옳지 않은 것은?

① 작업공정, 반제품작업장의 기초수량의 합이 가장 많은 재공수량을 가지고 있다.
② 반제품공정, 반제품조립작업장의 품목 중에는 LOT NO를 관리하는 품목이 있다.
③ 작업공정(포장), 프리미엄작업장(포장)의 품목들은 모두 계정구분이 '제품'인 품목들이다.
④ 작업공정(도색), 제품작업장(완성품)의 품목들은 PROJECT가 산악용자전거로 관리되는 품목들이다.

16 아래 [보기]의 조건으로 데이터를 조회한 후 물음에 답하시오.

> **│ 보 기 │**
> - 사업장　 : 2000.㈜한국자전거지사
> - 실적기간 : 2022/09/01 ~ 2022/09/03
> - 조건1　　 : ㈜한국자전거지사 홍길동 사원은 2022년 9월 2일 [L200.작업공정]의 [L202.반제품작업장]에서 품목 [83-2000100.전장품 ASS'Y]를 조정처리했다.
> - 조건2　　 : 조정된 수량은 '20EA'이며, 이동된 PROJECT는 [P100.산악용자전거]로 처리했다.

다음 [보기]의 조건에 해당하는 품목에 대한 조정번호로 옳은 것은?

① WA2209000001　　　　　　　　② WA2209000002
③ WA2209000003　　　　　　　　④ WA2209000004

17 아래 [보기]의 조건으로 데이터를 조회한 후 물음에 답하시오.

> **│ 보 기 │**
> - 사업장　 : 2000.㈜한국자전거지사
> - 지시기간 : 2022/09/01 ~ 2022/09/10
> - 공 정　　 : L200.작업공정 / 작업장 : L202.반제품작업장

다음 [보기]의 조건에 해당하는 작업지시에 대한 실적내역 중 실적잔량의 합이 가장 많이 남아 있는 품목으로 옳은 것은?

① 83-2000100.전장품 ASS'Y
② 87-1002001.BREAK SYSTEM
③ 81-1001000.BODY-알미늄(GRAY-WHITE)
④ 81-1001020.BODY-알미늄 (GRAY-WHITE, TYPE B)

18 아래 [보기]의 조건으로 데이터를 조회한 후 물음에 답하시오.

> **│ 보 기 │**
> - 사업장　 : 2000.㈜한국자전거지사
> - 지시기간 : 2022/09/11 ~ 2022/09/17
> - 공 정　　 : L200.작업공정 / 작업장 : L201.제품작업장

다음 [보기] 조건의 제품들 중 자재들의 사용수량의 합이 가장 많이 발생한 제품으로 옳은 것은?

① [NAX-A420.산악자전거(P-20G)]
② [NAX-A421.산악자전거(P-21G, A421)]
③ [NAX-A401.일반자전거(P-GRAY RED)]
④ [NAX-A400.일반자전거(P-GRAY WHITE)]

19 아래 [보기]의 조건으로 데이터를 조회한 후 물음에 답하시오.

> **┤보 기├**
> • 사업장　　: 2000.㈜한국자전거지사
> • 검사기간 : 2022/09/01 ～ 2022/09/17

다음 [보기] 조건에 대한 품목별 전수검사 기준의 품질현황 조회 시 합격률이 가장 낮은 품목으로 옳은 것은?

① [NAX-A420.산악자전거(P-20G)]
② [NAX-A421.산악자전거(P-21G,A421)]
③ [NAX-A401.일반자전거(P-GRAY RED)]
④ [NAX-A400.일반자전거(P-GRAY WHITE)]

20 아래 [보기]의 조건으로 데이터를 조회한 후 물음에 답하시오.

> **┤보 기├**
> • 사업장　　: 2000.㈜한국자전거지사
> • 해당년도 : 2022
> • 계 정　　: 2.제품

㈜한국자전거지사 홍길동 사원은 품목 [NAX-A401.일반자전거(P-GRAY RED)]의 공정별 재공수량을 확인 중에 있다. 다음 중 품목 [NAX-A401.일반자전거(P-GRAY RED)]의 재공수량을 가장 많이 보유하고 있는 공정으로 옳은 것은?

① [L200.작업공정]
② [L600.재생산공정]
③ [L300.작업공정(도색)]
④ [L400.작업공정(포장)]

이론문제

01	02	03	04	05	06	07	08	09	10
①	②	④	①	③	③	③	①	④	③
11	12	13	14	15	16	17	18	19	20
③	④	②	②	①	④	③	③	④	④

01 ① 데이터베이스 클라우드와 스토리지 클라우드서비스는 IaaS에 속한다.
- PaaS(Platform as a Service)는 애플리케이션 및 서비스를 구축할 수 있는 플랫폼을 제공하는 서비스로서 미들웨어, 데이터베이스 관리시스템, 개발 툴, 비즈니스 인텔리전스 및 분석 툴 등을 제공하고 관리한다.
- SaaS(Software as a Service)를 통해 서비스를 공급하는 업체는 데이터, 미들웨어, 서버 및 스토리지와 같은 모든 잠재적인 기술적 문제를 관리한다.

02 ② ERP 시스템은 초기 구축비용에 비해 유지보수비용이 크게 들지 않는다.

03 ④ 조직원이 아니라 정보의 관리 · 감독 · 통제 기능이 강화된다.

04 ① SCM(Supply Chain Management, 공급망관리)는 기업에서 생산, 유통 등 모든 공급망단계를 최적화해 수요자가 원하는 제품을 원하는 시간과 장소에 제공하기 위한 관리활동이다.

05 ③ 생산은 생산요소(투입물)를 유 · 무형의 경제제(산출물)로 변환시키는 과정에서 효용성을 산출하는 것이고, 생산성은 생산의 효율을 나타내는 지표로서 투입된 자원에 비해 산출된 생산량이 어느 정도인지 가늠하는 척도다.

06 ③ 자재명세서(BOM)는 완제품 1단위를 생산하기 위해 필요한 재료, 부품, 반제품 등의 품목, 규격, 소요량 등에 대한 명세서로서 제품의 설계사양, 특정 제품을 만드는 데 필요한 부품정보, 제품의 원가산정, 구매 및 생산일정 수립 등에 사용된다.

07 ③ 성숙기에 적절한 제품수명주기 예측기법은 이동평균법이다.
① 델파이법 – 도입기
② Trend분석 – 쇠퇴기
④ 영업부서분석 – 도입기

08

> 가중이중평균법에 따른 판매예측치 = (각 달의 판매량 × 각 달의 가중치)의 총합

① 5월 판매예측치 = (90 × 0.2) + (80 × 0.2) + (70 × 0.3) + (90 × 0.3) = 82

09 ④ 물자이송(물류)량이 적음은 석유, 가스, 주류, 철강 등 제품에 적용되는 Flow Shop(흐름 생산방식)의 특징이다.

개별생산방식(Job Shop)의 특징

- 주문자의 요구에 위한 생산방식(비행기, 선박 등)
- 소량생산 → 공장설비의 배치가 유동적
- 여러 종류의 부품 가공 → 범용 설비 사용
- 필요 작업작으로만 작업대상물 이동
- 제품 · 생산량 변경이 용이(유연성)하나 재공재고 다수
- 큰 공장 내 물자이동량
- 숙련공에 의존
- 공정별 기계배치

10 ③ 합리적인 일정계획을 수립하기 위해서는 가공로트 수의 최소화, 공정계열의 병렬화, 생산기간의 단축 등이 필요하다.

합리적 일정계획 수립원칙

- 작업흐름의 신속화(가공로트 · 이동로트 수 최소화, 공정계열 병렬화)
- 생산기간의 단축
- 작업의 안정화, 가동률의 향상
- 애로공정의 능력 증강
- 생산활동의 동기화

11 ③ 공정관리에는 감사기능, 계획기능, 통제기능이 있다.

공정관리 기능	내 용
계획기능	• 목적 : 납기의 유지 • 작업이 순서 · 방법 결정, 작업의 착수시기 · 완성일자 결정
통제기능	• 목적 : 계획의 구현 • 계획에 따라 과정의 지도 · 조정, 결과 · 계획의 비교 · 측정, 작업배정, 능력 · 진도 관리
감사기능	• 목적 : 생산성 향상 • 결과와 실행결과의 비교 · 검토 후 차이 및 원인 파악 · 분석, 조치 마련

12

- 가동률(A) = 출근율 × (1 − 간접작업률)

$$\rightarrow \text{출근율} = \frac{\text{가동률(A)}}{(1 - \text{간접작업률})}$$

$$= \frac{0.72}{(1 - 0.3)}$$

$$= 0.9 \rightarrow 90\%$$

④ 출근종업원 수 = 전체 종업원 수 × 출근율 = 20명 × 90% = 18명

13　② 공수계획에 대한 설명이다.

공정(절차)계획			내 용
1단계	절차계획		특정제품을 만드는 데 필요한 공정순서를 정의한 것으로 작업의 순서, 표준시간, 각 작업이 행해질 장소를 결정하고 할당
2단계	공수계획	부하계획	일반적으로 할당된 작업에 대해 최대작업량과 평균작업량의 비율인 부하율을 최적으로 유지할 수 있는 작업량의 할당을 계획하는 것
		능력계획	작업수행상의 능력에 대해 기준조업도와 실제조업도와의 비율을 최적으로 유지하기 위해 현재의 능력을 계획하는 것
3단계	일정계획	대일정계획	납기에 따른 월별생산량이 예정되면 기준일정표에 의거한 각 직장 · 제품 · 부분품별로 작업개시일, 작업시간, 완성기일을 지시하는 것
		중일정계획	제작에 필요한 세부작업, 즉 공정 · 부품별 일정계획으로 일정계획의 기본이 됨
		소일정계획	특정기계 내지 작업자에게 할당될 작업을 결정하고 그 작업의 개시일과 종료일을 나타내며, 이로 진도관리 및 작업분배가 이루어짐

14　② 작업부하도표에 대한 설명이다.
　① 작업할당도표 : 작업계획을 위한 도표
　③ 작업진도도표 : 능력활용을 위한 도표
　④ 기계기록도표 : 작업실적의 기록

15　① 애로공정(Bottleneck Operation)은 생산라인에서 작업시간이 가장 긴 공정으로서 전체라인의 생산속도를 좌우하며 전체공정의 흐름을 막는 병목현상을 보여 '병목공정'이라고도 한다.

16　④ 칸반시스템은 당기기 방식(Pull System)으로 작업을 진행한다.

칸반시스템이 특징
• 당기기 방식(Pull System) • 수요가 발생할 때만 작업 진행 • 재고의 최소화, 낭비 배제의 철학 • 공급 리드타임 감소 • 모든 공정의 생산량 균형 유지

17　③ EOQ(Economic Order Quantity, 경제적 주문량)에 대한 설명이다.
　① EPQ(Economic Production Quantity, 경제적 생산량) : 기업이 한 번의 생산에 얼마나 생산하는 것이 가장 비용이 드는지 계산하는 것
　④ CRP(Capacity Requirement Planning, 생산능력소요계획) : 자재소요계획(MRP) 전개에 의해 생성된 계획이 얼마만큼의 제조자원을 요구하는지를 계산하는 모듈

18　③ 자재소요계획(MRP ; Material Requirement Planning)은 종속적 수요방식으로 자재를 조달한다.

19 ① 재고 관련 비용이 최소가 되는 최적 주문량을 결정하는 모형 – MRP

② 정보 및 재정 등이 공급자로부터 생산자, 도매업자, 소매상, 소비자에게 이동되는 것을 관리하는 것 – SCM

③ 경제적 주문량과 주문점 산정을 기초로 하는 전통적인 재고통제기법의 약점을 보완하기 위해 개발된 기법 – EOQ

20 ④ 통합적 정보시스템 운영이 공급망관리(SCM : Supply Chain Management)의 추진효과다.

SCM의 추진효과
• 통합적 정보시스템 운영
• 물류비용 절감
• 고객만족, 시장변화에 대응력
• 구매비용 절감
• 생산효율화
• 총체적 경쟁우위 확보

실무문제

01	02	03	04	05	06	07	08	09	10
③	④	③	④	②	①	②	④	①	③
11	12	13	14	15	16	17	18	19	20
③	②	②	④	①	①	①	②	②	①

01 [시스템관리] – [기초정보등록] – [품목등록]

→ [품목군 : S100.반조립품] – [검사여부 : 0.무검사] – [대분류 : 100.조립반제품] – [ORDER/COST] 탭

③ 해당 조건에 맞는 품목은 [85-1020400.POWER TRAIN ASS'Y(MTB)]다.

02 [시스템관리] – [기초정보등록] – [창고/공정(생산)/외주공정등록]
→ [사업장 : 2000.㈜한국자전거지사] – [생산공정/작업장] 탭

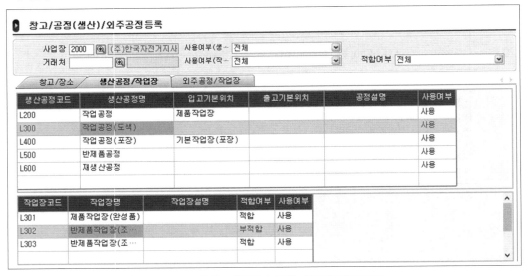

④ [L300.작업공정(도색)]의 [L302.반제품작업장(조립품)]은 '부적합/사용'의 작업장이다.

03 [시스템관리] – [기초정보등록] – [물류실적(품목/고객)담당자등록]
→ [품목] 탭 – [계정 : 2.제품]

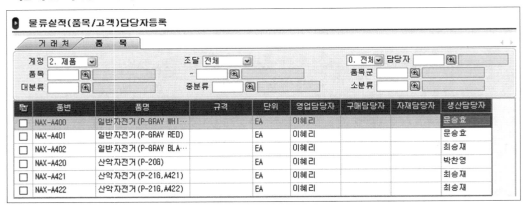

① [NAX-A420.산악자전거(P-20G)] – 박찬영

② [NAX-A401.일반자전거(P-GRAY RED)] – 문승효

④ [NAX-A402.일반자전거(P-GRAY BLACK)] – 최승재

04 [생산관리공통] – [기초정보등록] – [BOM등록]

→ [모품목 : NAX–A420.산악자전거(P–20G)] – [기준일자 : 2022/09/24] – [사용여부 : 1.사용]

④ 자품목 [21–9000200.HEAD LAMP]의 주거래처는 '㈜형광램프'다.

05 [생산관리공통] – [기초정보등록] – [BOM역전개]

→ [BOM] 탭 – [자품목 : 21–3001600.PEDAL] – [기준일자 : 2022/09/24] – [사용여부 : 1.여]

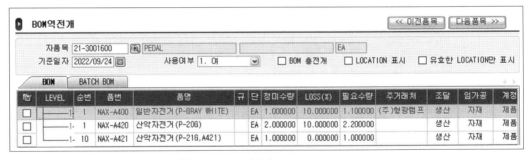

② [NAX–A422.산악자전거(P–21G,A422)]는 모품목이 아니다.

06 [생산관리공통] – [생산관리] – [생산계획등록]

→ [날짜별] 탭 – [사업장 : 2000.㈜한국자전거지사] – [작업예정일 : 2022/08/01 ~ 2022/08/06] – [계정구분 : 2.제품]

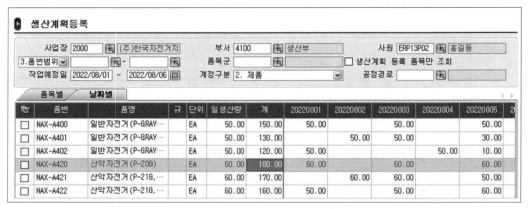

① 생산계획에 대하여 계획수량의 합이 가장 많은 품목은 '180'인 [NAX–A420.산악자전거(P–20G)] 품목이다.

07 [생산관리공통] – [생산관리] – [작업지시등록]

→ [사업장 : 2000.㈜한국자전거지사] – [공정 : L200.작업공정] – [작업장 : L201.제품작업장] – [지시기간 : 2022/08/07 ~ 2022/08/13] – 조회 후 상세내역에서 마우스 오른쪽 버튼/'[작업지시등록] 이력정보' 클릭 – [진행 상태 확인 및 메뉴이동 :: 작업지시등록] 팝업창

② 작업지시번호 WO2208000002는 직접입력했다.

08 [생산관리공통] – [생산관리] – [작업지시확정]

→ [사업장 : 2000.㈜한국자전거지사] – [공정 : L200.작업공정] – [작업장 : L201.제품작업장] – [지시기간 : 2022/08/14 ~ 2022/08/20] – 조회 후 작업지시번호 모두 체크하고 상단 [확정] 버튼 클릭 – [청구일자 입력] 팝업 창 – [사용일 : 2022/08/17] – [확인[ENTER]] 클릭

④ 작업지시에 대하여 '확정'처리 시 확정수량의 합이 가장 많은 작업지시번호는 '100'인 WO2208000008이다.

09 [생산관리공통] – [생산관리] – [생산자재출고]

→ [사업장 : 2000.㈜한국자전거지사] – [출고기간 : 2022/08/21 ～ 2022/08/27] – 조회 후 상단 [출고요청] 클릭 – [출고요청 조회 적용] 팝업창 – [청구기간 : 2022/08/21 ～ 2022/08/27]

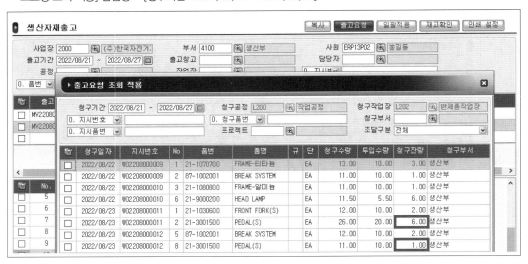

① [21-3001500.PEDAL(S)]의 청구잔량이 '7(= 6 + 1)'로 가장 많다.

10 [생산관리공통] – [생산관리] – [작업실적등록]

→ [사업장 : 2000.㈜한국자전거지사] – [지시(품목) : 2022/08/28 ～ 2022/08/31] – [지시공정 : L500.반제품공정] – [작업장 : L501.반제품조립작업장]

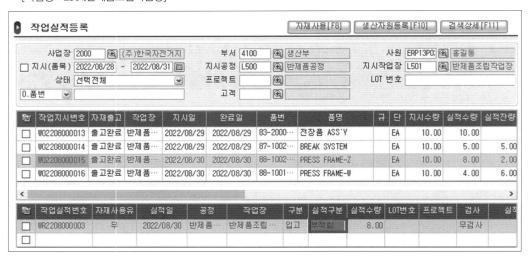

③ 작업지시번호 WO2208000015에 대한 실적내역은 '부적합'이다.

11 [생산관리공통] – [생산관리] – [생산자재사용등록]

→ [사업장 : 2000.㈜한국자전거지사] – [구분 : 1.생산] – [실적공정 : L400.작업공정(포장)] – [실적작업장 : L401.기본
작업장(포장)] – [실적기간 : 2022/09/01 ~ 2022/09/03] – [상태 : 1.확정] – 조회 후 작업지시번호 체크하고 상단
[일괄적용[F7]] 클릭 – [사용일자, 공정/외주 입력] 팝업창 – '실적 공정/날짜 기준' 체크, [출고창고 : M200.부품창
고_인천지점], [출고장소 : M201.부품/반제품_부품장소] – [확인[TAB]] 클릭

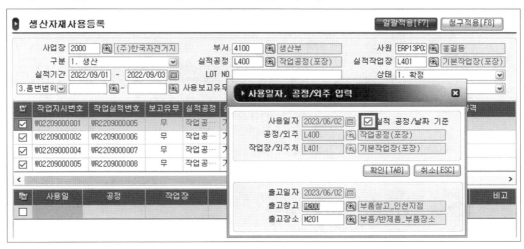

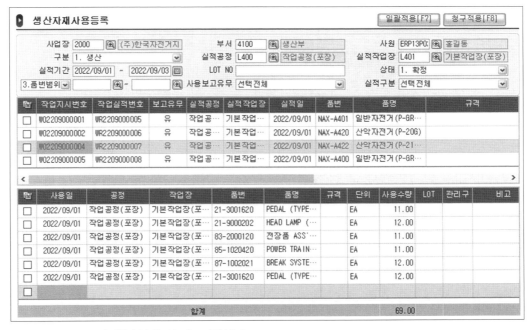

③ WR2209000007의 사용수량 합이 '69'로 가장 많다.

12 [생산관리공통] – [생산관리] – [생산실적검사]

→ [사업장 : 2000.㈜한국자전거지사] – [실적일 : 2022/09/04 ~ 2022/09/10] – [공정 : L300.작업공정(도색)] – [작업
장 : L301.제품작업장(완성품)] – 조회 후 상세내역에서 마우스 오른쪽 버튼/'부가기능 – 품목상세정보' 클릭 – [품
목 상세정보] 팝업창

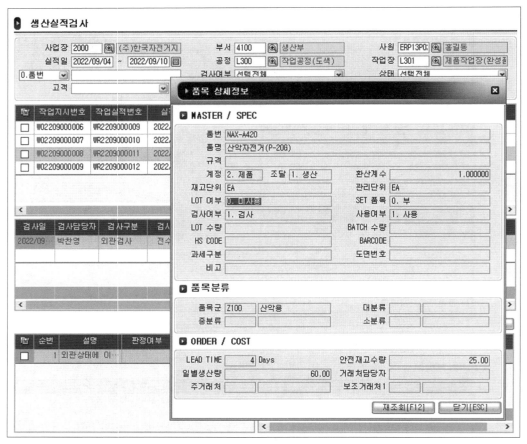

• [NAX–A420.산악자전거(P–20G)] 품목은 LOT '미사용' 품목이다.

13 [생산관리공통] − [생산관리] − [생산품창고입고처리]

→ [사업장 : 2000.㈜한국자전거지사] − [실적기간 : 2022/09/11 ∼ 2022/09/17] − [공정 : L500.반제품공정] − [작업장
: L501.반제품조립작업장]

① 기입고수량이 가장 많이 발생한 실적번호는 '20'인 WR2209000014다.

③ 입고가능수량이 가장 많이 남아 있는 실적번호는 '10'인 WR2209000015다.

④ 입고처리 시 분할하여 입고처리한 실적번호는 '2'회로 분할한 WR2209000014다.

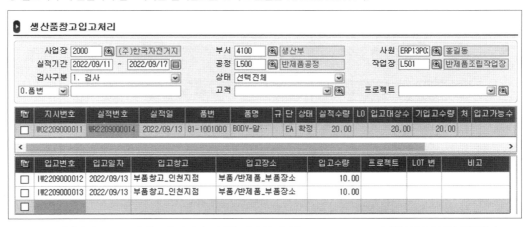

② 조회조건을 [검사구분 : 1.검사]를 추가하여 조회한 결과 실적번호 WR2209000014만 생산실적검사를 진행했다.

14 [생산관리공통] – [생산관리] – [작업지시마감처리]

→ [사업장 : 2000.㈜한국자전거지사] – [지시일 : 2022/09/18 ～ 2022/09/24] – [공정구분 : 1.생산] – [공정 : L300.작업공정(도색)] – [작업장 : L301.제품작업장(완성품)]

④ 상태가 '확정'인 건만 마감처리가 가능하다.

15 [생산관리공통] – [재공관리] – [기초재공등록]

→ [사업장 : 2000.㈜한국자전거지사] – [등록일 : 2022/08/01 ～ 2022/08/01]

① 반제품공정. 반제품조립작업장의 기초수량의 합이 가장 많은 재공수량을 가지고 있다.

16 [생산관리공통] − [재공관리] − [재공창고입고/이동/조정등록]

→ [재공조정] 탭 − [사업장 : 2000.㈜한국자전거지사] − [실적기간 : 2022/09/01 ~ 2022/09/03]

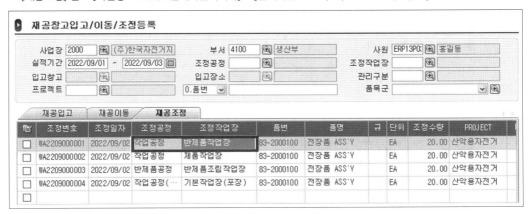

① 보기의 조건을 모두 맞는 것은 'WA2209000001'이다.

17 [생산관리공통] − [생산/외주/재공현황] − [지시대비실적현황]

→ [사업장 : 2000.㈜한국자전거지사] − [지시기간 : 2022/09/01 ~ 2022/09/10] − [공정 : L200.작업공정] − [작업장 : L202.반제품작업장]

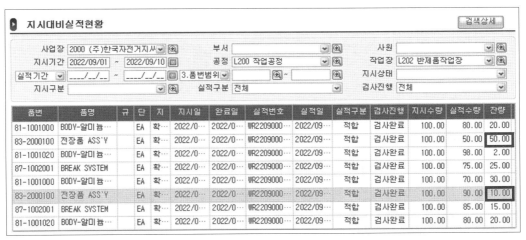

① [83−2000100.전장품 ASS'Y] 품목의 실적잔량 합이 '60(= 50 + 10)'으로 가장 많다.

18 [생산관리공통] − [생산/외주/재공현황] − [자재사용현황(제품별)]

→ [사업장 : 2000.㈜한국자전거지사] − [사용기간 : 2022/09/11 ~ 2022/09/17] − [공정 : L200.작업공정] − [작업장 : L201.제품작업장]

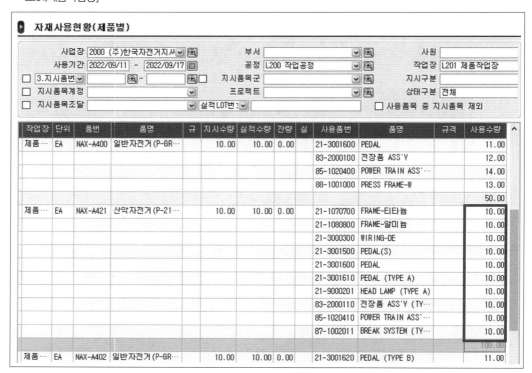

② [NAX−A421.산악자전거(P−21G,A421)] 품목의 자재들 사용수량 합이 '100'으로 가장 많다.

19 [생산관리공통] – [생산/외주/재공현황] – [품목별품질현황(전수검사)]

→ [사업장 : 2000.㈜한국자전거지사] – [검사기간 : 2022/09/01 ~ 2022/09/17]

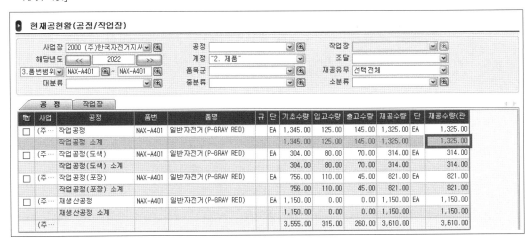

품목별품질현황(전수검사)

	품번	품명	규격	단위	검사일	검사수량	합격수량	합격율	불량
	81-1001000	BODY-알미늄(GRAY…		EA	2022/09/13	20.00	20.00	100.000	
	품목계					20.00	20.00	100.000	
	NAX-A400	일반자전거(P-GRA…		EA	2022/09/05	10.00	10.00	100.000	
	품목계					10.00	10.00	100.000	
	NAX-A401	일반자전거(P-GRA…		EA	2022/09/05	10.00	8.00	80.000	
									도색 불량
	품목계					10.00	8.00	80.000	
									도색 불량
	NAX-A420	산악자전거(P-20G)		EA	2022/09/05	10.00	10.00	100.000	
	품목계					10.00	10.00	100.000	
	NAX-A421	산악자전거(P-21G…		EA	2022/09/05	10.00	7.00	70.000	
									도색 불량
	품목계					10.00	7.00	70.000	
									도색 불량
	전품목계					60.00	55.00	91.667	
									도색 불량

② 합격률이 가장 낮은 품목은 [NAX-A421.산악자전거(P-21G,A421)] 품목이다.

20 [생산관리공통] – [생산/외주/재공현황] – [현재공현황(공정/작업장)]

→ [공정] 탭 – [사업장 : 2000.㈜한국자전거지사] – [해당년도 : 2022] – [계정 : 2.제품] – [3.품번범위 : NAX-A401 ~
NAX-401]

현재공현황(공정/작업장)

공정 탭 / 작업장 탭

	사업	공정	품번	품명	규	단	기초수량	입고수량	출고수량	재공수량	단	재공수량(관
	(주…	작업공정	NAX-A401	일반자전거(P-GRAY RED)		EA	1,345.00	125.00	145.00	1,325.00	EA	1,325.00
		작업공정 소계					1,345.00	125.00	145.00	1,325.00		1,325.00
	(주…	작업공정(도색)	NAX-A401	일반자전거(P-GRAY RED)		EA	304.00	80.00	70.00	314.00	EA	314.00
		작업공정(도색) 소계					304.00	80.00	70.00	314.00		314.00
	(주…	작업공정(포장)	NAX-A401	일반자전거(P-GRAY RED)		EA	756.00	110.00	45.00	821.00	EA	821.00
		작업공정(포장) 소계					756.00	110.00	45.00	821.00		821.00
	(주…	재생 산공정	NAX-A401	일반자전거(P-GRAY RED)		EA	1,150.00	0.00	0.00	1,150.00	EA	1,150.00
		재생 산공정 소계					1,150.00	0.00	0.00	1,150.00		1,150.00
	(주…						3,555.00	315.00	260.00	3,610.00		3,610.00

• [L200.작업공정]의 재공수량이 '1,325'로 가장 많다.

이론문제

01 차세대 ERP의 비즈니스 애널리틱스(Business Analytics)에 관한 설명으로 가장 적절하지 않은 것은?

① 비즈니스 애널리틱스는 대부분 구조화된 데이터(Structured Data)를 활용한다.
② ERP시스템 내의 방대한 데이터 분석을 위한 비즈니스 애널리틱스가 ERP의 핵심요소가 되었다.
③ 비즈니스 애널리틱스는 리포트, 쿼리, 대시보드, 스코어카드뿐만 아니라 예측모델링과 같은 진보된 형태의 분석기능도 제공한다.
④ 비즈니스 애널리틱스는 질의 및 보고와 같은 기본적 분석기술과 예측모델링과 같은 수학적으로 정교한 수준의 분석을 지원한다.

02 확장된 ERP 시스템의 SCM 모듈을 실행함으로써 얻는 장점으로 가장 적절하지 않은 것은?

① 공급사슬에서의 가시성 확보로 공급 및 수요변화에 대한 신속한 대응이 가능하다.
② 정보투명성을 통해 재고수준 감소 및 재고회전율(inventory turnover) 증가를 달성할 수 있다.
③ 공급사슬에서의 계획(plan), 조달(source), 제조(make) 및 배송(deliver) 활동 등 통합프로세스를 지원한다.
④ 마케팅(marketing), 판매(sales) 및 고객서비스(customer service)를 자동화함으로써 현재 및 미래 고객들과 상호작용할 수 있다.

03 효과적인 ERP 교육을 위한 고려사항으로 가장 적절하지 않은 것은?

① 다양한 교육도구를 이용하라.
② 교육에 충분한 시간을 배정하라.
③ 비즈니스 프로세스가 아닌 트랜잭션에 초점을 맞춰라.
④ 조직차원의 변화관리활동을 잘 이해하도록 교육을 강화하라.

04 ERP 구축 시 컨설턴트를 고용함으로써 얻는 장점으로 가장 적절하지 않은 것은?

① 프로젝트 주도권은 컨설턴트에게 있다.
② ERP기능과 관련된 필수적인 지식을 기업에 전달할 수 있다.
③ 숙달된 소프트웨어 구축방법론으로 실패를 최소화할 수 있다.
④ 컨설턴트는 편견이 없고 목적지향적이기 때문에 최적의 패키지를 선정하는 데 도움이 된다.

05 노동생산성 척도로 가장 적절한 것은?

① 교대횟수당 산출량
② 전력사용시간당 산출량
③ 기계작동시간당 산출량
④ 투자화폐단위당 산출량

06 BOM(Bill of Material)의 용도로 가장 적절하지 않은 것은?

① 제품원가 산정
② 조립공정의 순서 결정
③ 자재불출목록표 생성
④ 구매 및 생산 일정 수립

07 정성적인 예측기법의 하나인 델파이법의 설명으로 옳은 것은?

① 전문가 집단의 합치된 의견의 결과로 수요를 예측하는 방법이다.
② 각 지역의 담당판매원들의 각 지역에 대한 수요예측치를 모아 전체 수요를 예측하는 방법이다.
③ 몇몇 시장을 선정하여 실제로 제품을 판매하고 그 결과로 수요를 예측하는 방법이다.
④ 한 개인의 의견보다 경영자, 판매원, 소비자 등 다양한 계층의 패널을 구성하여 소요를 예측하는 방법이다.

08 [보기]에서 설명하는 생산방식은 무엇인가?

> **│ 보 기 │**
>
> • 건물, 교량, 선박 등의 생산물에 사용되며 생산장소에 제한을 받는다. 제품은 고정되어 있고 자재 투입 및
>   생산공정이 시기별로 변경된다.

① 개별생산방식(Job Shop)

② 흐름생산방식(Flow Shop)

③ 프로젝트 생산방식(Project Shop)

④ 연속생산방식(Continuous Production)

09 총괄생산계획(APP ; Aggregate Production Planning)에 대한 설명으로 가장 적절하지 않은 것은?

① 총괄생산계획은 순수전략과 혼합전략으로 구분된다.

② 총괄생산계획은 생산량, 금액, 시간 등 공통의 산출단위에 입각해 수립된다.

③ 회사는 기준생산계획을 작성한 후 회사의 기준에 맞게 총괄생산계획을 수립한다.

④ 총괄생산계획은 생산수준, 고용수준, 재고수준, 하청수준 등을 결정하는 중기계획이다.

10 PERT/CPM의 설명으로 가장 적절한 것은?

① 잔여 납기일 수를 잔여 작업일 수로 나눈 값이며, 긴급률이 작은 순서대로 작업을 진행한다.

② 프로젝트 일정관리를 위한 바(bar)형태의 도구로서 계획과 통제의 기능을 동시에 수행하는 전통
   적인 일정관리기법이다.

③ 완제품 1단위를 생산하기 위해 필요한 재료, 부품, 반제품 등의 품목, 규격, 소요량 등에 대한 명
   세서다.

④ 비용을 절감하면서 최단시간 내에 계획을 완성하기 위한 프로젝트 일정방법으로 작업들을 논리적
   으로 배열하고 관계를 도식화하는 것이다.

11 [보기]에서 설명하는 공정은 무엇인가?

> **│ 보 기 │**
>
> • 제품 또는 부품이 한 작업장소에서 다른 작업장소로 이동하기 위해 발생한 작업, 이동, 하역의 상태를 말한다.

① 정체공정(Delay)

② 가공공정(Operation)

③ 검사공정(Inspection)

④ 운반공정(Transportation)

12 [보기]에서 괄호 안에 들어갈 적절한 용어는 무엇인가?

> **┤보 기├**
> • (   )는(은) 시간 단위로 작업량을 표현한 것으로 인일(Man-Day), 인시(Man-Hour), 인분(Man-Minute)의 세 가지 단위가 있다.

① 공 수
② 공 정
③ 생산량
④ 기계능력

13 A작업장의 직원 20명 중 16명이 출근했고, 작업에 소요되는 간접작업률이 20%일 때 이 작업장의 가동율은 얼마인가?

① 62%
② 63%
③ 64%
④ 65%

14 각 작업장의 작업시간이 [보기]와 같을 때 불균형률(d)은 얼마인가? (각 작업장의 작업자는 모두 1명씩이다)

> **┤보 기├**

작업장	1	2	3	4
작업시간	35분	30분	40분	45분

① 0.167
② 0.267
③ 0.367
④ 0.467

15 5S의 활동 중에서 버리는 기술에 해당되는 것은?

① 정리(SEIRI)
② 정돈(SEITON)
③ 청소(SEISO)
④ 청결(SEIKETSU)

16 [보기]의 ㉮, ㉯, ㉰, ㉱에 들어갈 용어를 바르게 짝지은 것은?

---| 보 기 |---
- 공정분석이란 (㉮)가 출고되면서부터 (㉯)으로 출하될 때까지 다양한 경로에 따른 (㉰)과(와) 이동거리를 (㉱)기호를 이용하여 계통적으로 나타냄으로써 공정계열의 합리화를 위한 개선방안을 모색할 때 매우 유용한 방법을 말한다.

① ㉮ 원재료, ㉯ 상품, ㉰ 공정순서, ㉱ 작업분석
② ㉮ 원재료, ㉯ 제품, ㉰ 경과시간, ㉱ 공정도시
③ ㉮ 발주서, ㉯ 제품, ㉰ 공정순서, ㉱ 작업분석
④ ㉮ 발주서, ㉯ 상품, ㉰ 경과시간, ㉱ 공정도시

17 A부품의 연간 수요량이 10,000개, 1회 주문비용이 8,000원, 연간 재고유지비용은 단위당 40원이다. 경제적 주문량(EOQ)은 몇 개인가?

① 1,000개   ② 2,000개
③ 3,000개   ④ 4,000개

18 개략능력요구계획(RCCP ; Rough Cut Capacity Planning)에 관한 설명으로 가장 적절한 것은?

① RCCP는 MPS와 제조자원 간의 크기를 비교하지는 않는다.
② RCCP는 생산능력의 측면에서 MRP의 실행가능성을 검토한다.
③ RCCP에서 MPS는 최종제품과 주요핵심 부품에 한해서 작성된다.
④ RCCP는 MRP에서 생성한 발주계획의 타당성을 확인하는 수단이다.

19 생산능력소요계획(CRP ; Capacity Requirement Planning)에 입력되는 정보로 가장 적절하지 않은 것은?

① 기계별 부하표   ② 확정주문 정보
③ 절차계획 정보   ④ 자재소요계획의 계획발주 정보

20 공급망관리(SCM ; Supply Chain Management)의 포함내용으로 가장 적절하지 않은 것은?

① 생산계획   ② 재고관리
③ 판촉계획   ④ 경영정보시스템

로그인 정보

회사코드	4005	사원코드	ERP13P02
회사명	생산2급 회사B	사원명	홍길동

01 아래 [보기]의 조건으로 데이터를 조회한 후 물음에 답하시오.

┤ 보 기 ├
- 품목군 : F100,FRONT

다음 [보기]에서 주어진 품목군에 속한 품목이 아닌 것을 고르시오.

① [21-1060700.FRAME-NUT]
② [21-1030610.FRONT FORK (TYPE SA)]
③ [21-1030620.FRONT FORK (TYPE SB)]
④ [21-1030600.FRONT FORK(S)]

02 아래 [보기]의 조건으로 데이터를 조회한 후 물음에 답하시오.

┤ 보 기 ├
- 검사구분 : 41.공정검사

[보기]의 조건에 해당하는 사용 중인 검사유형 중에서 '필수'로 입력해야 하는 검사유형질문이 있는 검사유형명을 고르시오.

① 크랙검사
② 바디조립검사
③ 휠조립검사
④ 핸들조합검사

03 아래 [보기]의 조건으로 데이터를 조회한 후 물음에 답하시오.

┤ 보 기 ├
- 계 정   : 2.제품
- 영업담당자 : 최일영
- 생산담당자 : 곽동옥

다음 [보기]의 조건에 해당하는 품목으로 옳은 것을 고르시오.

① NAX-A420.산악자전거(P-20G)
② NAX-A421.산악자전거(P-21G,A421)
③ NAX-A401.일반자전거(P-GRAY RED)
④ NAX-A402.일반자전거(P-GRAY BLACK)

04 아래 [보기]의 조건으로 데이터를 조회한 후 물음에 답하시오.

┤ 보 기 ├
- 모품목   : NAX-A420.산악자전거(P-20G)
- 기준일자 : 2022/12/31
- 사용여부 : 1.사용

다음 [보기]의 조건에 해당하는 모품목 [NAX-A420.산악자전거(P-20G)]의 자재명세서에 대한 설명으로 옳지 않은 것을 고르시오.

① 자품목 [21-3001600.PEDAL]의 조달구분은 '구매'다.
② 자품목 [21-9000200.HEAD LAMP]은 외주구분이 '무상'이다.
③ 자품목 [83-2000100.전장품 ASS'Y]의 계정구분은 제품이다.
④ 자품목 [85-1020400.POWER TRAIN ASS'Y(MTB)]의 주거래처는 없다.

05 아래 [보기]의 조건으로 데이터를 조회한 후 물음에 답하시오.

┤ 보 기 ├
- 자품목   : 21-9000200.HEAD LAMP
- 기준일자 : 2022/12/31
- 사용여부 : 전 체

다음 [보기]의 자품목 [21-9000200.HEAD LAMP]에 대한 상위 모품목 정보로 옳지 않은 것을 고르시오(단, LEVEL 기준은 1 LEVEL을 기준으로 한다).

① NAX-A400. 일반자전거(P-GRAY WHITE)
② 88-1001000. PRESS FRAME-W
③ 88-1002000. PRESS FRAME-Z
④ 87-1002001. BREAK SYSTEM

06 아래 [보기]의 조건으로 데이터를 조회한 후 물음에 답하시오.

> **| 보 기 |**
> • 사업장　　: 2000.㈜한국자전거지사
> • 작업예정일 : 2022/11/01 ～ 2022/11/30
> • 계정구분　 : 4.반제품

[보기] 조건의 생산계획내역 중 일생산량을 초과하여 등록된 생산계획품목과 작업예정일로 옳은 것을 고르시오.

① 83-2000100.전장품 ASS'Y　　 － 작업예정일 : 2022/11/15
② 87-1002001.BREAK SYSTEM 　 － 작업예정일 : 2022/11/09
③ 88-1001000.PRESS FRAME-W　 － 작업예정일 : 2022/11/26
④ 88-1002000.PRESS FRAME-Z　 － 작업예정일 : 2022/11/15

07 아래 [보기]의 조건으로 데이터를 조회한 후 물음에 답하시오.

> **| 보 기 |**
> • 사업장　 : 2000.㈜한국자전거지사
> • 공 정　　: L200.작업공정 / 작업장 : L201.제품작업장
> • 지시기간 : 2022/11/01 ～ 2022/11/07

다음 [보기]의 조건으로 등록된 작업지시내역에 대한 설명으로 옳지 않은 것을 고르시오.

① 작업지시번호 WO2211000001의 지시수량이 가장 많다.
② 작업지시번호 WO2211000002의 고객은 '㈜영동바이크'다.
③ 작업지시번호 WO2211000003의 프로젝트는 '유아용자전거'다.
④ 작업지시번호 WO2211000004는 주문조회기능을 이용해 등록했다.

08 아래 [보기]의 조건으로 데이터를 조회한 후 물음에 답하시오.

> **| 보 기 |**
> • 사업장　 : 2000.㈜한국자전거지사
> • 공 정　　: L200.작업공정 / 작업장 : L201.제품작업장
> • 지시기간 : 2022/11/08 ～ 2022/11/08

다음 [보기]의 조건에 해당하는 작업지시에 대하여 확정수량의 합이 가장 많은 작업지시번호로 옳은 것을 고르시오.

① WO2211000005
② WO2211000006
③ WO2211000007
④ WO2211000008

09 아래 [보기]의 조건으로 데이터를 조회한 후 물음에 답하시오.

┤ 보 기 ├
- 사업장   : 2000.㈜한국자전거지사
- 출고기간 : 2022/11/08 ~ 2022/11/08
- 청구기간 : 2022/11/01 ~ 2022/11/30

㈜한국자전거지사 홍길동 사원은 생산자재 출고 시 출고요청기능을 이용하여 자재를 출고하고 있다. 다음 중 [보기]의 조건으로 조회했을 때 청구잔량이 가장 많이 남아 있는 품목을 고르시오.

① 21-1060720.FRAME-NUT (TYPE B)

② 21-3001610.PEDAL (TYPE A)

③ 88-1001010.PRESS FRAME-W (TYPE A)

④ 21-3001510.PEDAL(S, TYPE A)

10 아래 [보기]의 조건으로 데이터를 조회한 후 물음에 답하시오.

┤ 보 기 ├
- 사업장   : 2000.㈜한국자전거지사
- 지시(품목) : 2022/11/01 ~ 2022/11/04
- 지시공정   : L200.작업공정 / 지시작업장 : L201.제품작업장

다음 [보기]의 작업실적내역에 대한 설명으로 옳지 않은 것을 고르시오.

① 작업지시번호 WO2211000001은 실적수량이 가장 많다.

② 작업지시번호 WO2211000002는 실적구분이 부적합으로 '부품/반제품_부품장소_부적합' 장소에 입고되었다.

③ 작업지시번호 WO2211000003은 자재사용유무가 '유'다.

④ 작업지시번호 WO2211000004는 자재출고상태가 '출고중'이다.

11 아래 [보기]의 조건으로 데이터를 조회한 후 물음에 답하시오.

┤ 보 기 ├
- 사업장   : 2000.㈜한국자전거지사
- 구 분   : 1.생산
- 실적기간 : 2022/11/01 ~ 2022/11/08
- 상 태   : 1.확정

다음 [보기] 조건의 제품에 대한 자재사용내역 중 사용수량의 합이 가장 큰 품목을 고르시오.

① NAX-A401.일반자전거(P-GRAY RED)
② NAX-A402.일반자전거(P-GRAY BLACK)
③ NAX-A421.산악자전거(P-21G,A421)
④ NAX-A422.산악자전거(P-21G,A422)

12 아래 [보기]의 조건으로 데이터를 조회한 후 물음에 답하시오.

┤ 보 기 ├
- 사업장 : 2000.㈜한국자전거지사
- 실적일 : 2022/11/01 ~ 2022/11/30
- 공 정   : L200.작업공정 / 작업장 : L201.제품작업장

다음 [보기]의 조건에 해당하는 [생산실적검사] 내역에 대한 설명으로 옳지 않은 것을 고르시오.

① 품목들에 대한 검사담당자는 모두 '박지성'이다.
② [87-1002021.BREAK SYSTEM (TYPE B)]의 불량명은 '바디(BODY)불량'과 '라이트(HEAD-LAMP)불량'이다.
③ [NAX-A421.산악자전거(P-21G,A421)]의 5가지 판정여부는 모두 '합격'이다.
④ 작업지시번호 WO2211000007의 검사구분은 자전거 Ass'y 최종검사로 불량시료가 있지만 최종합격했다.

13 아래 [보기]의 조건으로 데이터를 조회한 후 물음에 답하시오.

> **| 보 기 |**
> - 사업장 : 2000.㈜한국자전거지사
> - 실적기간 : 2022/11/30 ~ 2022/11/30
> - 공 정 : L200.작업공정 / 작업장 : L201.제품작업장

다음 [보기]의 [생산품창고입고처리] 내역에 대한 설명으로 옳지 않은 것을 고르시오.

① 지시번호 WO2211000001의 입고장소는 '부품/반제품_부품장소'다.
② 실적번호 WR2211000002의 입고대상수량이 가장 크다.
③ 품목 [85-1020420.POWER TRAIN ASS'Y(MTB, TYPE B)]의 입고내역에 대한 프로젝트는 '유아용자전거'다.
④ 실적번호 WR2211000004의 입고가능수량은 '85EA'다.

14 아래 [보기]의 조건으로 데이터를 조회한 후 물음에 답하시오.

> **| 보 기 |**
> - 사업장 : 2000.㈜한국자전거지사
> - 지시일 : 2022/11/25 ~ 2022/11/25
> - 공정구분 : 1.생산

다음 [보기]의 조건에 해당하는 작업지시내역 중 지시번호에 대한 마감처리가 가능한 작업지시번호로 옳은 것을 고르시오.

① WO2211000009
② WO2211000010
③ WO2211000011
④ WO2211000012

15 아래 [보기]의 조건으로 데이터를 조회한 후 물음에 답하시오.

> **| 보 기 |**
> - 사업장 : 2000.㈜한국자전거지사
> - 등록일 : 2022/11/01 ~ 2022/11/30

다음 [보기]의 조건으로 등록된 [기초재공등록]에 대한 설명으로 옳지 않은 것을 고르시오.

① 작업공정(도색), 반제품작업장(조립품)의 품목 중에는 LOT NO를 관리하는 품목이 있다.
② 작업공정, 제품작업장의 기초수량의 합이 가장 많은 재공수량을 가지고 있다.
③ 작업공정, 제품작업장_부적합의 품목들은 모두 계정구분이 '제품'인 품목들이다.
④ 작업공정(도색), 도색작업장(서울)의 품목들은 PROJECT가 산악용자전거로 관리되는 품목들이다.

16 아래 [보기]의 조건으로 데이터를 조회한 후 물음에 답하시오.

┤ 보 기 ├
- 사업장　　 : 2000.㈜한국자전거지사
- 실적기간 : 2022/11/15 ～ 2022/11/15
- 조건1　　 : 2022년 11월 15일에 작업공정, 제품작업장에서 품목 [NAX-A401.일반자전거(P-GRAY RED)]에 대해 재공조정처리되었다.
- 조건2　　 : 조정수량은 '10EA'이며, 조정구분으로는 '보관불량(폐기)'이다.

다음 [보기]의 조건에 해당하는 조정번호로 옳은 것을 고르시오.

① WA2211000001
② WA2211000002
③ WA2211000003
④ WA2211000004

17 아래 [보기]의 조건으로 데이터를 조회한 후 물음에 답하시오.

┤ 보 기 ├
- 사업장　　 : 2000.㈜한국자전거지사
- 지시기간 : 2022/11/01 ～ 2022/11/30

작업지시 대비 작업실적에 대한 내용을 확인하려고 한다. [보기]의 조건 내용 중 옳지 않은 것을 고르시오.

① 해당기간 내에 실적등록이 실행되지 않은 품목들이 있다.
② 실적구분이 '부적합'인 품목들은 지시 대비 실적비율이 100%다.
③ 해당기간 내에 프로젝트가 관리되는 실적내용은 있다.
④ 실적구분이 '적합'인 수량의 합보다 '부적합'인 수량의 합이 더 많다.

18 아래 [보기]의 조건으로 데이터를 조회한 후 물음에 답하시오.

┤ 보 기 ├
- 사업장　　 : 2000.㈜한국자전거지사
- 지시기간 : 2022/11/08 ～ 2022/11/08

홍길동 사원은 자재청구 대비 사용된 자재투입금액을 알아보려고 한다. [보기]의 조건 중 투입금액이 총합이 가장 큰 지시번호를 고르시오(단가 OPTION은 구매/생산 모두 표준원가[품목등록]이다).

① WO2211000005
② WO2211000006
③ WO2211000007
④ WO2211000008

19 아래 [보기]의 조건으로 데이터를 조회한 후 물음에 답하시오.

> **┤ 보 기 ├**
> • 사업장 　　　: 2000.㈜한국자전거지사
> • 사용기간 : 2022/11/01 ～ 2022/11/30

㈜한국자전거지사 홍길동 사원은 제품에 대한 자재사용내역에 대하여 분석 중이다. 다음 [보기] 조건의 품목 중 자재들의 사용수량의 합이 가장 많이 발생한 제품으로 옳은 것을 고르시오.

① NAX-A421.산악자전거(P-21G,A421)
② NAX-A422.산악자전거(P-21G,A422)
③ NAX-A401.일반자전거(P-GRAY RED)
④ NAX-A402.일반자전거(P-GRAY BLACK)

20 아래 [보기]의 조건으로 데이터를 조회한 후 물음에 답하시오.

> **┤ 보 기 ├**
> • 사업장 　　　　: 2000.㈜한국자전거지사
> • 실적기간 　　　: 2022/11/01 ～ 2022/11/30
> • 구 분 　　　　: 0.전체
> • 수량조회기준 : 0.실적입고기준

홍길동 사원은 실적기준으로 생산일보를 확인하고 있다. 다음 [보기] 조건에 품목들 중 부적합금액이 있는 품목을 고르시오(단가 OPTION은 구매/생산 모두 표준원가[품목등록]이다.).

① 81-1001000.BODY-알미늄(GRAY-WHITE)
② 83-2000110.전장품 ASS'Y (TYPE A)
③ 85-1020420.POWER TRAIN ASS'Y(MTB, TYPE B)
④ 87-1002021.BREAK SYSTEM (TYPE B)

이론문제

01	02	03	04	05	06	07	08	09	10
①	④	③	①	①	②	①	③	③	④
11	12	13	14	15	16	17	18	19	20
④	①	③	①	①	②	②	③	①	③

01 ① 비즈니스 애널리틱스는 구조화된 데이터(Structured Data)와 비구조화된 데이터(Unstructured Data)를 동시에 이용한다.

02 ④ 마케팅(marketing), 판매(sales) 및 고객서비스(customer service)를 자동화하는 것은 확장된 ERP 시스템의 CRM(고객관계관리) 모듈이다.

03 ③ 트랜잭션이 아닌 비즈니스 프로세스에 초점을 맞춰야 한다.

04 ① ERP는 기업의 요구에 부합해야 성공할 수 있다.

05 ② 전력사용시간당 산출량 – 에너지생산성 척도
③ 기계작동시간당 산출량 – 기계생산성 척도
④ 투자화폐단위당 산출량 – 자본생산성 척도

척 도	내 용
노동생산성	노동시간당 · 교대횟수당 · 교대조별 산출량, 노동시간당 부가가치 노동시간당 산출만의 화폐가치
기계생산성	기계작동시간당 산출량, 기계작동시간당 산출물의 화폐가치
자본생산성	투자화폐단위당 산출량, 투자화폐단위당 산출물의 화폐가치
에너지생산성	전력사용시간당 산출량, 전력사용단위당 산출물이 화폐가치

06 ② BOM(Bill of Material, 자재명세서)은 완제품 1단위를 생산하기 위해 필요한 재료, 부품, 반제품 등의 품목, 규격, 소요량 등에 대한 명세서다.

• 공정관리(공정계획)의 절차계획(Routing) 시 조립공정의 순서 및 표준시간, 작업장소를 결정한다.

BOM(Bill of Material)의 용도
• 제품의 설계사양 • 제품원가 산정 • 자재불출목록표 생성 • 특정 품목을 만드는 데 필요한 부품정보 • 구매 및 생산 일정 수립

07 ② 판매원의견합성법

③ 시장실험법

④ 패널동의법

08 ③ 프로젝트 생산방식은 제조의 개념보다는 구축의 개념에 적합한 제품들이다.

① 개별생산방식(Job Shop) : 주문자의 요구에 의한 생산방식

② 흐름생산방식(Flow Shop) : 각 공정의 옵션에 따라서 몇 가지의 제품을 생산하는 방식

③ 프로젝트 생산방식(Project Shop) : 건물이나 교량, 배처럼 장소의 제한을 받으며 자재투입 및 생산공정이 시기별로 변경되는 생산방식

④ 연속생산방식(Continuous Production) : 소품종 대량생산의 방식

09 ③ 총괄생산계획은 ▲ 고용수준의 변동 ▲ 생산율의 조정 ▲ 재고수준의 조정 ▲ 하청의 네 가지 전략을 바탕으로 수립한다.

10 ① 긴급률(CR)

② 간트차트(Gantt Chart)

③ 자재명세서(BOM)

11 ④ 운반공정에 대한 설명이다.

공정의 분류		내용
가공공정 (Operation)		• 제조의 목적을 직접적으로 달성하는 공정 • 변질, 변형, 변색, 조립, 분해로 되어 있고 대상물을 목적에 접근시키는 유일한 상태
운반공정 (Transportation)		• 제품이나 부품이 하나의 작업장소에서 타 작업장소로 이동하기 위해 발생하는 작업 • 이동 또는 하역을 하고 있는 상태
검사공정 (Inspection)	양적검사	수량 · 중량 측정
	질적검사	가공부품의 가공정도 · 품질 · 등급별 분류
정체공정 (Delay)	대 기	제품이나 부품이 다음의 가공 · 조립을 위해 일시 기다리는 상태
	저 장	다음 가공 · 조립으로의 허가 없는 이동이 금지되어 있는 상태(계획적 보관)

12 ① 공수에 대한 설명이다.

13 ③ A작업장의 가동율 = 출근율 × (1 − 간접작업률)

= 0.8 × (1 − 0.2)

= 0.64(= 64%)

14 • 라인밸런싱 효율 = $\dfrac{\text{라인의 순 작업시간}}{(\text{작업장 수} \times \text{사이클타임})} \times 100$

$= \dfrac{(35 + 30 + 40 + 45)}{(4 \times 45)} \times 100 = 83.3(\%)$

① 불균형률(d) = 1 − 라인밸런싱 효율 = 1 − 0.83 = 0.167

15 ① 5S는 JIT생산방식을 달성하기 위한 현장개선의 기초다.

5S의 버리는 기술	내 용
정리(Seiri)	필요한 물품과 불필요한 물품을 구분하여 불필요한 물품은 처분한다.
정돈(Seiton)	필요한 물품은 즉시 끄집어낼 수 있도록 만든다.
청소(Seiso)	먼지, 더러움을 없애 직장ㆍ설비를 깨끗한 상태로 만든다/
청결(Seiketsu)	직장을 우 ltodwjr으로 하여 작업환경을 향상시킨다.
마음가짐(Shitsuke)	4S(정리,정돈, 청소, 청결)를 실시하여 사내에서 결정된 사항 및 표준을 준수해나가도록 몸에 익힌다.

16 ② 공정분석이란 **원재료**가 출고되면서부터 **제품**으로 출하될 때까지 **경과시간** 및 이동거리를 **공정분석(공정도시)** 기호를 이용하여 계통적으로 나타냄으로써 분석 및 검토하는 것이다.

17

경제적 주문량(EOQ) $= \sqrt{\dfrac{2 \times \text{1회 주문비용} \times \text{연간 총수요}}{\text{단위당 연간 재고유지비용}}} = \sqrt{\dfrac{2SD}{H}}$

$= \sqrt{\dfrac{2 \times \text{1회 주문비용} \times \text{연간 총수요}}{\text{단가} \times \text{연간 재고유지비율}}} = \sqrt{\dfrac{2SD}{P \times i}}$

(S : 1회 주문비용, D : 연간 총수요, H : 단위당 연간 재고유지비용, P : 단가, i : 연간 재고유지비율)

② 경제적 주문량(EOQ) $= \sqrt{\dfrac{2 \times \text{1회 주문비용} \times \text{연간 총수요}}{\text{단위당 연간 재고유지비용}}}$

$= \sqrt{\dfrac{2 \times 8,000 \times 10,000}{40}} = 2,000$

18 ③ RCCP는 MPS와 제조자원 간의 크기를 비교하여 자원요구량을 계산한다.

• ②와 ④는 생산능력소요계획(CRP)에 대한 설명이다.

19　① 기계별 부하표는 개략능력요구계획(RCCP)의 입력자료다.

	생산능력소요계획(CRP)	개략능력요구계획(RCCP)
주요 입력데이터	MRP Record	MPS Plan
필요자료	• 작업공정표 정보 • 작업장 상태 정보 • 발주계획 정보	• 기계별 부하표 • 기준생산계획
계산결과	작업장의 시간대별 능력소요량	자원요구량

20　③ 판촉계획, 회계정보시스템, 제품관리 등은 SCM에 포함되지 않는다.

SCM 포함내용
• 경영정보시스템 • 공급 및 조달 • 생산계획 • 주문처리 • 현금흐름 • 재고관리 • 창고관리 • 고객관리

01	02	03	04	05	06	07	08	09	10
①	③	④	③	①	③	④	②	③	③
11	12	13	14	15	16	17	18	19	20
②	③	②	①	②	①	④	②	④	②

01 [시스템관리] – [기초정보등록] – [품목등록]

→ [품목군 : F100.FRONT]

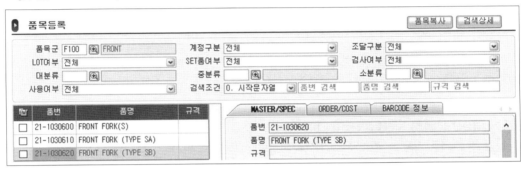

① [21-1060700.FRAME-NUT] 품목은 해당 품목군에 존재하지 않는다.

02 [시스템관리] – [기초정보등록] – [검사유형등록]

→ [검사구분 : 41.공정검사]

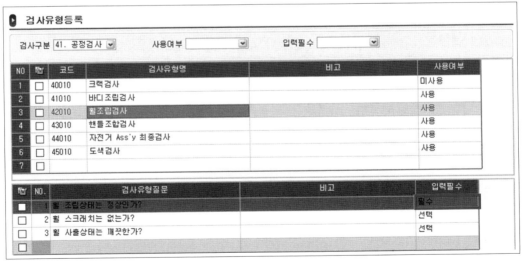

③ '사용' 중인 검사유형과 입력이 '필수'값인 두 조건에 충족하는 검사유형은 '휠조립검사'뿐이다.

03 [시스템관리] – [기초정보등록] – [물류실적(품목/고객)담당자등록]

→ [품목] 탭 – [계정 : 2.제품]

④ 영업담당자가 '최일영'인 동시에 생산담당자가 '곽동옥'인 것은 [NAX–A402.일반자전거(P–GRAY BLACK)] 품목뿐이다.

04 [생산관리공통] – [기초정보등록] – [BOM등록]

→ [모품목 : NAX–A420.산악자전거(P–20G)] – [기준일자 : 2022/12/31] – [사용여부 : 1.사용]

③ [83–2000100.전장품 ASS'Y] 품목의 계정구분은 '반제품'이다.

05 [생산관리공통] – [기초정보등록] – [BOM역전개]

→ [BOM] 탭 – [자품목 : 21-9000200.HEAD LAMP] – [기준일자 : 2022/12/31] – [사용여부 : 전체]

① [NAX-A400.일반자전거(P-GRAY WHITE)] 품목만 'LEVEL 2'에 있는 bom이다.

06 [생산관리공통] – [생산관리] – [생산계획등록]

→ [품목별] 탭 – [사업장 : 2000.㈜한국자전거지사] – [작업예정일 : 2022/11/01 ~ 2022/11/30] – [계정구분 : 4.반제품]

③ [88-1001000.PRESS FRAME-W] 품목의 일생산량(40)이 작업예정일 생산량(45)을 초과했다.

① [83-2000100.전장품 ASS'Y]　　: 일생산량 300 = 작업예정일 생산량 300

② [87-1002001.BREAK SYSTEM]　　: 일생산량 280 > 작업예정일 생산량 270

④ [88-1002000.PRESS FRAME-Z] : 일생산량　40 = 작업예정일 생산량　40

07 [생산관리공통] – [생산관리] – [작업지시등록]

→ [사업장 : 2000.㈜한국자전거지사] – [공정 : L200.작업공정] – [작업장 : L201.제품작업장] – [지시기간 : 2022/11/01 ~ 2022/11/07] – 조회 후 상세내역에서 마우스 오른쪽 버튼/[작업지시등록] 이력정보' 클릭 – [진행상태 확인 및 메뉴이동 :: 작업지시등록] 팝업창

④ 작업지시번호 WO2211000004는 직접입력했다.

08 [생산관리공통] – [생산관리] – [작업지시확정]

→ [사업장 : 2000.㈜한국자전거지사] – [공정 : L200.작업공정] – [작업장 : L201.제품작업장] – [지시기간 : 2022/11/08 ∼ 2022/11/08]

② 작업지시에 대하여 확정수량의 합이 '1,620'으로 가장 많은 작업지시번호는 'WO2211000006'이다.

09 [생산관리공통] – [생산관리] – [생산자재출고]

→ [사업장 : 2000.㈜한국자전거지사] – [출고기간 : 2022/11/08 ∼ 2022/11/08] – 조회 후 상단 [출고요청] 클릭 – [출고요청 조회 적용] 팝업창 – [청구기간 : 2022/11/01 ∼ 2022/11/30]

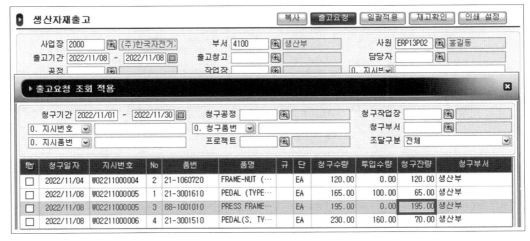

③ [88–1001010.PRESS FRAME–W (TYPE A)] 품목의 청구잔량이 '195'로 가장 많다.

10 [생산관리공통] – [생산관리] – [작업실적등록]

→ [사업장 : 2000.㈜한국자전거지사] – [지시(품목) : 2022/11/01 ~ 2022/11/04] – [지시공정 : L200.작업공정] – [지시작업장 : L201.제품작업장]

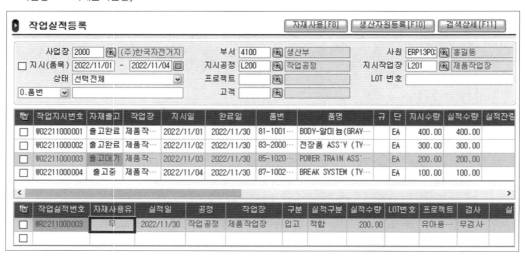

③ 작업지시번호 WO2211000003은 자재사용유무가 '무'다.

11 [생산관리공통] – [생산관리] – [생산자재사용등록]

→ [사업장 : 2000.㈜한국자전거지사] – [구분 : 1.생산] – [실적기간 : 2022/11/01 ~ 2022/11/08] – [상태 : 1.확정]

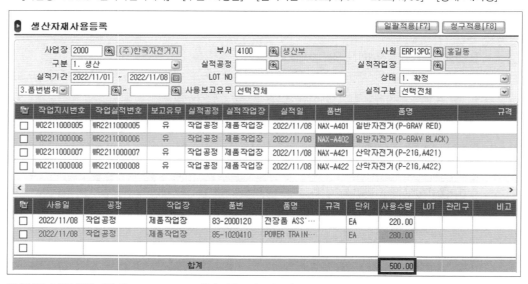

③ [NAX–A402.일반자전거(P–GRAY BLACK)]의 사용수량이 '500'으로 가장 많다.

12 [생산관리공통] – [생산관리] – [생산실적검사]

→ [사업장 : 2000.㈜한국자전거지사] – [실적일 : 2022/11/01 ~ 2022/11/30] – [공정 : L200.작업공정] – [작업장 : L201.제품작업장]

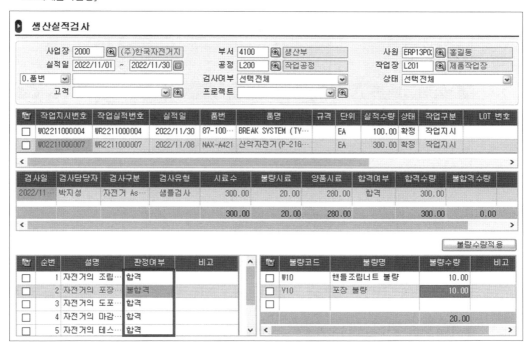

③ [NAX-A421.산악자전거(P-21G,A421)] 품목의 판정여부가 모두 '불합격'은 아니다.

13 [생산관리공통] – [생산관리] – [생산품창고입고처리]

→ [사업장 : 2000.㈜한국자전거지사] – [실적기간 : 2022/11/30 ~ 2022/11/30] – [공정 : L200.작업공정] – [작업장 : L201.제품작업장]

② 입고대상수량이 가장 큰 것은 '400'으로 지시번호 WO2211000001의 [85-1001000.BODY-알미늄(GRAY-WHITE)]이다.

14 [생산관리공통] – [생산관리] – [작업지시마감처리]

→ [사업장 : 2000.㈜한국자전거지사] – [지시일 : 2022/11/25 ~ 2022/11/25] – [공정구분 : 1.생산]

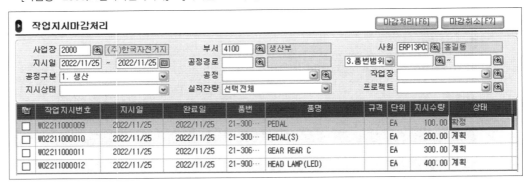

① 상태가 '확정'인 건만 마감처리가 가능하다.

15 [생산관리공통] – [재공관리] – [기초재공등록]

→ [사업장 : 2000.㈜한국자전거지사] – [등록일 : 2022/11/01 ~ 2022/11/30]

② 기초수량 합이 '1,500'으로 가장 많은 등록번호 OW2211000002의 '공정/외주 – 장소/외주처'는 '작업공정(도색) – 반제품작업장(조립품)'이다.

16 [생산관리공통] – [재공관리] – [재공창고입고/이동/조정등록]

→ [재공조정] 탭 – [사업장 : 2000.㈜한국자전거지사] – [실적기간 : 2022/11/15 ~ 2022/11/15]

① 보기의 조건을 모두 맞는 것은 'WA2211000001'이다.

17 [생산관리공통] – [생산/외주/재공현황] – [지시대비실적현황]

→ [사업장 : 2000.㈜한국자전거지사] – [지시기간 : 2022/11/01 ~ 2022/11/30]

④ 실적구분이 '부적합'인 수량보다 '적합'인 수량이 더 많다.

• [실적구분 : 0.적합], [실적구분 : 1.부적합]으로 하여 각각 조회할 수 있다.

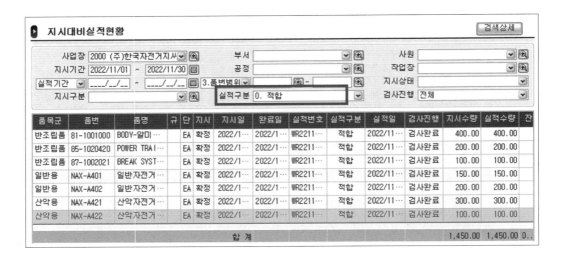

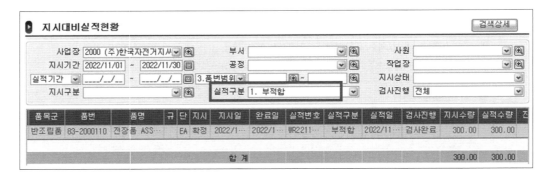

18 [생산관리공통] – [생산/외주/재공현황] – [자재청구대비투입/사용현황]

→ [사업장 : 2000.㈜한국자전거지사] – [지시기간 : 2022/11/08 ～ 2022/11/08]

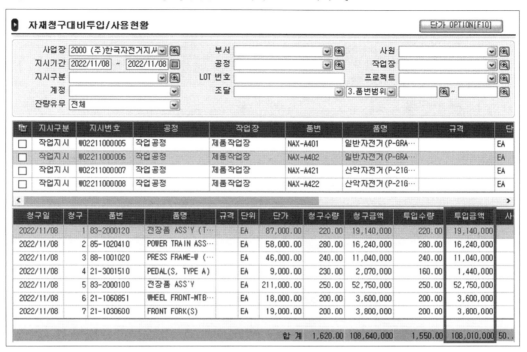

② 투입금액이 총합이 가장 큰 것은 '108,010,000원'으로 지시번호 WO22110000006이다.

19 [생산관리공통] – [생산/외주/재공현황] – [자재사용현황(제품별)]

→ [사업장 : 2000.㈜한국자전거지사] – [사용기간 : 2022/11/01 ~ 2022/11/30]

④ 자재들의 사용수량의 합이 '500'으로 가장 많이 발생한 제품은 [NAX–A402.일반자전거(P–GRAY BLACK)] 품목이다.

20 [생산관리공통] – [생산/외주/재공현황] – [생산일보]

→ [실적기준] 탭 – [사업장 : 2000.㈜한국자전거지사] – [실적기간 : 2022/11/01 ~ 2022/11/30] – [구분 : 0.전체] –
[수량조회기준 : 0.실적입고기준]

	품번	품명	규	단	실적수량	단가	실적금액	양품수량	양품금액	부적합수량	부적합금액
☐	81-1001000	BODY-알미늄(GRAY···		EA	400.00	21,000.00	8,400,000	400.00	8,400,000.00	0.00	0.00
☐	83-2000110	전장품 ASS'Y (TY···		EA	300.00	87,000.00	26,100,000	0.00	0.00	300.00	26,100,00···
☐	85-1020420	POWER TRAIN ASS'···		EA	200.00	58,000.00	11,600,000	200.00	11,600,000.00	0.00	0.00
☐	87-1002021	BREAK SYSTEM (TY···		EA	100.00	55,000.00	5,500,000	100.00	5,500,000.00	0.00	0.00
☐	NAX-A401	일반자전거 (P-GRA···		EA	150.00	190,000.00	28,500,000	150.00	28,500,000.00	0.00	0.00
☐	NAX-A402	일반자전거 (P-GRA···		EA	200.00	190,000.00	38,000,000	200.00	38,000,000.00	0.00	0.00
☐	NAX-A421	산악자전거 (P-21G···		EA	300.00	210,000.00	63,000,000	300.00	63,000,000.00	0.00	0.00
☐	NAX-A422	산악자전거 (P-21G···		EA	100.00	210,000.00	21,000,000	100.00	21,000,000.00	0.00	0.00

② 부적합금액이 있는 품목은 [83–2000110.전장품 ASS'Y (TYPE A)]가 유일하다.

이론문제

01 ERP 시스템이 갖는 기술적 특징에 해당하는 것은?

① 객체지향기술 사용
② 투명경영의 수단으로 활용
③ 경영정보 제공 및 경영조기경비체계 구축
④ 표준을 지향하는 선진화된 최고의 실용성을 수용

02 ERP 도입의 선택기준으로 적절하지 않은 것은?

① 자사에 맞는 패키지를 선정한다.
② 현업 중심의 프로젝트를 진행한다.
③ 경영진이 확고한 의지를 가지고 진행한다.
④ 업무효율성 향상이 중요하므로 수익성 개선은 고려하지 않는다.

03 ERP 시스템의 기능적 특징 중에서 오픈 멀티-벤더(Open Multi-vendor) 지원기능에 대한 설명으로 적절하지 않은 것은?

① ERP는 특정 하드웨어 업체에 의존하지 않는다.
② ERP는 커스터마이징이 최대한 가능하도록 지원한다.
③ ERP는 어떠한 운영체제에서도 운영될 수 있도록 설계되어 있다.
④ ERP는 다양한 소프트웨어와 조합하여 사용할 수 있도록 지원한다.

04 ERP 아웃소싱(Outsourcing)에 대한 설명으로 적절하지 않은 것은?

① ERP 아웃소싱을 통해 기업이 가지고 있지 못한 지식을 획득할 수 있다.

② ERP 개발과 구축, 운영, 유지보수에 필요한 인적 자원을 절약할 수 있다.

③ ERP 시스템 구축 후에는 IT아웃소싱 업체로부터 독립적으로 운영할 수 있다.

④ ERP 자체개발에서 발생할 수 있는 기술력 부족의 위험요소를 제거할 수 있다.

05 [보기]에서 설명하는 수요예측기법은 무엇인가?

┌─| 보 기 |───
│ • 예측하고자 하는 대상의 전문가 그룹을 설정한 다음 전문가들에게 여러 차례 질문지를 배부하여 의견을 수
│   렴함으로써 수요를 예측하는 방법이다.
└───

① 회귀분석

② 확산모형

③ 지수평활법

④ 델파이분석법

06 채찍효과에 대한 적절한 관리방안을 [보기]에서 모두 고른 것은?

┌─| 보 기 |───
│ ㄱ. 정보의 정확성을 향상시킴
│ ㄴ. 주문의 변동폭을 증가시킴
│ ㄷ. 생산의 리드타임을 연장함
│ ㄹ. 전략적 파트너십을 체결함
└───

① ㄱ, ㄴ

② ㄱ, ㄹ

③ ㄴ, ㄷ

④ ㄷ, ㄹ

07 단속생산시스템과 연속생산시스템의 특징에 대한 설명으로 가장 적절하지 않은 것은?

① 단속생산 : 개별생산　　　/　연속생산 : 대량생산

② 단속생산 : 범용기계　　　/　연속생산 : 전용기계

③ 단속생산 : 흐름생산　　　/　연속생산 : 로트생산

④ 단속생산 : 노동숙련도 높음　/　연속생산 : 노동숙련도 낮음

08 총괄생산계획(APP ; Aggregate Production Planning)의 수립에 있어서 수요변동에 능동적으로 대처하기 위한 전략방안으로 가장 적절하지 않은 것은?

① 생산율의 조정

② 재고수준의 조정

③ 제품품질의 조정

④ 고용수준의 변동

09 부품가공이나 제품조립에 자재가 적기에 조달되고 이들 생산이 지정된 시기까지 완성될 수 있도록 기계나 작업을 시간적으로 배정하고 일시를 결정하여 생산일정을 계획하는 것은?

① 일정계획

② 수요예측

③ 기준생산계획

④ 총괄생산계획

10 [보기]에서 설명하는 공정으로 가장 적절한 것은?

┤보 기├
- 생산라인에서 변질, 변형, 변색, 조립, 분해로 되어 있고 제조의 목적을 직접적으로 달성하는 공정을 말한다.

① 애로공정

② 가공공정

③ 대기공정

④ 생산공정

11 [보기]의 조건에서 가동률(%)은 얼마인가?

> **┤ 보 기 ├**
> · 출근율 : 80%
> · 잡작업률(간접작업률) : 10%
> · 종업원수 : 20명

① 70%
② 72%
③ 75%
④ 80%

12 공수계획의 기본적 방침으로 가장 적절하지 않은 것은?

① 여유성
② 부하와 능력의 균형화
③ 적성배치와 전문화 촉진
④ 일정별의 부하변동 촉진

13 간트차트(Gantt Chart)의 설명으로 가장 적절하지 않은 것은?

① 대규모의 복잡한 프로젝트에는 부적합하다.
② 작업 상호 간의 유기적인 상호의존관계를 잘 보여준다.
③ 계획과 실적을 비교하여 진행상태를 보여주는 데 적합하다.
④ 간헐적, 반복적인 프로젝트의 일정을 계획하는 데 유용하다.

14 [보기]에서 설명하는 공정은 무엇인가?

> **┤ 보 기 ├**
> · 특정한 작업장에 능력 이상의 부하가 적용되어 전체 공정의 흐름을 막고 있는 것을 말한다.

① 가공공정(Operation)
② 검사공정(Inspection)
③ 라인밸런싱(Line Balancing)
④ 애로공정(Bottleneck Operation)

15 각 작업장의 시간이 [보기]와 같을 때 라인밸런싱의 효율은? 단, 각 작업장의 작업자는 1명이다.

| 보 기 |

작업장	1	2	3	4
작업시간	23분	25분	35분	27분

① 75.6%

② 78.6%

③ 81.6%

④ 84.6%

16 [보기]는 선풍기 조립작업장의 공정별 작업시간을 나타낸 것이다. 이 작업장의 불균형률을 15% 이하가 되게 하려는 가장 적절한 조치는 다음 중 어느 것인가? 단, 각 작업장의 작업자는 모두 1명씩이다.

| 보 기 |

작업장	1	2	3	4	5
작업시간	5분	8분	6분	4분	7분

① 2공정의 작업시간을 7분 이하로 개선한다.

② 2공정의 작업시간을 6분 이하로 개선한다.

③ 2, 5공정의 작업시간을 6.8분으로 개선한다.

④ 2, 5공정의 작업시간을 6.5분 이하로 개선한다.

17 경제적 주문량(EOQ)을 계산하기 위해 필요한 가정으로 적절하지 않은 것은?

① 조달기간은 일정하다.

② 단일품목에 대해 적용된다.

③ 단위당 구입가격은 일정하다.

④ 연간 자재사용량이 일정하지 않다.

18 자재소요계획(MRP)의 효과로 가장 적절하지 않은 것은?

① 생산소요시간이 늘어난다.
② 납기준수를 통해 고객서비스가 개선된다.
③ 자재부족 최소화로 공정의 가동효율이 높아진다.
④ 재고수준을 감소시켜 자재 재고비용이 절감된다.

19 표준작업시간과 실제작업시간과의 비율로 측정할 수 있는 것은?

① 이용률
② 작업효율
③ 정격용량
④ 생산비율

20 공급망관리(SCM)의 추진효과로 가장 적절한 것은?

① 생산효율화
② 구매비용 증가
③ 물류비용 증가
④ 개별적 정보시스템 운영

로그인 정보

회사코드	4002	사원코드	ERP13P02
회사명	생산2급 회사A	사원명	홍길동

01 다음 품목 중 '조달구분'이 다른 하나의 품목을 고르시오.

① [21-1030600.FRONT FORK(S)]
② [21-1070700.FRAME-티타늄]
③ [88-1002000.PRESS FRAME-Z]
④ [ATECX-2000.유아용자전거]

02 아래 [보기]의 조건으로 데이터를 조회한 후 물음에 답하시오.

┤보 기├─
• 사업장 : 2000.㈜한국자전거지사

다음 [보기]의 조건에 해당하는 내역을 조회 후 공정과 적합여부가 '부적합'인 작업장이 올바르게 연결되어 있는 것을 고르시오.

① [L200.작업공정]   - [L201.제품작업장]
② [L200.작업공정]   - [L202.반제품작업장]
③ [L300.작업공정(도색)] - [L302.반제품작업장(조립품)]
④ [L400.작업공정(포장)] - [L403.옵션및증정용(포장)]

03 아래 [보기]의 조건으로 데이터를 조회한 후 물음에 답하시오.

┤보 기├─
• 계 정 : 4.반제품
• 대분류 : 100.조립반제품

다음 [보기]의 조건에 해당하는 품목에 등록된 생산담당자가 올바르게 연결된 것을 고르시오.

① [81-1001000.BODY-알미늄 (GRAY-WHITE)]   - [A100.이혜리]
② [83-2000100.전장품 ASSY]   - [A200.문승효]
③ [85-1020400.POWER TRAIN ASSY(MTB)]   - [A300.최승재]
④ [88-1002010.PRESS FRAME-Z (TYPE A)]   - [A400.박찬영]

04 아래 [보기]의 조건으로 데이터를 조회한 후 물음에 답하시오.

┤ 보 기 ├
- 검사구분 : 41.공정검사

다음 [보기]의 조건에 해당하는 검사유형 중 입력필수 값에 '필수'내역을 포함하고 있지 않은 유형을 고르시오.

① [41010.바디조립검사]
② [42010.휠조립검사]
③ [43010.핸들조합검사]
④ [44010.자전거 Assy 최종검사]

05 아래 [보기]의 조건으로 데이터를 조회한 후 물음에 답하시오.

┤ 보 기 ├
- 모품목　 : 83-2000100.전장품 ASS'Y
- 기준일자 : 2023/01/24
- 사용여부 : 1.사용

다음 [보기]의 조건에 해당하는 자재명세서에 대한 설명으로 옳지 않은 것을 고르시오.

① 자품목 [21-1060850.WHEEL FRONT-MTB]는 사급구분이 [1.사급]으로 설정된 품목이다.
② 자품목 [21-1060950.WHEEL REAR-MTB]의 주거래처는 [00006.㈜형광램프]다.
③ 자품목 [21-3001500.PEDAL(S)]은 LOSS(%)가 가장 높은 품목이다.
④ 자품목 [21-9000200.HEAD LAMP]는 계정구분이 [0.원재료]인 품목이다.

06 아래 [보기]의 조건으로 데이터를 조회한 후 물음에 답하시오.

┤ 보 기 ├
- 작업예정일 : 2023/01/01 ～ 2023/01/14
- 계정구　 : 2.제품

다음 [보기]의 조건에 해당하는 생산계획내역 중 계획수량의 합이 가장 적은 품목을 고르시오.

① [NAX-A400.일반자전거 (P-GRAY WHITE)]
② [NAX-A402.일반자전거 (P-GRAY BLACK)]
③ [NAX-A421.산악자전거 (P-21G,A421)]
④ [NAX-A422.산악자전거 (P-21G,A422)]

07 아래 [보기]의 조건으로 데이터를 조회한 후 물음에 답하시오.

┌─│ 보 기 │───┐

• 사업장   : 2000.㈜한국자전거지사
• 공 정   : L200.작업공정
• 작업장   : L201.제품작업장
• 지시기간 : 2023/01/02 ～ 2023/01/02

└───┘

다음 [보기]의 조건에 해당하는 작업지시 내역 중 적용을 받지 않고 메뉴에서 직접 입력된 품목을 고르시오.

① [NAX-A402.일반자전거 (P-GRAY BLACK)]

② [NAX-A420.산악자전거 (P-20G)]

③ [NAX-A421.산악자전거 (P-21G, A421)]

④ [NAX-A422.산악자전거 (P-21G, A422)]

08 아래 [보기]의 조건으로 데이터를 조회한 후 물음에 답하시오.

┌─│ 보 기 │───┐

• 사업장   : 2000.㈜한국자전거지사
• 공 정   : L200.작업공정
• 작업장   : L202.반제품작업장
• 지시기간 : 2023/01/03 ～ 2023/01/03

└───┘

다음 [보기]의 조건에 해당하는 지시확정 내역 중 청구 확정수량 합이 가장 적은 작업지시번호를 고르시오.

① WO2301000010

② WO2301000011

③ WO2301000012

④ WO2301000013

09 아래 [보기]의 조건으로 데이터를 조회한 후 물음에 답하시오.

┤ 보 기 ├
- 사업장　　 : 2000.㈜한국자전거지사
- 출고기간　 : 2023/01/03 ~ 2023/01/03
- 청구기간　 : 2023/01/03 ~ 2023/01/03
- 청구공정　 : L200.작업공정
- 청구작업장 : L202.반제품작업장

㈜한국자전거지사 홍길동 사원은 출고요청을 통해 청구된 자재를 출고하는 작업을 진행한다. 다음 중 [보기]의 조건으로 조회한 내역 중에서 프로젝트 [P100.산악용자전거]에 해당되는 청구내역 중 청구 잔량이 가장 적은 품목을 고르시오.

① [87-1002001.BREAK SYSTEM]
② [21-3000300.WIRING-DE]
③ [21-3001500.PEDAL(S)]
④ [21-1070720.FRAME-티타늄 (TYPE B)]

10 아래 [보기]의 조건으로 데이터를 조회한 후 물음에 답하시오.

┤ 보 기 ├
- 사업장　　 : 2000.㈜한국자전거지사
- 지시(품목) : 2023/01/02 ~ 2023/01/02
- 지시공정　 : L200.작업공정 / 지시작업장 : L201.제품작업장

다음 [보기]의 작업실적 내역 중 작업지시에 등록된 작업장과 다른 곳에서 실적이 발생한 작업실적번호를 고르시오.

① WR2301000017
② WR2301000019
③ WR2301000020
④ WR2301000022

11 아래 [보기]의 조건으로 데이터를 조회한 후 물음에 답하시오.

> ┤보 기├─
> • 사업장　：2000.㈜한국자전거지사
> • 구 분　：1.생산
> • 실적공정：L200.작업공정 / 실적작업장：L202.반제품작업장
> • 실적기간：2023/01/05 ～ 2023/01/05
> • 품 목　：(4.품번개별) [81-1001000.BODY-알미늄 (GRAY-WHITE)]

다음 [보기]의 조건에 해당하는 실적내역에 대한 사용자재 관련 설명으로 옳은 것을 고르시오.

① 작업실적번호 WR2301000001에는 LOT 번호로 관리되는 품목이 포함되어 있다.
② 작업실적번호 WR2301000002에는 사용자가 직접 입력한 사용자재가 포함되어 있다.
③ 작업실적번호 WR2301000003은 잔량이 없이 청구자재가 전량 사용되었다.
④ 작업실적번호 WR2301000004는 부적합 내용으로 사용자재를 등록할 수 없다.

12 아래 [보기]의 조건으로 데이터를 조회한 후 물음에 답하시오.

> ┤보 기├─
> • 사업장：2000.㈜한국자전거지사
> • 실적일：2023/01/15 ～ 2023/01/15
> • 공 정　：L200.작업공정 / 작업장：L201.제품작업장

다음 [보기]의 조건에 해당하는 생산실적에 대한 검사등록 내역 중 '샘플검사' 로 등록된 작업실적번호를 고르시오.

① WR2301000019　　　　② WR2301000020
③ WR2301000023　　　　④ WR2301000024

13 아래 [보기]의 조건으로 데이터를 조회한 후 물음에 답하시오.

> ┤보 기├─
> • 사업장　：2000. ㈜한국자전거지사
> • 실적기간：2023/01/15 ～ 2023/01/15
> • 공 정　：L200.작업공정 / 작업장：L201.제품작업장
> • 검사구분：1.검사

㈜한국자전거지사 홍길동 사원은 실적검사를 완료한 후 생산품을 창고로 입고처리를 했다. 다음 [보기]에 해당하는 입고처리 내용 중 장소 적합여부가 '부적합'인 장소로 등록된 입고번호를 고르시오.

① IW2301000015　　　　② IW2301000016
③ IW2301000017　　　　④ IW2301000018

14 아래 [보기]의 조건으로 데이터를 조회한 후 물음에 답하시오.

┤ 보 기 ├
- 사업장 : 2000.㈜한국자전거지사
- 지시일 : 2023/01/16 ~ 2023/01/16
- 공 정 : L300.작업공정(도색) / 작업장 : L301.제품작업장(완성품)

다음 [보기]의 조건에 해당하는 작업지시 중 마감처리 진행이 가능하지 않은 지시번호를 고르시오.

① WO2301000015
② WO2301000016
③ WO2301000017
④ WO2301000018

15 아래 [보기]의 조건으로 데이터를 조회한 후 물음에 답하시오.

┤ 보 기 ├
- 사업장 : 2000.㈜한국자전거지사
- 등록일 : 2023/01/01 ~ 2023/01/01

다음 [보기]의 조건에 해당하는 기초재공등록에 대한 설명으로 옳은 것을 고르시오.

① 등록번호 OW2301000001은 프로젝트 [M100.일반자전거]에 대한 조정등록 내용이다.
② 등록번호 OW2301000002에 등록된 기초재공 정보에는 '반제품'에 대한 품목만 등록되어 있다.
③ 등록번호 OW2301000003에 등록된 내역 중에는 LOT NO.를 관리하는 품목이 존재한다.
④ 등록번호 OW2301000004에 등록된 품목은 재고수량이 감소하고, 재공수량이 증가하게 된다.

16 아래 [보기]의 조건으로 데이터를 조회한 후 물음에 답하시오.

┤ 보 기 ├
- 사업장   : 2000.㈜한국자전거지사
- 실적기간 : 2023/01/22 ~ 2023/01/22

㈜한국자전거지사에서는 잘못된 자재출고로 인해 공정/작업장으로 들어온 자재를 창고/장소로 입고 조정을 하여 돌려보내는 작업을 실행했다. 다음 [보기]와 위 조건에 해당하는 내역 중 조정된 내역이 없는 품목을 고르시오.

① [21-1030600.FRONT FORK(S)]
② [21-1030620.FRONT FORK (TYPE SB)]
③ [21-9000200.HEAD LAMP]
④ [83-2000100.전장품 ASSY]

17 아래 [보기]의 조건으로 데이터를 조회한 후 물음에 답하시오.

┌─ 보 기 ├───
• 사업장   : 2000.㈜한국자전거지사
• 지시기간 : 2023/01/20 ～ 2023/01/20
• 공 정   : L500.반제품공정
└──

다음 [보기]의 조건에 해당하는 작업지시 대비 생산실적 비율이 가장 낮은 작업지시번호를 고르시오.

① WO2301000019
② WO2301000020
③ WO2301000021
④ WO2301000022

18 아래 [보기]의 조건으로 데이터를 조회한 후 물음에 답하시오.

┌─ 보 기 ├───
• 사업장   : 2000.㈜한국자전거지사
• 지시기간 : 2023/01/20 ～ 2023/01/20
• 지시공정 : L500.반제품공정
• 실적기간 : 2023/01/21 ～ 2023/01/21
└──

다음 [보기]의 조건에 해당하는 작업실적 내역 중 실적수량의 합이 가장 많은 작업자를 고르시오.

① 최승재
② 문승효
③ 박찬영
④ 이혜리

19 아래 [보기]의 조건으로 데이터를 조회한 후 물음에 답하시오.

┤ 보 기 ├

- 사업장　　　: 2000.㈜한국자전거지사
- 실적기간　　: 2023/01/01 ～ 2023/01/31
- 구 분　　　 : 1.공정
- 수량조회기준 : 0.실적입고기준
- 단가 OPTION : 조달구분 구매, 생산 모두 표준원가[품목등록] 적용

㈜한국자전거지사는 매일 생산된 품목을 품목등록에 등록된 표준원가를 이용하여 양품수량에 대한 양품금액을 실적기준으로 확인하는 작업을 한다. 다음 [보기] 조건에 해당되는 생산된 품목 내역 중 양품금액이 가장 큰 품목을 고르시오.

① [NAX-A400.일반자전거 (P-GRAY WHITE)]

② [NAX-A402.일반자전거 (P-GRAY BLACK)]

③ [NAX-A420.산악자전거 (P-20G)]

④ [NAX-A421.산악자전거 (P-21G,A421)]

20 아래 [보기]의 조건으로 데이터를 조회한 후 물음에 답하시오.

┤ 보 기 ├

- 사업장　　: 2000.㈜한국자전거지사
- 공 정　　 : L500.반제품공정
- 해당년도 : 2023
- 재공유무 : 선택전체

다음 [보기] 조건으로 조회되는 현재공 내역 중 출고수량이 가장 많은 품목을 고르시오.

① [NAX-A400.일반자전거 (P-GRAY WHITE)]

② [NAX-A401.일반자전거 (P-GRAY RED)]

③ [NAX-A420.산악자전거 (P-20G)]

④ [NAX-A421.산악자전거 (P-21G,A421)]

이론문제

01	02	03	04	05	06	07	08	09	10
①	④	②	③	④	②	③	③	①	②
11	12	13	14	15	16	17	18	19	20
②	④	②	④	②	④	④	①	②	①

01

기능적 특징	기술적 특성
• 다국적, 다통화, 다언어 지원 • 중복업무의 배제 및 실시간 정보처리체계 구축 • 표준을 지향하는 선진화된 최고의 실용성 수용 • BPR 지원 • 파라미터 지정에 의한 프로세스의 정의 • 경영정보 제공 및 경영조기경보체제 구축 • 투명경영의 수단으로 활용 • 오픈 멀티-벤더	• 4세대 언어 사용 • 관계형 데이터베이스 채택 • 객체지향기술 사용 • 인터넷환경의 E-Biz 수용

02 ④ ERP 도입의 최종목적은 고객만족과 이윤 극대화 실현에 있다.

ERP 선택 기준
• 자사에 맞는 패키지 선정 • TFT는 최고의 엘리트 사원으로 구성 • 경영자의 확고한 의지 • 현업 중심의 프로젝트 진행 • 유능한 컨설턴트 활용 • 구축방법론에 의한 체계적인 프로젝트 진행

03 ② 커스터마이징은 가급적 최소화시킨다.
  • 오픈 멀티-벤더(Open Multi Vendor)는 특정 하드웨어 및 소프트웨어 기술이나 업체에 의존하지 않고 다양한 시스템과 조합하여 사용할 수 있는 개념인데, 어떠한 운영체제나 데이터베이스에서도 잘 운영될 수 있도록 설계되어 있으므로 시스템의 확장이나 다른 시스템과의 연계가 쉽다. 그러므로 특정 하드웨어 및 소프트웨어 업체에 의존하지 않고, 다양한 하드웨어 업체의 컴퓨터와 소프트웨어를 조합하여 사용할 수 있도록 지원하고 있다.

04 ③ IT아웃소싱(IT-Outsourcing)은 외부의 전문회사로부터 IT 관련 운영, 유지보수, 통신, 소프트웨어 개발, 데이터베이스 지원 등 일부 또는 모든 서비스를 제공받기로 꾸준히 제공받는 것이다.

ERP 아웃소싱 특징
• 기업이 가지고 있지 않은 지식 획득 가능
• 구축 · 운영 · 유지 · 보수에 필요한 인적 자원 절약 가능
• 기술력 부족의 위험요소 제거 가능
• 검증된 방법론으로 구현기간 단축 가능
• 검증된 기술과 기능으로 위험부담 감소
• 최신 기술이 적용된 패키지로 업그레이드 가능
• 아웃소싱 업체에 종속성이 생기지는 않음

05 ④ 델파이분석법에 대한 설명이다.

• 지수평활법, 확산모형, 회귀분석은 정량적 수요예측(객관적) 기법이며, 델파이분석법은 정성적 수요예측(주관적) 기법이다.

수요예측방법	
정성적 방법	시장조사법
	패널동의법
	중역평가법
	판매원의견합성(종합)법
	수명주기유추법
	델파이분석법
계량적(정량적) 방법	시계열분석법(이동평균법, 지수평활법, ARIMA, 분해법, 확산모형 등)
	인과모형분석법(단순 · 다중 회귀분석)

06 ② 채찍효과(Bullwhip Effect)는 채찍 손잡이를 작게 움직여도 채찍 끝이 크게 움직이는 것에 비유한 것으로 소비자의 수요가 조금 증가하면 소매상은 주문을 조금 더 많이 늘리고, 도매상은 아주 많이 주문하며, 제조업체는 엄청난 양을 생산하게 되는 현상이다.

• 변동폭의 증가, 리드타임의 연장은 채찍효과를 증대할 수 있는 요인이다.

채찍효과의 원인	채찍효과를 줄이기 위한 방안
• 불확실한 수요예측 • 긴 리드타임(제품의 제조시간) • 일괄주문 • 가격변동 • 과잉주문	• 정보의 정확성 향상으로 불확실성 제거 • 운영 효율성의 증대 • 변동폭의 감소 • 리드타임 감소 • 전략적 파트너십

07 ③ 흐름생산은 연속생산시스템, 로트생산은 단속생산시스템의 특징이다.

특 징	단속생산시스템	연속생산시스템
생산방식	주문생산 (프로젝트생산, 개별생산, 로트생산)	계획(예측)생산 (연속생산, 흐름생산, 대량생산)
품종 · 생산량	다품종 소량생산	소품종 다량생산
생산속도	느 림	빠 름
단위당 생산원가	높 음	낮 음
노동 숙련도	높 음	낮 음
운반설비	자유경로형	고정경로형
기계설비	범용설비	전용설비
설비투자액	적 음	많 음
제품의 시방	고객이 결정	생산자가 결정
마케팅 활동	주문 위주로 전개	수요예측 · 시장조사에 따른 전개

08 ③ 수요변동에 능동적으로 대처하기 위한 전략방안으로는 ▲ 생산율의 조정 ▲ 재고수준의 조정 ▲ 고용수준의 변동 ▲ 하청 및 설비 확장 등이 있다.

09 ② 수요예측 : 일정기간 동안에 발생할 가능성이 있는 모든 수요의 크기를 추정하는 것

③ 기준생산계획 : 총괄생산계획을 수립한 후 보다 구체적으로 각 제품의 생산시기, 수량 등을 수립하는 계획

④ 총괄생산계획 : 생산시스템의 능력을 전체적 입장에서 파악하여 조정해가는 계획

10 ② 가공공정에 대한 설명이다.

공정의 분류	기호		내 용
가공공정 (Operation)	○		제조의 목적을 직접적으로 달성하는 공정으로 변질, 변형, 변색, 조립, 분해로 되어 있고 대상물을 목적에 접근시키는 유일한 상태
운반공정 (Transportation)	⇨		제품이나 부품이 하나의 작업장소에서 타 작업장소로 이동하기 위해 발생하는 작업(이동 또는 하역을 하고 있는 상태)
검사공정 (Inspection)	□	양적검사	수량 · 중량 측정
	◇	질적검사	가공부품의 가공정도 · 품질 · 등급별 분류
정체공정 (Delay)	▷	대기(지체)	제품이나 부품이 다음의 가공 · 조립을 위해 일시 기다리는 상태
	▽	저 장	다음 가공 · 조립으로의 허가 없는 이동이 금지되어 있는 상태(계획적 보관)

11 ② 가동률(A) = 출근율 × (1 − 간접작업률)

= 0.8 × (1 − 0.1)

= 0.72

12

공수계획의 기본적 방침
• 부하와 능력의 균형화 • 가동률의 향상 • 일정별 부하변동 방지 • 적성배치, 전문화 촉진 • 여유성

13 ② 간트차트는 작업 상호 간의 유기적인 관계를 명확하게 알 수 없다는 단점이 있다.

간트차트의 장점	간트차트의 단점
• 연관작업의 일정을 조정하기 용이 • 전체적인 프로젝트 흐름을 쉽게 시각화 • 작업순서 파악 • 전체 공정시간, 작업완료시간, 다음 작업의 시작시간 파악 • 업무성과의 상호비교 가능	• 계획의 변화, 변경에 약함 • 일정계획에 있어서 정밀성을 기대하기 어려움 • 작업 상호 간 유기적 관계가 명확하지 못함 • 대규모의 공사에 적용하기 어려움

14 ④ 애로공정(Bottleneck Operation)에 대한 설명이다.

① 가공공정(Operation) : 제조의 목적을 직접적으로 달성하는 공정

② 검사공정(Inspection) : 양적검사(수량, 중량의 측정) 및 질적검사(가공 정도의 확인, 품질 및 등급별 분류)가 있다.

③ 라인밸런싱(Line Balancing) : 공정의 소요시간이 균형이 되도록 작업장이나 작업순서를 배열하는 것

15 ② 라인밸런싱 효율 $= \dfrac{\text{라인의 순 작업시간 합계}}{\text{작업장 수 + 사이클타임(최대값)}} \times 100\%$

$= \dfrac{23 + 25 + 35 + 27}{4 \times 35} \times 100\%$

$≒ 78.6\%$

16 • 현재의 라인밸런싱 효율(Eb) $= \dfrac{\text{라인의 순 작업시간 합계}}{\text{작업장 수 + 사이클타임(최대값)}} \times 100\%$

$= \dfrac{5 + 8 + 6 + 4 + 7}{5 \times 8} \times 100\%$

$= 75\%$

• 현재의 불균형률(d) $= 1 - Eb = 1 - 0.75 = 0.25(= 25\%)$

• 불균형률(d)이 15% 이하가 되기 위해서는 라인밸런싱 효율(Eb)이 85% 이상이 되어야 한다.

①의 라인밸런싱 효율(Eb) $= \dfrac{5 + 7 + 6 + 4 + 7}{5 \times 8} \times 100\% = 72.5\%$

②의 라인밸런싱 효율(Eb) $= \dfrac{5 + 6 + 6 + 4 + 7}{5 \times 7} \times 100\% = 80\%$

③의 라인밸런싱 효율(Eb) $= \dfrac{5 + 6.8 + 6 + 4 + 6.8}{5 \times 6.8} \times 100\% ≒ 84.1\%$

④의 라인밸런싱 효율(Eb) $= \dfrac{5 + 6.5 + 6 + 4 + 6.5}{5 \times 6.5} \times 100\% ≒ 86.1\% \rightarrow$ 불균형률 $= 0.14(14\%)$

17

EOQ 가정
• 해당 품목에 대한 수요를 알고 있으며, 일정하다.
• 주문비용과 재고유지비용은 관련된 모든 비용을 포함하고 있으며 일정하다.
• 주문품의 도착시간이 고정되어 조달기간이 일정하다.
• 구매가격과 구매량은 일정하다.
• 해당 상품의 주문은 다른 상품의 주문과는 무관하다.

18

① MRP 시스템의 특징은 완제품에 대한 소요시기와 소요량을 전제로 그 제품을 생산하는 데 필요한 자재가 언제, 얼마만큼 준비되어야 하는가를 결정해주기 때문에 종래의 재고관리기법에서 야기되는 과잉재고와 품절현상을 최소화하여 재고비용을 절감하는 효과가 있다.

MRP의 장점
• 각각의 자재에 대해 별도의 수요예측은 불필요하다.
• 자재에 대한 재고투자가 최소화되며, 재고부족현상이 최소화된다.
• 생산소요시간이 단축되고, 작업의 원활한 진행을 도모할 수 있다.
• 상황변화에 대하여 생산일정 및 자재계획을 민감하게 변경할 수 있다.
• 소요량, 소요시기, 주문시기 등이 특히 강조되며, 사전 납기통제가 용이하다.
• 보다 나은 고객서비스를 할 수 있다.
• 생산과 재고관리를 유기적으로 연결시킨다.
• 재고부족현상을 방지한다.

19

② $\dfrac{\text{표준작업시간}}{\text{실제작업시간}} \times 100\% = \text{작업효율}$

20

SCM 기대효과
• 획기적인 재고 감축
• 물류흐름의 속도 개선
• 효율적인 생산계획 및 생산성 향상

01	02	03	04	05	06	07	08	09	10
③	③	②	①	②	①	③	①	④	④
11	12	13	14	15	16	17	18	19	20
②	③	①	①	②	③	④	④	③	②

01 [시스템관리] – [기초정보등록] – [품목등록]

→ [MASTER/SPEC] 탭

③ [88-1002000.PRESS FRAME-Z] 품목의 조달구분은 '생산', 그 외는 모두 '구매'다.

※ 아카데이(연습용) 프로그램의 경우 품목 개수가 40개로 제한되어 있으므로, '조달구분'을 '생산'과 '구매로 구분하여 조회하여 확인한다(시험장에서의 프로그램의 경우 개수 제한이 없다).

02 [시스템관리] – [기초정보등록] – [창고/공정(생산)/외주공정등록]

→ [생산공정/작업장] 탭 – [사업장 : 2000.㈜한국자전거지사]

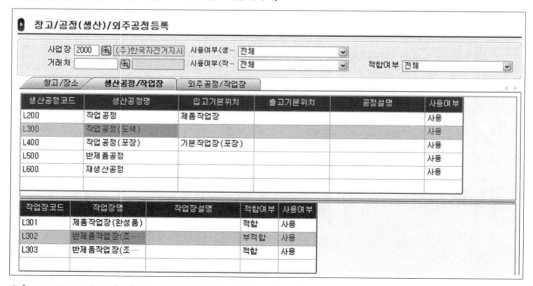

③ [L300.작업공정(도색)] – [L302. 반제품작업장(조립품)] → 부적합

03 [시스템관리] – [기초정보등록] – [물류실적(품목/고객)담당자등록]

→ [품목] 탭 – [계정 : 4.반제품] – [대분류 : 100.조립반제품]

① [81-1001000.BODY-알미늄 (GRAY-WHITE)] 품목의 생산담당자 : 박찬영

③ [85-1020400.POWER TRAIN ASS`Y(MTB)]품목의 생산담당자 : 박찬영

④ [88-1002010.PRESS FRAME-Z (TYPE A)]품목의 생산담당자 : 최승재

04 [시스템관리] – [기초정보등록] – [검사유형등록]

→ [검사구분 : 41.공정검사]

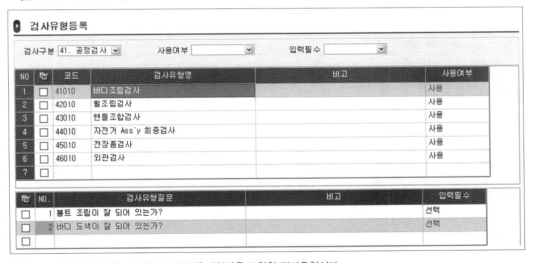

① [41010.바디조립검사]는 '필수' 없이 '선택' 내역만을 포함한 검사유형이다.

05 [생산관리공통] – [기초정보등록] – [BOM등록]

→ [모품목 : 83-2000100.전장품 ASS'Y] – [기준일자 : 2023/01/24] – [사용여부 : 1.사용]

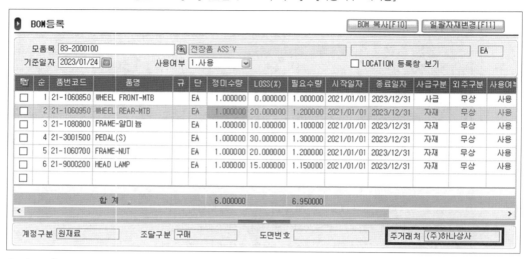

② 자품목 [21-1060950.WHEEL REAR-MTB] 품목의 주거래처는 [00002.㈜하나상사]다.

06 [생산관리공통] – [생산관리] – [생산계획등록]

→ [품목별] 탭 – [사업장 : 2000.㈜한국자전거지사] – [작업예정일 : 2023/01/01 ～ 2023/01/14] – [계정구분 : 2.제품]

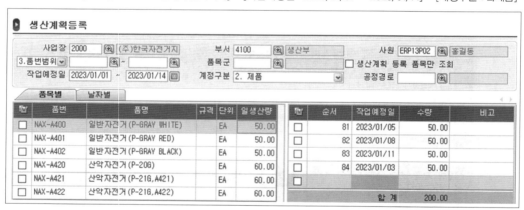

① [NAX-A400.일반자전거 (P-GRAY WHITE) 품목의 계획수량 합이 '200'으로 가장 적다.

② [NAX-A402.일반자전거 (P-GRAY BLACK)] 품목의 계획수량 합 : 220

③ [NAX-A421.산악자전거 (P-21G,A421)] 품목의 계획수량 합 : 240

④ [NAX-A422.산악자전거 (P-21G,A422)] 품목의 계획수량 합 : 300

07 [생산관리공통] – [생산관리] – [작업지시등록]

→ [사업장 : 2000.㈜한국자전거지사] – [공정 : L200.작업공정] – [작업장 : L201.제품작업장] – [지시기간 : 2023/01/02 ~ 2023/01/02] – 조회 후 상세내역에서 마우스 오른쪽 버튼/'[작업지시등록] 이력정보' 클릭 – [진행상 태 확인 및 메뉴이동 :: 작업지시등록] 팝업창

③ [NAX–A421.산악자전거 (P–21G,A421)] 품목은 이력정보를 통해 적용받지 않은 '직접입력' 건이다.

08 [생산관리공통] – [생산관리] – [작업지시확정]

→ [사업장 : 2000.㈜한국자전거지사] – [공정 : L200.작업공정] – [작업장 : L202.반제품작업장] – [지시기간 : 2023/01/03 ~ 2023/01/03]

① 작업지시번호 WO2301000010의 청구 확정수량 합이 '780'으로 가장 적다.

09 [생산관리공통] – [생산관리] – [생산자재출고]

→ [사업장 : 2000.㈜한국자전거지사] – [출고기간 : 2023/01/03 ~ 2023/01/03] – 조회 후 상단 [출고요청] 버튼 클릭
 – [출고요청 조회 적용] 팝업창 – [청구기간 : 2023/01/03 ~ 2023/01/03] – [청구공정 : L200.작업공정] – [청구작
 업장 : L202.반제품작업장]

④ [21-1070720.FRAME-티타늄 (TYPE B)] 품목의 청구잔량이 '10'으로 가장 적다.

① [87-1002001.BREAK SYSTEM]의 프로젝트는 [M100.일반용자전거]다.

② [21-3000300.WIRING-DE]의 프로젝트는 [M100.일반용자전거]다.

10 [생산관리공통] – [생산관리] – [작업실적등록]

→ [사업장 : 2000.㈜한국자전거지사] – [지시(품목) : 2023/01/02 ~ 2023/01/02] – [지시공정 : L200.작업공정] – [지시작업장 : L201.제품작업장]

④ 작업실적번호 WR2301000022는 [L202.반제품작업장]에서도 실적이 발생했다.

11 [생산관리공통] – [생산관리] – [생산자재사용등록]

→ [사업장 : 2000.㈜한국자전거지사] – [구분 : 1.생산] – [실적공정 : L200.작업공정] – [실적작업장 : L202.반제품작업장] – [실적기간 : 2023/01/05 ~ 2023/01/05] – [4.품번개별 : 81-1001000.BODY-알미늄 (GRAY-WHITE)]

① 작업실적번호 WR23010000001에는 LOT NO.가 관리되는 품목이 없다.

③ 작업실적번호 WR23010000003에는 잔량이 남은 품목이 있다.

④ 작업실적번호 WR23010000004의 자재사용은 적합여부와 관계없이 등록이 가능하다.

12 [생산관리공통] − [생산관리] − [생산실적검사]

→ [사업장 : 2000.㈜한국자전거지사] − [실적일 : 2023/01/15 ∼ 2023/01/15] − [공정 : L200.작업공정] − [작업장 : L201.제품작업장]

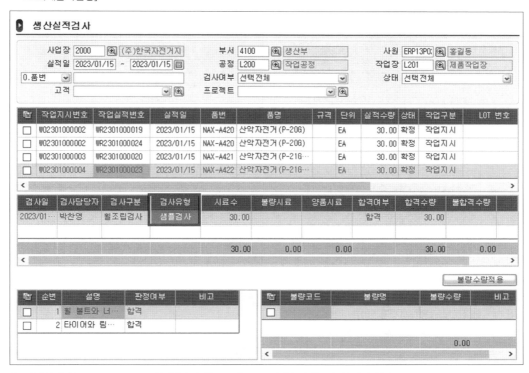

③ 작업실적번호 WR2301000023은 '샘플검사', 그 외는 모두 '전수검사'로 등록되어 있다.

13 [생산관리공통] − [생산관리] − [생산품창고입고처리]

→ [사업장 : 2000.㈜한국자전거지사] − [실적기간 : 2023/01/15 ∼ 2023/01/15] − [공정 : L200.작업공정] − [작업장 : L201.제품작업장] − [검사구분 : 1.검사]

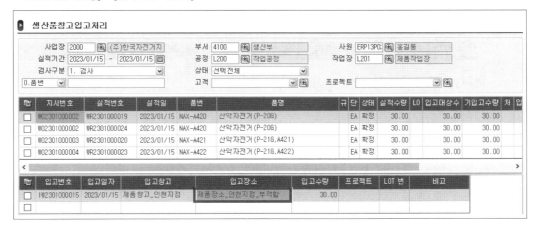

① 입고번호 IW2301000015의 등록장소는 [P202.제품장소_인천지점_부적합]로 적합여부가 '부적합'이다.

14 [생산관리공통] – [생산관리] – [작업지시마감처리]

→ [사업장 : 2000.㈜한국자전거지사] – [지시일 : 2023/01/16 ∼ 2023/01/16] – [공정 : L300.작업공정(도색)] – [작업장 : L301.제품작업장(완성품)]

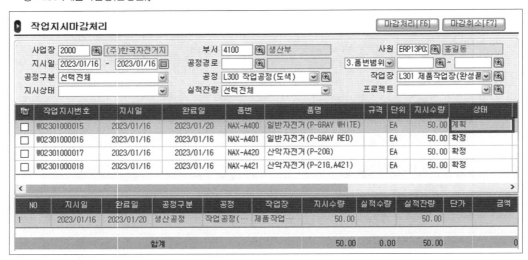

① 작업지시번호 WO2301000015의 상태가 '계획'이므로 마감처리 진행이 불가하다.

15 [생산관리공통] – [재공관리] – [기초재공등록]

→ [사업장 : 2000.㈜한국자전거지사] – [등록일 : 2023/01/01 ∼ 2023/01/01]

① 등록번호 OW2301000001의 프로젝트는 '특별할인판매'다.

③ 등록번호 OW2301000003에 등록된 내역 중에는 LOT 사용여부가 '여'인 것은 없다.

④ 등록번호 OW2301000004에 등록된 품목은 재고수량과는 관계없이 재공수량만 증가한다.

② 계정 확인

→ 조회 후 아래칸 상세내역에서 마우스 오른쪽 버튼/'부가기능 – 품목상세정보' 클릭 – [품목 상세정보] 팝업창

② 등록번호 OW2301000002에 등록된 기초재공 품목들의 계정은 모두 [4.반제품]이다.

16 [생산관리공통] – [재공관리] – [재공창고입고/이동/조정등록]

→ [재공입고] 탭 – [사업장 : 2000.㈜한국자전거지사] – [실적기간 : 2023/01/22 ~ 2023/01/22]

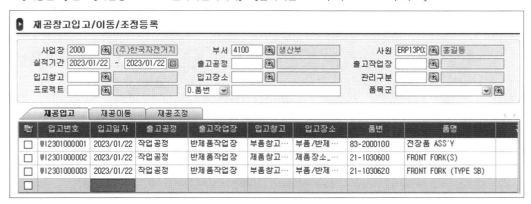

③ 공정/작업장의 자재를 창고/장소로 입고조정하기 위해서는 [재공입고] 탭을 이용하고, 조건에 해당하는 내역 중에 [21-9000200.HEAD LAMP]는 존재하지 않는다.

17 [생산관리공통] – [생산/외주/재공현황] – [지시대비실적현황]

→ [사업장 : 2000.㈜한국자전거지사] – [지시기간 : 2023/01/20 ~ 2023/01/20] – [공정 : L500.반제품공정]

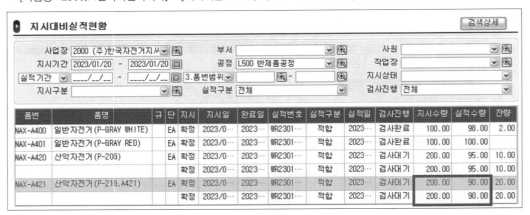

④ 작업지시번호 WO2301000022의 지시수량은 총 '400'이고 실적수량은 '180(실적번호 WR2301000030 – 90, 실적번호 WR2301000026 – 90)'으로 생산실적 비율이 가장 낮다.

지시번호	실적번호	지시수량	실적수량	생산실적 비율(%)
WO2301000019	WO2301000130	100	98	98.0
WO2301000020	WO2301000129	100	100	100.0
WO2301000021	WO2301000128	200	95	47.5
	WO2301000127	200	95	
WO2301000022	WO2301000126	200	90	45.0
	WO2301000125	200	90	

18 [생산관리공통] – [생산/외주/재공현황] – [실적현황]

→ [사업장 : 2000.㈜한국자전거지사] – [지시기간 : 2023/01/20 ~ 2023/01/20] – [지시공정 : L500.반제품공정] – [실적기간 : 2023/01/21 ~ 2023/01/21]

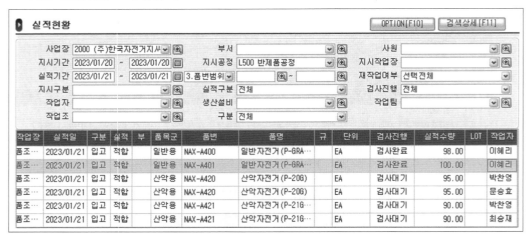

④ 작업자 이혜리의 실적수량이 '198'로 가장 많다.

① 최승재의 실적수량 : 90

② 문승효의 실적수량 : 95

③ 박찬영의 실적수량 : 185

※ 조회 후 상세내역에서 마우스 오른쪽 버튼/'정렬 및 소계 설정 – 정렬 및 소계' 클릭 – [정렬 및 소계] 팝업창 – 왼
쪽에서 [27.작업자] 선택해 오른쪽으로 추가한 후 '작업자 – 소계' 체크하고 [적용]하면 작업자당 실적의 합산수량을
한눈에 볼 수 있다.

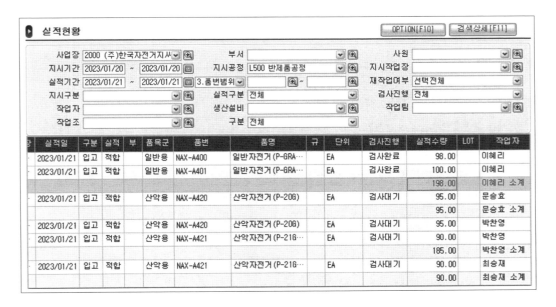

19 [생산관리공통] – [생산/외주/재공현황] – [생산일보]

→ [실적기준] 탭 – [사업장 : 2000.㈜한국자전거지사] – [실적기간 : 2023/01/01 ~ 2023/01/31] – [구분 : 1.공정] –
[수량조회기준 0.실적입고기준] – 조회 후 상단 [단가 OPTION[F10]] 클릭 – [단가 OPTION] 팝업창 – [조달 : 구매 :
표준원가] 체크, [조달 : 생산 : 표준원가] 체크 후 [확인(TAB)] 클릭

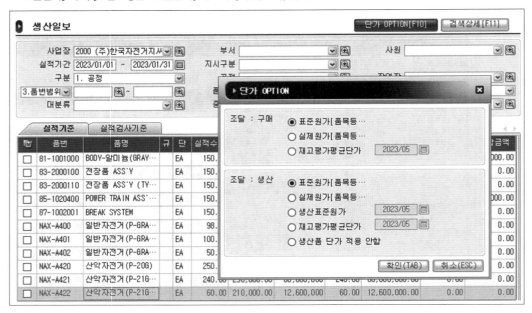

③ [NAX–A420.산악자전거 (P–20G)] 품목의 양품금액이 '75,000,000'으로 가장 크다.

20　[생산관리공통] – [생산/외주/재공현황] – [현재공현황(공정/작업장)]

→ [공정] 탭 – [사업장 : 2000.㈜한국자전거지사] – [공정 : L500.반제품공정] – [해당년도 : 2023] – [제공유무 : 선택 전체]

② [NAX–A401.일반자전거 (P–GRAY RED)] 품목의 출고수량이 '100'으로 가장 많다.

이론문제

01 ERP를 성공적으로 도입하기 위한 전략으로 적절하지 않은 것은?

① 단기간의 효과 위주로 구현해야 한다.
② 현재의 업무방식만을 그대로 고수해서는 안 된다.
③ 프로젝트 구성원은 현업 중심으로 구성해야 한다.
④ 최고경영층도 프로젝트에 적극적으로 참여해야 한다.

02 ERP 시스템의 SCM모듈을 실행함으로써 얻는 장점으로 가장 적절하지 않은 것은?

① 공급사슬에서의 가시성 확보로 공급 및 수요변화에 대한 신속한 대응이 가능하다.
② 정보투명성을 통해 재고수준 감소 및 재고회전율(inventory turnover) 증가를 달성할 수 있다.
③ 공급사슬에서의 계획(plan), 조달(source), 제조(make) 및 배송(deliver) 활동 등 통합프로세스를 지원한다.
④ 마케팅(marketing), 판매(sales) 및 고객서비스(customer service)를 자동화함으로써 현재 및 미래 고객들과 상호작용할 수 있다.

03 [보기]는 무엇에 대한 설명인가?

┌─ **보 기** ───┐
- 정보시스템의 라이프사이클(life-cycle)을 통해 발생하는 전체 비용을 계량화해 측정하는 비용
- ERP 시스템에 대한 투자의 적정성을 평가하기 위한 개념
└──┘

① 유지보수비용(Maintenance Cost)
② 시스템구축비용(Construction Cost)
③ 총소유비용(Total Cost of Ownership)
④ 소프트웨어 라이선스비용(Software License Cost)

04 ERP에 대한 설명 중 가장 적절하지 않은 것은?

① 신속한 의사결정을 지원하는 경영정보시스템이다.
② 인사, 영업, 구매, 생산, 회계 등 기업의 업무가 통합된 시스템이다.
③ 모든 사용자들은 사용권한 없이도 쉽게 기업의 정보에 접근할 수 있다.
④ ERP의 기본시스템에 공급망관리, 고객지원기능 등의 확장기능을 추가할 수 있다.

05 생산성에 대한 설명으로 가장 적절한 것은?

① 생산성척도는 측정목적에 관계없이 하나로 선택된다.
② 하나 이상의 투입요소로 측정되는 생산성은 부분생산성이다.
③ 생산요소(투입물)를 유형, 무형의 경제제(산출물)로 변환시키는 것이다.
④ 노동력 혹은 기계사용시간 생산요소(투입물)를 유형·무형의 경제제(산출물)로 변환시키는 효용을 산출하는 것이다.

06 자재명세서(BOM ; Bill of Material)의 용도에 대한 설명으로 가장 적절하지 않은 것은?

① 생산일정 수립   ② 구매일정 수립
③ 제품원가 산정   ④ 판매계획 수립

07 수요예측기법 중에서 정량적 수요예측(객관적)기법에 해당하지 않는 것은?

① 분해법   ② 이동평균법
③ 확산모형법   ④ 델파이(Delphi)법

08 반제품을 보관하다가 고객의 주문에 맞춰 조립하는 자동차와 같이 옵션의 종류가 많고 고가인 제품들의 생산에 주로 적용되는 제조전략은 무엇인가?

① MTS(Make To Stock)   ② MTO(Make To Order)
③ ETO(Engineer To Order)   ④ ATO(Assemble To Order)

09 기준생산계획(MPS ; Master Production Scheduling)을 수립하기 위해서 필요한 요소는 무엇인가?

① 일정계획서   ② 자재명세서
③ 자재소요계획서   ④ 기간별 수요량(예측치)

10 [보기]에서 네트워크에서 4단계의 TE는 얼마인가?

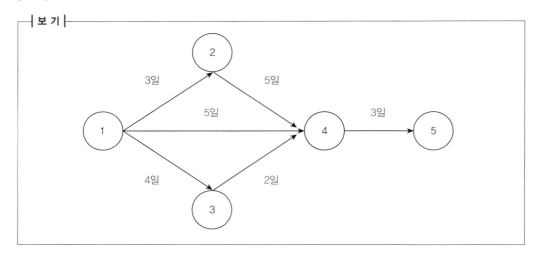

① 5일
② 6일
③ 7일
④ 8일

11 [보기]는 무엇에 대한 설명인가?

┤ 보 기 ├

• 특정제품을 만드는 데 필요한 공정순서를 정의하는 것으로 어떤 장소(또는 기계)에서 가공할 것인지, 그리고 이러한 공정을 수행하기 위해 필요한 셋업시간과 단위품목의 생산에 소요되는 시간(Run Time)은 얼마나 소요되는지에 대한 정보를 유지하고 있는 것

① Routing
② Production Plan
③ Work Center Data
④ Master Production Scheduling

12 공정관리의 대외적인 목표로 가장 적절하지 않은 것은?

① 주문자의 요건을 충족시켜야 한다.
② 수요자의 요건을 충족시켜야 한다.
③ 설비의 유휴에 의한 손실시간을 감소시켜 가동률을 향상시킨다.
④ 생산량 요구조건을 준수하기 위해 생산과정을 합리화하는 것이다.

13 공정의 분류에 대한 설명으로 가장 적절하지 않은 것은?

① 검사공정(Inspection)은 수량, 중량 등을 측정하는 양적검사와 가공 부품의 품질 · 등급별로 분류하는 질적검사가 있다.

② 운반공정(Transportation)은 제품이나 부품이 한 작업장소에서 다른 작업장소로의 이동을 위해서 발생한 작업, 이동, 하역의 상태다.

③ 가공공정(Operation)은 제조의 목적을 직접적으로 달성하는 공정으로서 대상물을 목적에 접근시키는 상태이며, 부가가치를 창출하는 공정이다.

④ 정체공정(Delay)에서 대기는 제품이나 부품이 다음의 가공 및 조립을 위해 일시적으로 기다리는 상태이며, 저장은 계획적인 보관이나 다음 공정으로 허가 없이 이동이 가능하다.

14 [보기]의 자료를 바탕으로 라인밸런스 효율(Eb) 및 불균형률(d)을 구하시오. 단, 모든 작업장의 작업자는 1명이다.

┤ 보 기 ├

작업장	1	2	3	4
작업시간	40분	37분	34분	25분

① Eb=88%, d=12%
② Eb=87%, d=13%
③ Eb=86%, d=14%
④ Eb=85%, d=15%

15 JIT(Just In Time)의 7가지 낭비로 적절하지 않은 것은?

① 인력의 낭비
② 동작의 낭비
③ 불량의 낭비
④ 과잉생산의 낭비

16 칸반시스템(Kanban System)에 대한 설명으로 가장 적절하지 않은 것은?

① 도요타식 생산시스템의 서브시스템이다.

② 생산이 필요하다는 특정신호에 의해 Pull System으로 작업이 진행된다.

③ 작업을 할 수 있는 여력이 있다면 수요가 발생하지 않아도 작업을 진행한다.

④ 칸반이란 '카드'나 '기록'을 의미하는 일본말로 부품의 생산과 운반을 지시하거나 승인하는 카드 (증표)를 말한다.

17 경제적 주문량과 주문점 산정을 기초로 하는 전통적인 재고통제기법의 여러 약점들을 보완하기 위해 개발된 기법으로 가장 적절한 것은?

① BOM(Bill of Material)

② IRF(Inventory Record File)

③ MPS(Master Production Scheduling)

④ MRP(Material Requirement Planning)

18 개략생산능력계획(RCCP ; Rough Cut Capacity Planning)에 대한 설명으로 가장 적절하지 않은 것은?

① 주요 입력데이터는 MPS Plan이다.

② MRP가 생성한 발주계획의 타당성을 확인하는 수단이다.

③ 자원요구량을 계산하는 과정에서 CRP(생산능력소요계획)가 RCCP보다 정확하다.

④ 자재소요계획 활동 중에서 기준생산계획(MPS)이 주어진 제조자원의 용량을 넘어서는지 아닌지 를 계산하는 모듈이다.

19 공급망관리(SCM ; Supply Chain Management)의 세 가지 주요 흐름으로 적절하지 않은 것은?

① 정보의 흐름

② 공정의 흐름

③ 제품의 흐름

④ 재정의 흐름

20 K부품의 연간 수요량이 8,000개이고 1회 주문비용이 20,000원이며, 단가가 400원, 그리고 연간 단 위당 재고유지비율이 0.2일 경우에는 경제적 주문량(EOQ)는 얼마인가?

① 1,000개

② 2,000개

③ 3,000개

④ 4,000개

로그인 정보

회사코드	4005	사원코드	ERP13P02
회사명	생산2급 회사B	사원명	홍길동

01 아래 [보기]의 조건으로 데이터를 조회한 후 물음에 답하시오.

┤ 보 기 ├
- 계정구분 : 4.반제품
- 검사여부 : 1.검사
- 주거래처 : 00009.㈜영동바이크

다음 [보기]의 조건에 해당하는 품목으로 옳은 것을 고르시오.

① [87-1002001.BREAK SYSTEM]
② [NAX-A421.산악자전거 (P-21G,A421)]
③ [87-1002011.BREAK SYSTEM (TYPE A)]
④ [87-1002021.BREAK SYSTEM (TYPE B)]

02 아래 [보기]의 조건으로 데이터를 조회한 후 물음에 답하시오.

┤ 보 기 ├
- 사업장 : 2000.㈜한국자전거지사

다음 [보기]의 조건에 해당하는 생산공정/작업장을 조회한 후 사용여부가 '미사용'인 작업장과 생산공정/작업장이 올바르게 연결되어 있는 것을 고르시오.

① [L200.작업공정] - [L201.제품작업장]
② [L200.작업공정] - [L203.제품작업장_부적합]
③ [L300.작업공정(도색)] - [L303.도색작업장(대전)]
④ [L300.작업공정(도색)] - [L302.반제품작업장(조립품)]

03 아래 [보기]의 조건으로 데이터를 조회한 후 물음에 답하시오.

┤보 기├
- 계 정 : 2.제품
- 구매담당자 : 1000.박지성
- 생산담당자 : 8000.곽동옥

다음 [보기]의 조건에 해당하는 품목으로 옳은 것을 고르시오.

① [NAX-A420.산악자전거 P-20G)]
② [NAX-A422.산악자전거 P-21G,A422)]
③ [NAX-A401.일반자전거 P-GRAY RED)]
④ [NAX-A402.일반자전거 P-GRAY BLACK)]

04 아래 [보기]의 조건으로 데이터를 조회한 후 물음에 답하시오.

┤보 기├
- 모품목 : 87-1002001.BREAK SYSTEM
- 기준일자 : 2023/03/01
- 사용여부 : 1.사용

다음 [보기]의 조건에 해당하는 모품목 [87-1002001.BREAK SYSTEM]의 자재명세서에 대한 설명으로 옳지 않은 것을 고르시오.

① 자품목 [21-3001500.PEDAL(S)]의 계정구분은 '원재료'다.
② 자품목 [21-1060700.FRAME-NUT]의 조달구분은 '생산'이다.
③ 자품목 [21-1030600.FRONT FORK(S)]의 사급구분은 '자재'다.
④ 자품목 [21-9000200.HEAD LAMP]의 주거래처는 '㈜형광램프'이다.

05 아래 [보기]의 조건으로 데이터를 조회한 후 물음에 답하시오.

┤보 기├
- 자품목 : 83-2000100.전장품 ASS'Y
- 기준일자 : 2023/01/01
- 사용여부 : 1.여

다음 [보기]의 자품목 [83-2000100.전장품 ASS'Y]에 대한 상위 모품목 정보로 옳지 않은 것을 고르시오. 단, LEVEL 기준은 1 LEVEL을 기준으로 한다.

① [NAX-A420.산악자전거 (P-20G)]
② [NAX-A421.산악자전거 (P-21G,A421)]
③ [NAX-A400.일반자전거 (P-GRAY WHITE)]
④ [NAX-A402.일반자전거 (P-GRAY BLACK)]

06 아래 [보기]의 조건으로 데이터를 조회한 후 물음에 답하시오.

> **┤보 기├**
> • 사업장　　　: 2000.㈜한국자전거지사
> • 작업예정일 : 2023/01/01 ～ 2023/01/07
> • 계정구분　　: 2.제품

다음 [보기]의 생산계획 내역 중 품목별 일생산량을 초과하여 등록된 생산계획 품목과 작업예정일로 옳은 것을 고르시오.

① [NAX-A421.산악자전거 (P-21G,A421)]　　– [2023/01/06]
② [NAX-A422.산악자전거 (P-21G,A422)]　　– [2023/01/04]
③ [NAX-A400.일반자전거 (P-GRAY WHITE)] – [2023/01/03]
④ [NAX-A402.일반자전거 (P-GRAY BLACK)] – [2023/01/02]

07 아래 [보기]의 조건으로 데이터를 조회한 후 물음에 답하시오.

> **┤보 기├**
> • 사업장　　: 2000.㈜한국자전거지사
> • 공 정　　: L300.작업공정(도색) / 작업장 : L304.코팅작업장
> • 지시기간 : 2023/01/08 ～ 2023/01/14

다음 [보기]의 조건에 해당하는 [작업지시등록] 내역 중 [생산계획조회] 기능을 이용하여 작업지시를 등록한 작업지시번호로 옳은 것을 고르시오.

① WO2301000001　　　　　　② WO2301000002
③ WO2301000003　　　　　　④ WO2301000004

08 아래 [보기]의 조건으로 데이터를 조회한 후 물음에 답하시오.

> **┤보 기├**
> • 사업장　　: 2000.㈜한국자전거지사
> • 공 정　　: L200.작업공정 / 작업장 : L201.제품작업장
> • 지시기간 : 2023/01/15 ～ 2023/01/21
> • 사용일　　: 2023/01/20

다음 [보기]의 작업지시 내역에 대하여 '확정'처리를 진행한 후 청구된 자재들의 확정수량의 합이 가장 많은 작업지시번호로 옳은 것을 고르시오.

① WO2301000005　　　　　　② WO2301000006
③ WO2301000007　　　　　　④ WO2301000008

09 아래 [보기]의 조건으로 데이터를 조회한 후 물음에 답하시오.

┤ 보 기 ├
- 사업장　　 : 2000.㈜한국자전거지사
- 출고기간 : 2023/01/26 ～ 2023/01/28
- 청구기간 : 2023/01/22 ～ 2023/01/28
- 청구공정 : L200.작업공정 / 청구작업장 : L202.반제품작업장

㈜한국자전거지사 홍길동 사원은 [작업지시확정] 내역에 대하여 생산자재 출고 시 [출고요청] 기능을 이용하여 자재를 출고하고 있다. 다음 중 청구잔량의 합이 가장 많이 남아 있는 품목으로 옳은 것을 고르시오.

① [21-9000200.HEAD LAMP]
② [87-1002001.BREAK SYSTEM]
③ [21-1030600.FRONT FORK(S)]
④ [21-1060850.WHEEL FRONT-MTB]

10 아래 [보기]의 조건으로 데이터를 조회한 후 물음에 답하시오.

┤ 보 기 ├
- 사업장　　 : 2000.㈜한국자전거지사
- 지시(품목) : 2023/01/29 ～ 2023/02/04
- 지시공정　: L300.작업공정(도색) / 지시작업장 : L301.제품작업장(완성품)
- 상　태　　 : 1.확정

다음 [보기]의 작업실적 내역에 대하여 실적구분이 '적합'인 실적수량의 합보다 '부적합'인 실적수량의 합이 더 많이 발생한 작업지시번호로 옳은 것을 고르시오.

① WO2302000001
② WO2302000002
③ WO2302000003
④ WO2302000004

11 아래 [보기]의 조건으로 데이터를 조회한 후 물음에 답하시오.

┌─ 보 기 ───┐
- 사업장   : 2000.㈜한국자전거지사
- 구 분   : 1.생산
- 실적공정   : L200.작업공정 / 실적작업장 : L205.제품작업장_적합
- 실적기간   : 2023/02/05 ~ 2023/02/11
- 상 태   : 1.확정
- 실적 공정/날짜 기준 : 체크함
- 출고창고   : M200.부품창고_인천지점 / 출고장소 : M201.부품/반제품_부품장소
└───┘

다음 [보기]의 작업실적 내역에 대하여 [일괄적용] 기능을 이용하여 자재사용등록 시 사용수량의 합이 가장 많이 발생한 작업실적번호로 옳은 것을 고르시오.

① WR2302000015
② WR2302000016
③ WR2302000017
④ WR2302000018

12 아래 [보기]의 조건으로 데이터를 조회한 후 물음에 답하시오.

┌─ 보 기 ───┐
- 사업장 : 2000.㈜한국자전거지사
- 실적일 : 2023/02/12 ~ 2023/02/18
- 공 정   : L300.작업공정(도색) / 작업장 : L303.도색작업장(대전)
└───┘

다음 [보기]의 조건에 해당하는 [생산실적검사] 내역에 대한 설명으로 옳지 않은 것을 고르시오.

① 검사담당자로는 '임준수', '최일영' 담당자가 진행했다.
② 생산실적에 대한 검사유형으로는 '샘플검사'로만 진행했다.
③ 생산실적에 대한 검사구분으로는 모두 '도색검사'를 진행했다.
④ 불합격수량이 발생한 원인의 불량사유는 [W10.핸들조립너트 불량]이다.

13 아래 [보기]의 조건으로 데이터를 조회한 후 물음에 답하시오.

┌─ 보 기 ───┐
- 사업장   : 2000.㈜한국자전거지사
- 실적기간 : 2023/02/19 ～ 2023/02/25
- 공 정   : L200.작업공정 / 작업장 : L206.반제품작업장_적합
└──┘

다음 [보기]의 [생산품창고입고처리] 내역에 대한 설명으로 옳지 않은 것을 고르시오.

① 실적번호 WR2302000024는 생산실적검사를 진행했다.
② 실적번호 WR2302000025는 입고처리 시 분할 입고처리를 진행했다.
③ 품목 [88-1002020. PRESS FRAME-Z (TYPE B)]은 LOT번호를 관리하는 품목이다.
④ 생산실적 품목에 대한 입고창고/입고장소는 모두 [M200.부품창고_인천지점], [M201.부품/반제품_부품장소]이다.

14 아래 [보기]의 조건으로 데이터를 조회한 후 물음에 답하시오.

┌─ 보 기 ───┐
- 사업장 : 2000.㈜한국자전거지사
- 지시일 : 2023/02/26 ～ 2023/03/04
- 공 정 : L300.작업공정(도색) / 작업장 : L305.도색작업장(서울)
└──┘

㈜한국자전거지사 홍길동 사원은 [보기] 조건에 해당하는 작업지시 내역 중 실적잔량이 가장 많이 남아 있으면서 마감처리가 가능한 작업지시번호에 대하여 마감처리를 진행하려고 한다. 다음 중 실적잔량이 가장 많이 남아 있으면서 마감처리가 가능한 작업지시번호를 고르시오.

① WO2303000001
② WO2303000002
③ WO2303000003
④ WO2303000004

15 아래 [보기]의 조건으로 데이터를 조회한 후 물음에 답하시오.

┌─ 보 기 ───┐
- 사업장 : 2000.㈜한국자전거지사
- 등록일 : 2023/03/05 ～ 2023/03/11
└──┘

다음 [보기]의 조건으로 등록된 기초재공등록에 대한 설명으로 옳지 않은 것을 고르시오.

① [L200.작업공정], [L201.제품작업장]의 기초재공 수량의 합이 가장 많다.
② [L200.작업공정], [L202.반제품작업장]의 기초재공 품목들의 금액의 합이 가장 작다.
③ [L300.작업공정(도색)], [L302.반제품작업장(조립품)]에는 LOT NO를 관리하는 품목이 있다.
④ [L300.작업공정(도색)], [L301.제품작업장(완성품)]에는 계정구분이 '제품'인 품목들만 등록되었다.

16 아래 [보기]의 조건으로 데이터를 조회한 후 물음에 답하시오.

┌─ 보 기 ├───
• 사업장   : 2000.㈜한국자전거지사
• 실적기간 : 2023/03/12 ~ 2023/03/18
• 조건 1   : ㈜한국자전거지사 홍길동 사원은 2023년 3월 15일 출고공정/출고작업장인 [L200.작업공정]/
            [L202.반제품작업장]에서 품목 [81-1001000.BODY-알미늄(GRAY-WHITE)]을 재공 출고처리했다.
• 조건 2   : 입고창고/입고장소로는 [M200.부품창고_인천지점]/[M201.부품/반제품_부품장소]로 처리했으
            며, 입고수량은 10EA다.
• 조건 3   : 재공품 입고 시 PROJECT로는 [PRD-RECY.재활용_반제품(특별)]로 처리했다.
└──

다음 [보기]의 조건에 해당하는 재공입고에 대한 입고번호로 옳은 것을 고르시오.

① WI2303000001 　　　　　　　　 ② WI2303000002
③ WI2303000003 　　　　　　　　 ④ WI2303000004

17 아래 [보기]의 조건으로 데이터를 조회한 후 물음에 답하시오.

┌─ 보 기 ├───
• 사업장   : 1000.㈜한국자전거본사
• 지시기간 : 2023/03/01 ~ 2023/03/11
• 공 정   : L100.본사작업장 / 작업장 : L101.본사작업장
└──

다음 [보기]의 조건에 해당하는 지시대비실적 내역에 대하여 실적잔량의 합이 가장 많이 남아 있는 품목으로 옳은 것을 고르시오.

① [NAX-A420.산악자전거 P-20G)]
② [NAX-A422.산악자전거 P-21G,A422)]
③ [NAX-A401.일반자전거 P-GRAY RED)]
④ [NAX-A402.일반자전거 P-GRAY BLACK)]

18 아래 [보기]의 조건으로 데이터를 조회한 후 물음에 답하시오.

┌─ 보 기 ├───
• 사업장   : 1000.㈜한국자전거본사
• 지시기간 : 2023/02/01 ~ 2023/02/28
• 지시공정 : L100.본사작업장 / 지시작업장 : L103.본사작업장(포장)
└──

㈜한국자전거본사는 2023년 2월 한 달간 실적수량이 가장 많은 작업조에게 인센티브를 지원하려고 한다. 다음 [보기] 조건에 해당하는 실적내역에 대하여 실적수량의 합이 가장 많은 작업조로 옳은 것을 고르시오.

① [P301.작업 1조] 　　　　　　　 ② [P302.작업 2조]
③ [P303.작업 3조] 　　　　　　　 ④ [P304.작업 4조]

19 아래 [보기]의 조건으로 데이터를 조회한 후 물음에 답하시오.

┤ 보 기 ├
- 사업장　　: 1000.㈜한국자전거본사
- 검사기간 : 2023/03/01 ～ 2023/03/11

다음 [보기]의 조건에 해당하는 샘플검사 기준의 품목별 품질현황 조회 시 샘플합격률이 가장 높은 품목으로 옳은 것을 고르시오.

① [88-1002000.PRESS FRAME-Z]
② [88-1001000.PRESS FRAME-W]
③ [85-1020400.POWER TRAIN ASS'Y(MTB)]
④ [81-1001000.BODY-알미늄 (GRAY-WHITE)]

20 아래 [보기]의 조건으로 데이터를 조회한 후 물음에 답하시오.

┤ 보 기 ├
- 사업장　　　　: 1000.㈜한국자전거본사
- 실적기간　　　: 2023/03/12 ～ 2023/03/18
- 구 분　　　　: 1.공정
- 공 정　　　　: L100.본사작업장 / 작업장 : L103.본사작업장(포장)
- 수량조회기준 : 0.실적입고기준
- 검사기준　　　: 검사 체크함
- 단가 OPTION : 조달구분 구매, 생산 모두 표준원가[품목등록] 체크함

다음 [보기]의 조건에 해당하는 실적검사기준의 [생산일보]를 조회한 후 제품 계정의 불량금액이 가장 큰 품목으로 옳은 것을 고르시오.

① [NAX-A421.산악자전거 (P-21G,A421)]
② [NAX-A422.산악자전거 (P-21G,A422)]
③ [NAX-A402.일반자전거 (P-GRAY BLACK)]
④ [NAX-A400.일반자전거 (P-GRAY WHITE)]

이론문제

01	02	03	04	05	06	07	08	09	10
①	④	③	③	④	④	④	④	④	④
11	12	13	14	15	16	17	18	19	20
①	③	④	④	①	③	④	②	②	②

01   ① 단기간의 효과 위주로 구현해서는 안 된다.

02   ④ 마케팅(marketing), 판매(sales) 및 고객서비스(customer service)를 자동화하는 것은 CRM(고객관계관리)모듈이다.

03   ③ 총소유비용에 대한 설명이다.

04   ③ ERP 시스템은 사용자별로 업무의 범위를 사용권한으로 지정할 수 있다.

05   ① 생산성 척도는 주로 측정 목적에 따라 다르게 선택된다.
       ② 하나 이상의 투입요소로 측정되는 생산성은 다요소생산성이다.
       ③ 생산성은 생산요소(투입물)를 유형·무형의 경제제(산출물)로 변환시기는 것을 넘어 효용을 산출하는 과정이다.

06   ④ 자재명세서(BOM)는 제품의 설계사양, 특정 제품을 만드는 데 필요한 부품정보, 제품의 원가산정, 구매 및 생산일정 수립 등에 사용된다.

07 ④ 델파이기법은 정성적(비계량적) 예측기법이다.

수요예측방법	
정성적 방법	시장조사법
	패널동의법
	중역평가법
	판매원의견합성(종합)법
	수명주기유추법
	델파이분석법
계량적(정량적) 방법	시계열분석법(이동평균법, 지수평활법, ARIMA, 분해법, 확산모형 등)
	인과모형분석법(단순·다중 회귀분석)

08 ④ 자동차는 주문조립 생산전략에 해당한다.
① MTS(Make To Stock, 계획생산) : 완제품을 재고로 가지고 있다가 고객의 주문에 맞추어 공급하는 생산전략
② MTO(Make To Order, 주문생산) : 설계 즉 형상이 완료되어 있는 제품을 고객의 주문에 근거하여 생산하는 생산전략
③ ETO(Engineer To Order, 주문설계생산) : 고객의 주문이 들어오면 설계로부터 시작해서 자재의 구입 및 생산, 조립을 하는 생산전략

09 ④ 기준생산계획에 필요한 요소는 기간별 수요량(예측치), 현재고량, 주문정책이다.

10 ④ 각 활동시간이 가장 긴 공정이 주공정이며, 주공정 활동시간의 합이 프로젝트를 완성하기 위한 가장 빠른 일정이다. 따라서 4단계까지는 '3일 + 5일'인 8일이 걸린다.

11 ① 공정계획(Routing)에 대한 설명이다.
② Production Plan : 작업장자료
③ Work Center Data : 생산계획
④ Master Production Scheduling : 기준생산계획

12 ③ 설비의 유휴에 의한 손실시간을 감소시켜 가동률을 향상시키는 것은 공정관리의 대내적인 목표다.

13 ④ 저장은 계획적인 보관이나 다음 공정으로 허가 없이 이동이 금지된 상태다.

14
- 라인밸런싱 효율(Eb) $= \dfrac{\text{라인의 순 작업시간의 합계}}{\text{작업장 수} + \text{사이클타임(최대값)}} \times 100\%$

$$= \frac{40 + 37 + 34 + 25}{4 \times 40} \times 100\%$$

$$= 85\%$$

- 불균형률(d) = 1 − Eb = 1 − 0.85 = 0.15(15%)

15 ① 시간의 낭비, 사람의 낭비는 7가지 낭비에 해당하지 않는다.

JIT(Just In Time)의 7가지 낭비
• 과잉생산의 낭비 • 재고의 낭비 • 운반의 낭비 • 불량의 낭비 • 가공 그 자체의 낭비 • 동작의 낭비 • 대기의 낭비

16 ③ 칸반(Kanban) 혹은 칸반시스템은 수요가 발생했을 경우에만 작업을 진행한다.

칸반시스템이 특징
• 당기기 방식(Pull System) • 수요가 발생할 때만 작업 진행 • 재고의 최소화, 낭비배제의 철학 • 공급 리드타임 감소 • 모든 공정의 생산량 균형 유지

17 ④ MRP에 대한 설명이다.

18 ② MRP가 생성한 발주계획의 타당성을 확인하는 수단은 능력소요계획(CRP)이다.

19 ② SCM의 주요 흐름 세 가지는 제품흐름, 정보흐름, 재정흐름이다.

20 ② 경제적 주문량(EOQ) $= \sqrt{\dfrac{2 \times 1회\ 주문비용 \times 연간\ 총수요}{단위당\ 연간\ 재고유지비용}}$

$= \sqrt{\dfrac{2 \times 1회\ 주문비용 \times 연간\ 총수요}{단가 \times 단위당\ 연간\ 제고유지비율}}$

$= \sqrt{\dfrac{2 \times 8,000 \times 20,000}{400 \times 0.2}}$

$= 2,000$

01	02	03	04	05	06	07	08	09	10
③	②	④	②	②	①	④	④	①	③
11	12	13	14	15	16	17	18	19	20
④	②	④	①	①	③	③	④	②	②

01　[시스템관리] – [기초정보등록] – [품목등록]

→ [계정구분 : 　4.반제품] – [검사여부 : 1.검사] – [ORDER/COST] 탭

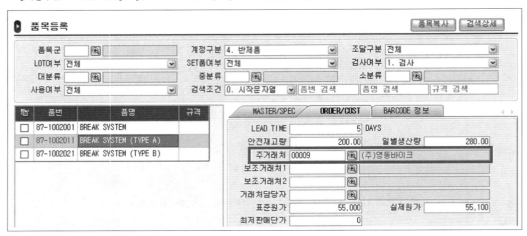

③ 조건에 모두 해당하는 품목은 [87-1002011.BREAK SYSTEM (TYPE A)]이다.

02　[시스템관리] – [기초정보등록] – [창고/공정(생산)/외주공정등록]

→ [생산공정/작업장] 탭 – [사업장 : 2000.㈜한국자전거지사]

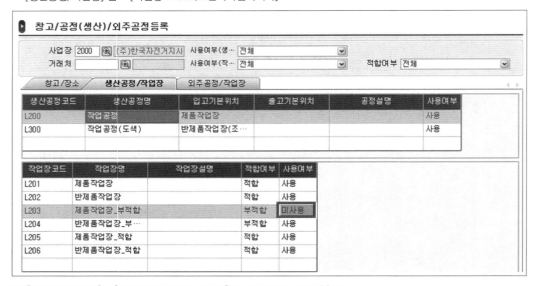

② '[L200.작업공정] – [L203.제품작업장_부적합]'이 사용여부가 '미사용'이다.

03 [시스템관리] – [기초정보등록] – [물류실적(품목/고객)담당자등록]

→ [품목] 탭 – [계정 : 2.제품]

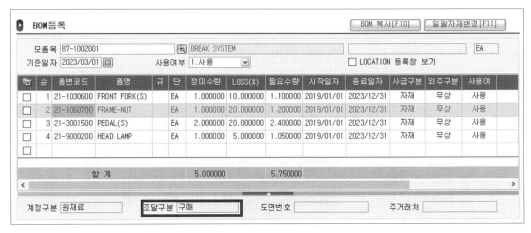

④ 구매담당자가 [1000.박지성], 생산담당자가 [8000.곽동욱]인 품목은 [NAX-A402.일반자전거 P-GRAY BLACK)]이다.

04 [생산관리공통] – [기초정보등록] – [BOM등록]

→ [모품목 : 87-1002001.BREAK SYSTEM] – [기준일자 : 2023/03/01] – [사용여부 : 1.사용]

② [87-1002001.BREAK SYSTEM] 품목의 조달구분은 '구매'다.

05 [생산관리공통] – [기초정보등록] – [BOM역전개]

→ [BOM] 탭 – [자품목 : 83-2000100.전장품 ASS'Y] – [기준일자 : 2023/01/01] – [사용여부 : 1.사용]

② [NAX-A421. 산악자전거 (P-21G,A421)] 품목은 상위 모품목이 아니다.

06 [생산관리공통] – [생산관리] – [생산계획등록]

→ [품목별] 탭 – [사업장 : 2000.㈜한국자전거지사] – [작업예정일 : 2023/01/01 ~ 2023/01/07] – [계정구분 : 2.제품]

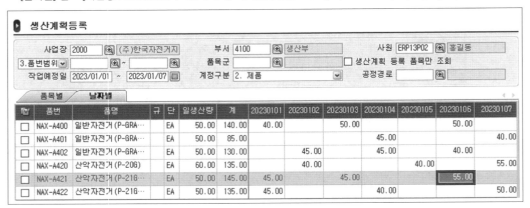

① [NAX–A421.산악자전거(P–21G,A421)] 품목의 일생산량은 '50'이고, [2023/01/06] 생산량이 '55'로 일생산량으로 초과했다.

07 [생산관리공통] – [생산관리] – [작업지시등록]

→ [사업장 : 2000.㈜한국자전거지사] – [공정 : L300.작업공정(도색)] – [작업장 : L304.코팅작업장] – [지시기간 : 2023/01/08 ~ 2023/01/14] – 조회 후 상세내역에서 마우스 오른쪽 버튼/'[작업지시등록] 이력정보' 클릭 – [진행상태 확인 및 메뉴이동 :: 작업지시등록] 팝업창

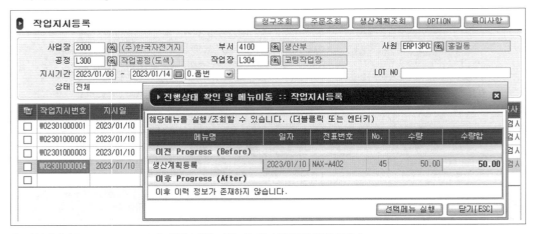

④ 작업지시번호 WO2301000004는 [생산계획조회] 기능을 이용하여 입력되었다.

08 [생산관리공통] – [생산관리] – [작업지시확정]

→ [사업장 : 2000.㈜한국자전거지사] – [공정 : L200.작업공정] – [작업장 : L201.제품작업장] – [지시기간 : 2023/01/15 ~ 2023/01/21] – 조회 후 작업지시번호 체크하고 상단 [확정] 클릭 – [청구일자 입력] 팝업창 – [사용일 : 2023/01/20] 입력 후 [확인[ENTER]] 클릭

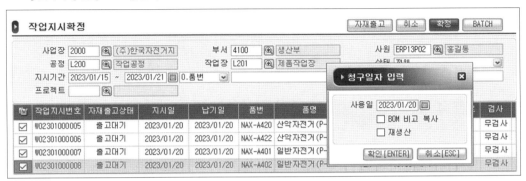

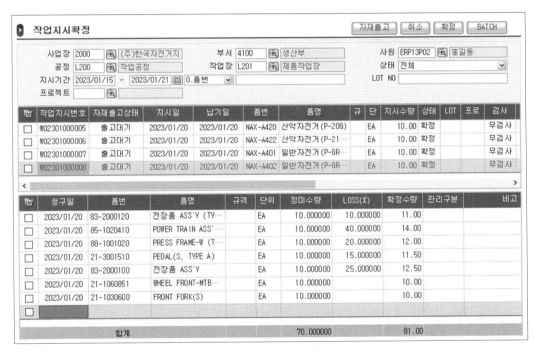

④ 작업지시번호 WO2301000008의 확정수량의 합이 '81'로 가장 많다.

09 [생산관리공통] – [생산관리] – [생산자재출고]

→ [사업장 : 2000.㈜한국자전거지사] – [출고기간 : 2023/01/26 ~ 2023/01/28] – 조회 후 상단 [출고요청] 클릭 – [출고요청 조회 적용] 팝업창 – [청구기간 : 2023/01/22 ~ 2023/01/28] – [청구공정 : L200.작업공정] – [청구작업장 : L202.반제품작업장]

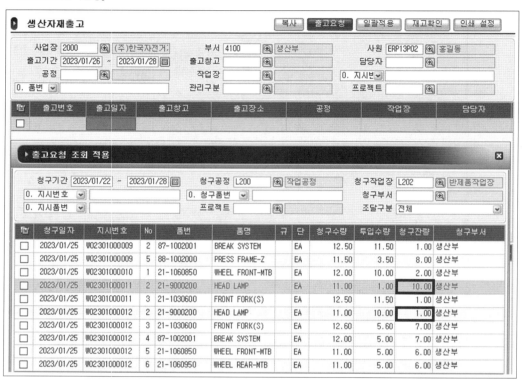

① [21–9000200.HEAD LAMP] 품목의 청구잔량 합이 '11'로 가장 많이 남았다.

10 [생산관리공통] – [생산관리] – [작업실적등록]

→ [사업장 : 2000.㈜한국자전거지사] – [지시(품목) : 2023/01/29 ~ 2023/02/04] – [지시공정 : L300.작업공정(도색)]
  – [지시작업장 : L301.제품작업장(완성품)] – [상태 : 1.확정]

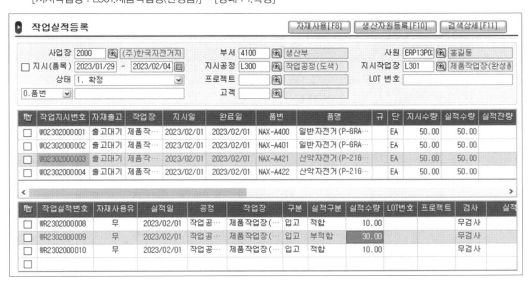

③ 작업지시번호 WO2302000003의 '부적합' 실적수량의 합이 '30'으로 '20'인 '적합' 실적수량의 합보다 많다.

11 [생산관리공통] – [생산관리] – [생산자재사용등록]

→ [사업장 : 2000.㈜한국자전거지사] – [구분 : 1.생산] – [실적공정 : L200.작업공정] – [실적작업장 : L205.제품작업
  장_적합] – [실적기간 : 2023/02/05 ~ 2023/02/11] – [상태 : 1.확정] – 조회 후 작업지시번호 체크하고 상단 [일괄
  적용[F7]] 클릭 – [사용일자, 공정/외주 입력] 팝업창 – '실적 공정/날짜 기준' 체크, [출고창고 : M200.부품창고_인
  천지점], [출고장소 : M201.부품/반제품_부품장소] 입력 후 [확인[TAB]] 클릭

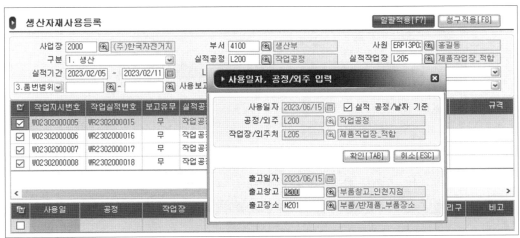

④ 작업실적번호 WR2302000018의 사용수량 합이 '162'로 가장 많다.

12 [생산관리공통] – [생산관리] – [생산실적검사]

→ [사업장 : 2000.㈜한국자전거지사] – [실적일 : 2023/02/12 ~ 2023/02/18] – [공정 : L300.작업공정(도색)] – [작업장 : L303, 도색작업장(대전)]

② WR2302000020은 '샘플검사', 그 외 모두 '전수검사'를 진행했다.

13 [생산관리공통] – [생산관리] – [생산품창고입고처리]

→ [사업장 : 2000.㈜한국자전거지사] – [실적기간 : 2023/02/19 ~ 2023/02/25] – [공정 : L200.작업공정] – [작업장 : L206.반제품작업장_적합]

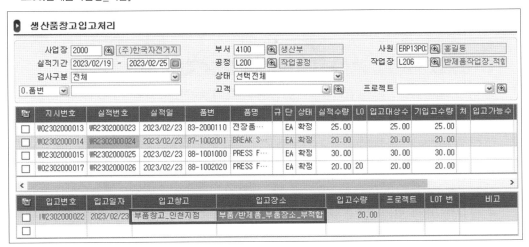

④ 실적번호 WR2302000024의 생산실적 품목에 대한 입고창고/입고장소는 '[M200.부품창고_인천지점] – [M202.부품/반제품_부품장소_부적합]'이다

14 [생산관리공통] – [생산관리] – [작업지시마감처리]

→ [사업장 : 2000.㈜한국자전거지사] – [지시일 : 2023/02/26 ~ 2023/03/04] – [공정 : L300.작업공정(도색)] – [작업장 : L305.도색작업장(서울)]

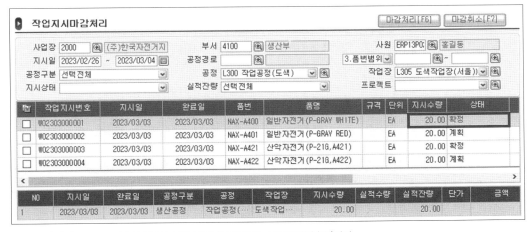

① 작업지시번호 WO23030000001의 상태 값이 '확정'이며, 실적잔량이 '20'이다.

15 [생산관리공통] – [재공관리] – [기초재공등록]

→ [사업장 : 2000.㈜한국자전거지사] – [등록일 : 2023/03/05 ~ 2023/03/11]

① 기초재공 수량의 합은 '140'으로 가장 많은 '공정/외주 – 장소/외주처'는 '[L200.작업공정] – [L202.반제품작업장]' 이다.

16 [생산관리공통] – [재공관리] – [재공창고입고/이동/조정등록]

→ [재공입고] 탭 – [사업장 : 2000.㈜한국자전거지사] – [실적기간 : 2023/03/12 ~ 2023/03/18] – [출고공정 : L200.
작업공정] – [출고작업장 : L202.반제품작업장] – [입고창고 : M200.부품창고_인천지점] – [입고장소 : M201.부품/
반제품_부품장소] – [프로젝트 : PRD-RECY.재활용_반제품(특별)]

③ 조건에 해당하는 입고번호는 'WI2303000003'이다.

17 [생산관리공통] − [생산/외주/재공현황] − [지시대비실적현황]

→ [사업장 : 1000.㈜한국자전거본사] − [지시기간 : 2023/03/01 ~ 2023/03/11] − [공정 : L100.본사작업장] − [작업장
: L101.본사작업장]

③ [NAX−A401.일반자전거(P−GRAY RED)] 품목의 잔량 합이 '40'으로 가장 많다.

※ 상세내역에서 {조회 후 마우스 오른쪽 버튼/'정렬 및 소계 설정 − 정렬 및 소계' 클릭 − [정렬 및 소계] 팝업창 − 왼
쪽에서 [10.품번] 오른쪽으로 추가 − [적용]하면 품목별로 정렬할 수 있다.

→ [사업장 : 1000.㈜한국자전거지사] – [지시기간 : 2023/02/01 ~ 2023/02/28] – [지시공정 : L100.본사작업장] – [지
시작업장 : L103.본사작업장(포장)]

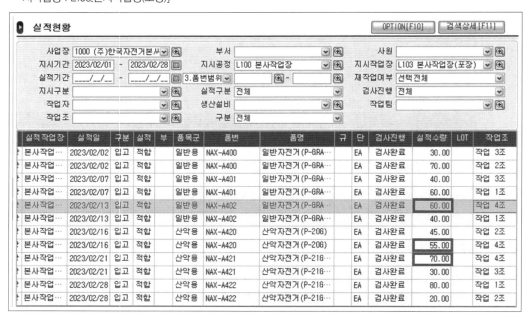

④ [P304.작업 4조]의 실적수량 합이 '185(= 60 + 55 + 70)'로 가장 많다.

① [P301.작업 1조]의 실적수량의 합 = 60 + 40 + 80 = 180

② [P302.작업 2조]의 실적수량의 합 = 70 + 45 + 20 = 135

③ [P303.작업 3조]의 실적수량의 합 = 30 + 40 + 30 = 100

※ 상세내역에서 {마우스 오른쪽 버튼/'정렬 및 소계 설정 – 정렬 및 소계' 클릭 – [정렬 및 소계] 팝업창 – 왼쪽에서
[27.작업조] 선택해 오른쪽으로 추가 – [↑ 위로 보내기]를 이용해 '0'순위로 설정한 후 '소계' 체크 – [적용]하면 작
업조별로 정렬할 수 있다.

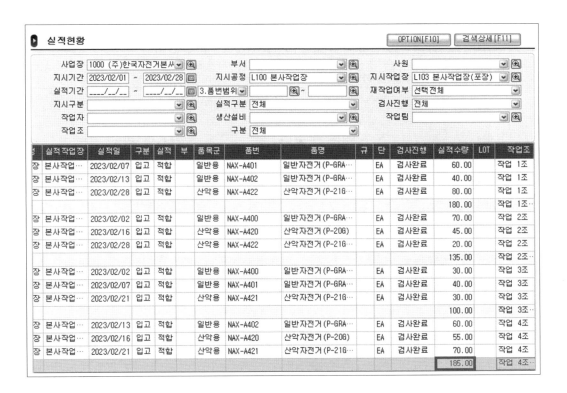

	실적작업장	실적일	구분	실적	부	품목군	품번	품명	규	단	검사진행	실적수량	LOT	작업조
장	본사작업⋯	2023/02/07	입고	적합		일반용	NAX-A401	일반자전거(P-GRA⋯		EA	검사완료	60.00		작업 1조
장	본사작업⋯	2023/02/13	입고	적합		일반용	NAX-A402	일반자전거(P-GRA⋯		EA	검사완료	40.00		작업 1조
장	본사작업⋯	2023/02/28	입고	적합		산악용	NAX-A422	산악자전거(P-216⋯		EA	검사완료	80.00		작업 1조
												180.00		작업 1조⋯
장	본사작업⋯	2023/02/02	입고	적합		일반용	NAX-A400	일반자전거(P-GRA⋯		EA	검사완료	70.00		작업 2조
장	본사작업⋯	2023/02/16	입고	적합		산악용	NAX-A420	산악자전거(P-206)		EA	검사완료	45.00		작업 2조
장	본사작업⋯	2023/02/28	입고	적합		산악용	NAX-A422	산악자전거(P-216⋯		EA	검사완료	20.00		작업 2조
												135.00		작업 2조⋯
장	본사작업⋯	2023/02/02	입고	적합		일반용	NAX-A400	일반자전거(P-GRA⋯		EA	검사완료	30.00		작업 3조
장	본사작업⋯	2023/02/07	입고	적합		일반용	NAX-A401	일반자전거(P-GRA⋯		EA	검사완료	40.00		작업 3조
장	본사작업⋯	2023/02/21	입고	적합		산악용	NAX-A421	산악자전거(P-216⋯		EA	검사완료	30.00		작업 3조
												100.00		작업 3조⋯
장	본사작업⋯	2023/02/13	입고	적합		일반용	NAX-A402	일반자전거(P-GRA⋯		EA	검사완료	60.00		작업 4조
장	본사작업⋯	2023/02/16	입고	적합		산악용	NAX-A420	산악자전거(P-206)		EA	검사완료	55.00		작업 4조
장	본사작업⋯	2023/02/21	입고	적합		산악용	NAX-A421	산악자전거(P-216⋯		EA	검사완료	70.00		작업 4조
												185.00		작업 4조⋯

19 [생산관리공통] – [생산/외주/재공현황] – [품목별품질현황(샘플검사)]

→ [사업장 : 1000.㈜한국자전거지사] – [검사기간 : 2023/03/01 ~ 2023/03/11]

품목별품질현황(샘플검사)

사업장	1000 (주)한국자전거본사	검사기간	2023/03/01 ~ 2023/03/11	검사자	
품목군		3.품번범위	~	계정	
조달		불량군		불량유형	
대분류		중분류		소분류	

번	품명	규	단	검사일	검사수량	LOT합격수량	LOT합격율	LOT불량수량	LOT불량율	시료	샘플합격	샘플합격율
1000	BODY-알미늄(GRAY-WHITE)		EA	2023/…	100.00	95.00	95.000	5.00	5.000	50.00	45.00	90.000
					100.00	95.00	95.000	5.00	5.000	50.00	45.00	90.000
00100	전장품 ASS'Y		EA	2023/…	100.00	95.00	95.000	5.00	5.000	50.00	45.00	90.000
					100.00	95.00	95.000	5.00	5.000	50.00	45.00	90.000
00400	POWER TRAIN ASS'Y(MTB)		EA	2023/…	100.00	92.00	92.000	8.00	8.000	80.00	72.00	90.000
					100.00	92.00	92.000	8.00	8.000	80.00	72.00	90.000
02001	BREAK SYSTEM		EA	2023/…	100.00	94.00	94.000	6.00	6.000	60.00	54.00	90.000
					100.00	94.00	94.000	6.00	6.000	60.00	54.00	90.000
01000	PRESS FRAME-W		EA	2023/…	100.00	96.00	96.000	4.00	4.000	80.00	76.00	95.000
					100.00	96.00	96.000	4.00	4.000	80.00	76.00	95.000
02000	PRESS FRAME-Z		EA	2023/…	100.00	94.00	94.000	6.00	6.000	60.00	54.00	90.000
					100.00	94.00	94.000	6.00	6.000	60.00	54.00	90.000
계					600.00	566.00	94.333	34.00	5.667	380…	346.00	91.053

② [88-1001000.PRESS FRAME-W] 품목의 샘플합격률이 '95'로 가장 높다.

20 [생산관리공통] – [생산/외주/재공현황] – [생산일보]

→ [실적검사기준] 탭 – [사업장 : 1000.㈜한국자전거지사] – [실적기간 : 2023/03/12 ~ 2023/03/18] – [구분 : 1.공정] – [공정 : L100.본사작업장] – [작업장 : L103.본사작업장(포장)] – [수량조회기준 0.실적입고기준] – '검사기준 : 검사' 체크 – 조회 후 상단 [단가 OPTION[F10]] 클릭 – [단가 OPTION[F10]] 팝업창 – [조달 : 구매 : 표준원가] 체크, [조달 : 생산 : 표준원가] 체크 후 [확인(TAB)] 클릭

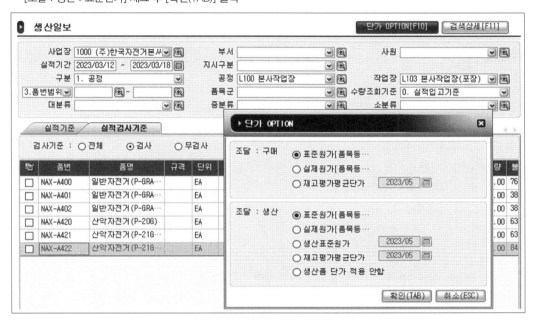

② [NAX–A422.산악자전거 (P–21G,A422)] 품목의 불량금액이 '840,000'으로 가장 크다.

① [NAX–A421.산악자전거 (P–21G,A421)] 품목의 불량금액 : 630,000

③ [NAX–A402.일반자전거 (P–GRAY BLACK)] 품목의 불량금액 : 380,000

④ [NAX–A400.일반자전거 (P–GRAY WHITE)] 품목의 불량금액 : 760,000

이론문제

01 e-Business 지원시스템을 구성하는 단위시스템으로 가장 적절하지 않은 것은?

① 성과측정관리(BSC)
② EC(전자상거래)시스템
③ 의사결정지원시스템(DSS)
④ 고객관계관리(CRM)시스템

02 클라우드 ERP의 특징 혹은 효과에 대한 설명 중 가장 옳지 않은 것은?

① 안정적이고 효율적인 데이터관리
② IT자원관리의 효율화와 관리비용의 절감
③ 필요한 어플리케이션을 자유롭게 설치 가능
④ 원격근무환경 구현을 통한 스마트워크환경 정착

03 클라우드서비스 기반 ERP와 관련된 설명으로 가장 적절하지 않은 것은?

① PaaS에는 데이터베이스 클라우드서비스와 스토리지 클라우드서비스가 있다.
② ERP 소프트웨어 개발을 위한 플랫폼을 클라우드서비스로 제공받는 것을 PaaS라고 한다.
③ ERP 구축에 필요한 IT인프라 자원을 클라우드서비스로 빌려 쓰는 형태를 IaaS라고 한다.
④ 기업의 핵심 애플리케이션인 ERP, CRM 솔루션 등의 소프트웨어를 클라우드서비스를 통해 제공받는 것을 SaaS라고 한다.

04 효과적인 ERP 교육을 위한 고려사항으로 가장 적절하지 않은 것은?

① 다양한 교육도구를 이용하라.
② 교육에 충분한 시간을 배정하라.
③ 비즈니스 프로세스가 아닌 트랜잭션에 초점을 맞춰라.
④ 조직 차원의 변화관리활동을 잘 이해하도록 교육을 강화하라.

05 생산의 정의로 가장 적절한 것은?

① 고객만족과 경제적 생산
② 최소의 투입으로 산출가치가 최대화되도록 생산활동을 전개
③ 생산요소를 유형 · 무형의 경제재로 변환시켜 효용을 산출하는 과정
④ 제품을 생산하는 제조활동과 서비스를 산출하는 서비스활동으로 구별

06 자재명세서(BOM) 중 Inverted BOM의 설명으로 가장 적절한 것은?

① 화학이나 제철과 같은 산업에서 주로 사용한다.
② 설계부서에서 주로 사용하며, 설계의 편의성이 반영된다.
③ 방대한 양의 BOM 데이터를 관리하고, 옵션과 공통부품으로 구성된다.
④ 생산관리부서, 생산현장 및 자재소요계획(MRP)시스템에서 사용된다.

07 수요예측기법 중 정성적 수요예측(주관적)기법은?

① 지수평활법
② 가중이동평균법
③ 단순이동평균법
④ 델파이(Delphi)분석법

08 총괄생산계획(APP ; Aggregate Production Plan) 전략수립의 고려사항으로 가장 적절한 것은?

① 하청(외주)
② 재고품질 조정
③ 고용비용 변동
④ 생산일정 조정

09 작업의 우선순위 고려원칙으로 가장 적절하지 않은 것은?

① 최대공정수를 갖는 작업순서로 진행한다.
② 전체 작업시간이 가장 짧은 순서로 진행한다.
③ 납기가 가장 급박한 순서로 작업을 진행한다.
④ 먼저 작업지시가 내려진 순서로 작업을 진행한다.

10 합리적인 일정계획을 수립하기 위해서는 원칙(방침)에 따라야 할 필요가 있다. 일정계획 원칙으로 가장 적절하지 않은 것은?

① 전 공정의 작업기간을 동기화시킨다.
② 생산의 정체기간을 최소로 단축시킨다.
③ 가공로트 수를 크게 하고 공정계열을 병렬화한다.
④ 각 공정에 적절하게 여유를 부여하여 작업을 안정화시킨다.

11 공정(절차)계획에서 수행하는 업무로 가장 적절하지 않은 것은?

① 작업의 순서
② 작업의 내용 및 방법
③ 각 작업의 소요비용 및 총비용
④ 각 작업이 행해질 장소 및 경로 결정

12 공정계획(Routing)에 대한 설명으로 가장 적절하지 않은 것은?

① 대일정계획은 주일정계획 또는 대강일정계획이라고 하며, 종합적인 장기계획이다.
② 중일정계획은 제조계획이라고도 하는데, 이를 통해서 진도관리와 작업분배가 이루어진다.
③ 공수계획은 주어진 생산계획표에 의해서 결정된 생산량에 대하여 구체적인 작업량을 결정한다.
④ 절차계획은 작업개시에 앞서 능률적이고 경제적인 작업절차를 결정하기 위한 것으로 이에 따라서 작업방법과 작업순서가 정해진다.

13 [보기]에서 설명하는 활동의 방침으로 가장 적절한 것은?

┤ 보 기 ├─
• 생산예정표에 의해 결정된 생산량에 대해 작업량을 구하고 구체적으로 결정하고, 이것을 현 인원과 기계설비능력을 고려하여 양자를 조정하는 활동

① 공정계획을 행하여 작업의 순서와 방법을 결정한다.
② 실제과정의 지도, 조정 및 결과와 계획을 비교하여 측정·통제한다.
③ 최대작업량과 평균작업량의 비율인 부하율을 최적으로 유지할 수 있는 작업량을 할당한다.
④ 납기에 따른 월별생산량이 예정되면 기준일정표에 의거하여 작업시간 및 완성기일을 지시한다.

14 애로공정(Bottleneck Operation)에 관한 설명으로 가장 적절하지 않은 것은?

① 병목공정 또는 병목현상이라고도 한다.
② 전체 공정의 흐름을 막고 있는 공정이다.
③ 전체 라인의 생산속도를 좌우하지는 못 한다.
④ 생산라인에서 작업시간이 가장 긴 공정을 말한다.

15 간트차트에 관한 설명으로 가장 옳지 않은 것은?

① 변화 또는 변경에 유연한 대응이 어렵다.
② 일정계획에 있어서 정밀성을 기대하기 어렵다.
③ 작업 상호 간의 유기적인 관계가 명확하게 나타나 있지 않다.
④ 간트차트를 통해서 각 작업의 전체 공정시간은 추정불가하다.

16 각 작업장의 작업자는 1명이며, 각 작업장의 작업시간이 [보기]와 같을 때 라인밸런싱 효율(%)을 구하시오.

보 기				
작업장	A	B	C	D
작업시간	24	30	26	50

① 50%
② 65%
③ 70%
④ 75%

17 [보기]는 부품 A의 대한 자료다. 경제적 주문량(EOQ)은 몇 개인가?

┤ 보 기 ├
• 연간수요량   : 300개
• 1회 주문비용   : 150원
• 단 가   : 90원
• 연간 재고유지비율 : 0.1

① 100개
② 150개
③ 200개
④ 250개

18 자재소요계획(MRP ; Material Requirement Planning)에 관한 설명으로 가장 옳은 것은?

① 많은 단계를 갖는 자재명세나 로트 크기가 큰 경우에는 부적절하다.

② 종속수요를 갖는 자재는 완제품의 생산계획에 따라 정확한 수요를 파악할 수 없다.

③ 경제적 주문량, 주문점 산정 등의 전통적인 재고통제기법의 여러 약점들을 보완하기 위해 개발된 기법으로 반복적 생산에 적합하다.

④ 재료, 부품, 반제품 등의 종속적 수요를 갖는 자재의 소요량 및 조달시기에 대한 관리를 통하여 주문과 생산계획을 효율적으로 처리할 수 있다.

19 SCM의 추진효과로 가장 적절한 것은?

① 생산효율화

② 구매비용 증가

③ 개별적 정보시스템 운영

④ 시장변화에 대응력 최소화

20 안전재고의 증가와 감소요인으로 가장 적절한 것은?

① 수요와 공급 및 리드타임 등의 변동성이 작을수록 안전재고의 필요성이 감소한다.

② 수요와 공급 및 리드타임 등의 변동성이 클수록 안전재고의 필요성이 감소한다.

③ 수요와 공급 및 리드타임 등의 변동성이 작을수록 안전재고의 필요성이 증가한다.

④ 수요와 공급 및 리드타임 등의 변동성과 관계없이 안전재고는 일정하게 유지된다.

로그인 정보

회사코드	4002	사원코드	ERP13P02
회사명	생산2급 회사A	사원명	홍길동

01 아래 [보기]의 조건으로 데이터를 조회한 후 물음에 답하시오.

┤ 보 기 ├
- 계정구분   : 4.반제품
- 대분류   : 100.조립반제품
- LEAD TIME : 3 DAYS
- 표준원가   : 87,000원

다음 [보기]의 조건에 해당하는 품목으로 옳은 것을 고르시오.

① [83-2000100.전장품 ASS'Y]
② [87-1002001.BREAK SYSTEM]
③ [88-1002010.PRESS FRAME-Z (TYPE A)]
④ [85-1020400.POWER TRAIN ASS'Y(MTB)]

02 ㈜한국자전거지사의 홍길동 사원은 해외에서 구매한 제품들을 창고에 입고시키기 위해 장소를 선택하고 있다. 사용 가능한 창고/장소 중에서 인천공항에 위치한 장소를 선택하려고 한다. 해당 위치코드로 옳은 것을 고르시오.

① M201
② M202
③ P201
④ P202

03 홍길동 사원은 계정이 제품, 조달구분이 생산인 품목들의 생산담당자를 찾고 있다. 품목별 생산담당자로 옳지 않은 것을 고르시오.

① 일반자전거 (P-GRAY WHITE) - 최승재
② 일반자전거 (P-GRAY RED) - 박찬영
③ 산악자전거 (P-21G,A421) - 이혜리
④ 산악자전거 (P-21G,A422) - 박찬영

04 아래 [보기]의 조건으로 데이터를 조회한 후 물음에 답하시오.

┤ 보 기 ├

- 모품목 : NAX-A400.일반자전거 (P-GRAY WHITE)
- 기준일자 : 2023/05/31
- 사용여부 : 1.사용

다음 [보기]의 조건에 해당하는 모품목 [NAX-A400.일반자전거 (P-GRAY WHITE)]의 자재명세서에 대한 설명으로 옳지 않은 것을 고르시오.

① [21-3001600.PEDAL]의 주거래처는 'YK PEDAL'이다.

② [83-2000100.전장품 ASS'Y]의 조달구분은 '생산'이다.

③ [88-1001000.PRESS FRAME-W]의 사급구분은 '자재'다.

④ [85-1020400.POWER TRAIN ASS'Y(MTB)]의 LOSS(%)이 가장 작다.

05 아래 [보기]의 조건으로 데이터를 조회한 후 물음에 답하시오.

┤ 보 기 ├

- 모품목 : NAX-A400.일반자전거 (P-GRAY WHITE)
- 기준일자 : 2023/05/31
- 사용여부 : 전 체

다음 [보기]의 조건으로 조회 시 BOM LEVEL이 가장 큰 품목을 고르시오.
(숫자가 클수록 레벨이 크고 LEVEL이 중복되어 있어도 더 깊은 레벨품목을 우선으로 한다.)

① [21-3001600.PEDAL]

② [21-1030600.FRONT FORK(S)]

③ [21-1080800.FRAME-알미늄]

④ [21-1060851.WHEEL FRONT-MTB (TYPE A)]

06 아래 [보기]의 조건으로 데이터를 조회한 후 물음에 답하시오.

┤ 보 기 ├

- 사업장 : 2000.㈜한국자전거지사
- 작업예정일 : 2023/05/01 ~ 2023/05/31
- 계정구분 : 2.제품

다음 [보기]의 조건에 해당하는 생산계획 내역 중 품목별 일생산량을 초과하는 작업예정일을 연결한 것으로 옳은 것을 고르시오.

① [NAX-A400.일반자전거 (P-GRAY WHITE)] - 2023/05/15

② [NAX-A402.일반자전거 (P-GRAY BLACK)] - 2023/05/19

③ [NAX-A421.산악자전거 (P-21G,A421)] - 2023/05/17

④ [NAX-A422.산악자전거 (P-21G,A422)] - 2023/05/25

07 아래 [보기]의 조건으로 데이터를 조회한 후 물음에 답하시오.

> **┤ 보 기 ├**
> * 사업장   : 2000.㈜한국자전거지사
> * 공 정   : L200.작업공정 / 작업장 : L201.제품작업장
> * 지시기간 : 2023/05/05 ~ 2023/05/09

㈜한국자전거지사 홍길동 사원은 작업지시등록 시 검사구분을 직접 수정하여 등록하고 있다. 다음 중 품목등록의 검사여부와 다른 검사구분으로 등록되어진 작업지시 품명으로 옳은 것을 고르시오.

① 일반자전거 (P-GRAY RED)
② 일반자전거 (P-GRAY BLACK)
③ 산악자전거 (P-21G, A421)
④ 산악자전거 (P-21G, A422)

08 아래 [보기]의 조건으로 데이터를 조회한 후 물음에 답하시오.

> **┤ 보 기 ├**
> * 사업장   : 2000.㈜한국자전거지사
> * 공 정   : L200.작업공정 / 작업장 : L201.제품작업장
> * 지시기간 : 2023/05/12 ~ 2023/05/15

다음 [보기]의 조건에 해당하는 [작업지시확정] 내역 중 확정수량의 합이 가장 많은 작업지시번호로 옳은 것을 고르시오.

① WO1901000038
② WO1901000039
③ WO1909000014
④ WO1909000015

09 아래 [보기]의 조건으로 데이터를 조회한 후 물음에 답하시오.

> **┤ 보 기 ├**
> * 사업장   : 2000.㈜한국자전거지사
> * 출고기간 : 2023/05/23 ~ 2023/05/23

생산에 필요한 자재를 창고/장소에서 공정/작업장으로 출고처리를 하는 메뉴가 [생산자재출고처리] 메뉴다. 다음 [보기]의 출고기간 동안 출고된 자재들의 모품목명으로 옳지 않은 것을 고르시오.

① 일반자전거 (P-GRAY WHITE)
② 일반자전거 (P-GRAY BLACK)
③ 일반자전거 (P-GRAY RED)
④ 산악자전거 (P-21G, A421)

10 아래 [보기]의 조건으로 데이터를 조회한 후 물음에 답하시오.

┌─┤ 보 기 ├───
• 사업장   : 2000.㈜한국자전거지사
• 지시공정   : L200.작업공정 / 지시작업장 : L201.제품작업장
• 지시(품목) : 2023/05/23 ～ 2023/05/23
└──

㈜한국자전거지사 홍길동 사원은 작업지시 내역에 대한 작업실적등록 시 실적구분에 따라 '적합', '부적합'으로 실적내역을 등록하고 있다. 다음 중 작업실적 내역에 대하여 적합구분이 '적합'인 실적수량의 합보다 '부적합'인 실적수량의 합이 더 많이 발생한 품명을 고르시오.

① 산악자전거(P-21G,A422)
② 일반자전거(P-GRAY WHITE)
③ 산악자전거(P-21G,A421)
④ 일반자전거(P-GRAY BLACK)

11 아래 [보기]의 조건으로 데이터를 조회한 후 물음에 답하시오.

┌─┤ 보 기 ├───
• 사업장   : 2000.㈜한국자전거지사
• 구 분   : 1.생산
• 실적공정   : L200.작업공정 / 실적작업장 : L201.제품작업장
• 실적기간   : 2023/05/01 ～ 2023/05/31
└──

다음 [보기] 조건의 제품에 대한 자재사용 내역 중 확정상태이며 실적구분이 부적합인 건에 대해서만 청구적용 조회 시 잔량의 합이 가장 많이 남아 있는 작업실적번호로 옳은 것을 고르시오.

① WR2305000002
② WR2305000004
③ WR2305000008
④ WR2305000006

12 아래 [보기]의 조건으로 데이터를 조회한 후 물음에 답하시오.

> **┤ 보 기 ├**
> • 사업장 : 2000.㈜한국자전거지사
> • 실적일 : 2023/05/24 ~ 2023/05/24
> • 공 정 : L200.작업공정 / 작업장 : L201.제품작업장

다음 [보기]의 조건에 해당하는 [생산실적검사] 내역에 대한 설명으로 옳지 않은 것을 고르시오.

① 작업실적번호 WR2305000009 의 검사담당자는 '이혜리'이고 바디조립검사를 실시했다.

② 'BODY-알미늄 (GRAY-WHITE, TYPE A)'은 전수검사 중 휠(WHEEL)불량 18인치의 숫자가 많아 불합격처리되었다.

③ 작업지시번호 WO1909000016의 불량시료가 '15EA'이지만, 경도가 미미해 최종 합격수량은 '211EA'다.

④ 작업실적번호 WR2305000012는 LOT품목으로 전량 합격이 되었다.

13 아래 [보기]의 조건으로 데이터를 조회한 후 물음에 답하시오.

> **┤ 보 기 ├**
> • 사업장 : 2000.㈜한국자전거지사
> • 실적기간 : 2023/05/01 ~ 2023/05/31
> • 공 정 : L200.작업공정 / 작업장 : L201.제품작업장
> • 상 태 : 1.확정

다음 [보기]의 [생산품창고입고처리] 내역에 대한 설명으로 옳지 않은 것을 고르시오.

① 일반자전거(P-GRAY WHITE) 기입고수량 합은 '50개'다

② 일반자전거(P-GRAY BLACK) 입고장소는 다르다.

③ LOT품목은 하나의 품목만 존재한다.

④ POWER TRAIN ASS'Y(MTB)의 실적수량이 가장 작다.

14 아래 [보기]의 조건으로 데이터를 조회한 후 물음에 답하시오.

> **│보 기│**
> • 사업장   : 2000.㈜한국자전거지사
> • 지시일   : 2023/05/01 ~ 2023/05/31
> • 공정구분 : 1.생산

㈜한국자전거지사 홍길동 사원은 지시상태가 확정인 작업지시 내역 중 실적잔량이 '유'인 것들 중 실적잔량이 가장 적게 남아 있는 작업지시번호에 대하여 마감처리를 진행하려고 한다. 다음 중 실적잔량이 가장 적게 남아 있는 작업지시번호로 옳은 것은?

① WO1901000039
② WO1909000015
③ WO1901000038
④ WO1908000014

15 ㈜한국자전거지사 홍길동 사원은 공정기준의 부적합인 실적을 확인하기 위해 생산월보를 이용하고 있다. 2023년도 5월 한 달간 실적기준이면서 입고집계 내역 중 부적합 수량이 가장 적은 품명을 고르시오.

① 일반자전거 (P-GRAY WHITE)
② 일반자전거 (P-GRAY BLACK)
③ 산악자전거 (P-21G,A421)
④ 산악자전거 (P-21G,A422)

16 ㈜한국자전거지사 홍길동 사원은 2023년 5월 한 달 동안 사용된 자재 사용수량을 확인하려고 한다. 지시번호별로 사용수량의 합이 가장 많은 지시번호를 고르시오.

① WO2005000017
② WO2301000023
③ WO2301000024
④ WO2301000025

17 ㈜한국자전거지사 홍길동 사원은 2023년도 5월 한 달 동안의 계획 대비 실적 중 부적합 수량의 차이가 얼마나 나는지 확인하려고 한다. 다음 중 계획 대비 실적이 있는 내역 중에서 계획 대비 실적의 차이가 가장 많이 나는 품명을 고르시오.

① 일반자전거 (P-GRAY WHITE)
② 일반자전거 (P-GRAY BLACK)
③ 산악자전거 (P-21G,A421)
④ 산악자전거 (P-21G,A422)

18 ㈜한국자전거지사 홍길동 사원은 2023년도 5월 한 달 동안 검사완료된 생산실적 내역를 확인하려고 한다. 다음 중 품목이 반제품이면서 실적구분이 적합인 품목들 중 실적수량이 가장 큰 품명을 고르시오.

① BODY-알미늄 (GRAY-WHITE)
② BODY-알미늄 (GRAY-WHITE, TYPE A)
③ 전장품 ASS'Y (TYPE A)
④ POWER TRAIN ASS'Y(MTB)

19 ㈜한국자전거지사 홍길동 사원은 2023년도 5월 한 달 동안 생산된 제품을 기준으로 자재청구대비 투입사용현황을 사용하여 투입금액을 알아보고 있다. 조달구분이 '생산'이면서 잔량유무가 '무'인 내역 중 투입금액이 가장 많은 지시번호를 고르시오(단, 단가 OPTION은 품목등록[표준원가]로 설정함).

① WO2005000017
② WO2301000023
③ WO2301000024
④ WO2301000025

20 ㈜한국자전거지사의 2023년 작업장별로 제품 및 반제품에 대해 재공유무가 '유'인 관리단위 재공수량 중 가장 많은 재공을 가지고 있는 작업장을 고르시오.

① 제품작업장
② 반제품작업장
③ 반제품조립작업장
④ 제품재생산

이론문제

01	02	03	04	05	06	07	08	09	10
①	③	①	③	③	①	④	①	①	③
11	12	13	14	15	16	17	18	19	20
③	②	③	③	④	②	①	④	①	①

01

e-Business 지원시스템의 단위시스템

- 지식경영시스템(KMS ; Knowledge Management System)
- 의사결정지원시스템(DSS ; Decision Support System)
- 경영자정보시스템(EIS ; Executive Information System)
- 고객관계관리(CRM ; Customer Relationship Management)
- 전자상거래(EC ; Electronic Commerce)
- 공급체인망관리(SCM ; Supply Chain Management)

02 ③ 기업에 필요한 어플리케이션은 구축 시 맞춤형으로 구성한다.

03 ① 데이터베이스 클라우드서비스와 스토리지 클라우드서비스는 IaaS(Infrastructure as a Service)에 속한다.

04 ③ 트랜잭션이 아닌 비즈니스 프로세스에 초점을 맞춘다.

05 ③ 생산이란 생산요소를 유형 · 무형의 경제재로 변환시킴으로써 궁극적으로 효용을 산출하는 과정이다.

06 ① Inverted BOM에 대한 설명이다.
② Engineering BOM : 설계부서에서 주로 사용하며, 설계의 편의성이 반영
③ Modular BOM : 방대한 양의 BOM 데이터를 관리하고, 옵션과 공통부품으로 구성
④ Manufacturing BOM : 생산관리부서, 생산현장 및 자재소요계획(MRP) 시스템에서 사용

수요예측방법		
정성적 방법	시장조사법	
	패널동의법	
	중역평가법	
	판매원의견합성(종합)법	
	수명주기유추법	
	델파이분석법	
계량적(정량적) 방법	시계열분석법(이동평균법, 지수평활법, ARIMA, 분해법, 확산모형 등)	
	인과모형분석법(단순·다중 회귀분석)	

08 ① 총괄생산계획(APP ; Aggregate Production Plan)은 '고용수준 변동, 생산율 조정, 재고수준의 조정, 하청' 등 4가지 전략을 바탕으로 수립한다.

09 ① 최소공정수를 갖는 작업순서로 진행한다.

10 ③ 가공로트 수를 작게 하고 공정계열을 병렬화한다.

11 ③ 공정(절차)계획은 작업의 순서, 작업의 내용 및 방법, 각 작업의 소요시간 내지 표준시간, 각 작업이 행해질 장소 및 경로를 결정하고 할당하는 것이다.

12 ② 진도관리와 작업분배는 소일정계획을 통해서 이루어진다.

13 ③ 공정계획에 대한 설명이다.
① 공정관리의 계획기능
② 공정관리의 통제기능
④ 대일정계획

14 ③ 애로공정(Bottleneck Operation)은 전체 라인의 생산속도를 좌우한다.

15 ④ 간트차트를 이용하여 각 작업의 전체 공정시간을 알 수 있다.

16 ② 라인밸런싱 효율(Eb) $= \dfrac{\text{라인의 순 작업시간 합계}}{\text{작업장 수} + \text{사이클타임(최대값)}} \times 100\%$

$= \dfrac{24 + 30 + 26 + 50}{4 \times 50} \times 100\%$

$= 65\%$

17 ① 경제적 주문량(EOQ) $= \sqrt{\dfrac{2 \times 1\text{회 주문비용} \times \text{연간 총수요}}{\text{단위당 연간 재고유지비용}}}$

$\qquad\qquad\qquad\qquad\quad = \sqrt{\dfrac{2 \times 1\text{회 주문비용} \times \text{연간 총수요}}{\text{단가} \times \text{단위당 연간 제고유지비율}}}$

$\qquad\qquad\qquad\qquad\quad = \sqrt{\dfrac{2 \times 150 \times 300}{90 \times 0.1}}$

$\qquad\qquad\qquad\qquad\quad = 100$

18 ① 자재명세서나 로트 크기가 큰 경우에 적절하다.

② 종속수요를 갖는 자재는 정확한 수용를 파악할 수 있다.

③ 비반복적 생산에 적합하다.

19

SCM의 추진효과
• 통합적 정보시스템 운영
• 물류비용 절감
• 고객만족, 시장변화에 대응력
• 구매비용 절감
• 생산효율화
• 총체적 경쟁우위 확보

20 ① 안전재고는 수요와 공급 및 리드타임 등의 변동성이 작을수록 안전재고의 필요성이 감소한다.

01	02	03	04	05	06	07	08	09	10
①	④	①	④	②	③	③	①	③	②
11	12	13	14	15	16	17	18	19	20
④	③	④	①	②	④	③	④	④	①

01 [시스템관리] – [기초정보등록] – [품목등록]

→ [계정구분 : 4.반제품] – [대분류 : 100.조립반제품] – [ORDER/COST] 탭

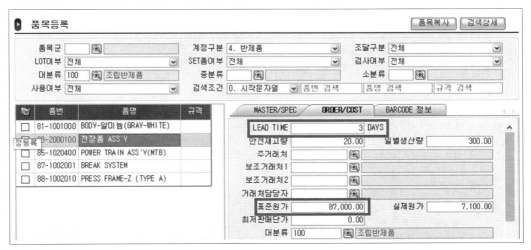

① 조건에 모두 해당하는 품목은 [83-2000100.전장품 ASS'Y]다.

02 [시스템관리] – [기초정보등록] – [창고/공정(생산)/외주공정등록]

→ [창고/장소] 탭 – [사업장 : 2000.㈜한국자전거지사]

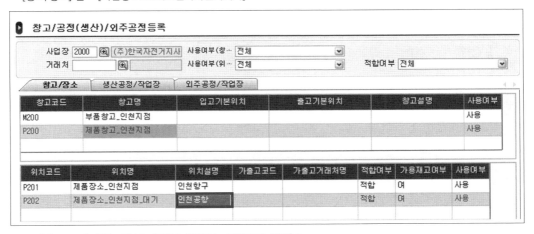

④ 조건에 모두 해당하는 장소는 [P202.제품장소_인천지점_대기]다.

03   [시스템관리] – [기초정보등록] – [물류실적(품목/고객)담당자등록]

→ [품목] 탭 – [계정 : 2.제품]

① [NAX–A400.일반자전거 (P–GRAY WHITE)] 품목의 생산담장자는 '문승효'다.

04   [생산관리공통] – [기초정보등록] – [BOM등록]

→ [모품목 : NAX–A400.일반자전거 (P–GRAY WHITE)] – [기준일자 : 2023/05/31] – [사용여부 : 1.사용]

④ [85–1020400.POWER TRAIN ASS'Y(MTB)] 품목의 LOSS(%)는 '40'으로 두 번째로 크며, [21–3001600.PEDAL] 품목의 LOSS(%)가 '10'으로 가장 작다.

05 [생산관리공통] – [기초정보등록] – [BOM정전개]

→ [BOM] 탭 – [자품목 : 83–2000100.전장품 ASS'Y] – [기준일자 : 2023/05/31] – [사용여부 : 1.사용] – 'BOM 총전
개' 체크

② [21–1030600.FRONT FORK(S)] 품목의 레벨 중 '4LEVEL'이 가장 깊다.

06 [생산관리공통] – [생산관리] – [생산계획등록]

→ [품목별] 탭 – [사업장 : 2000.㈜한국자전거지사] – [작업예정일 : 2023/05/01 ~ 2023/05/31] – [계정구분 : 2.제품]

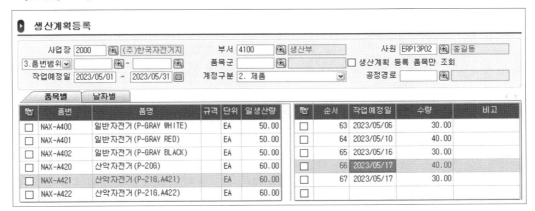

③ [NAX–A421.산악자전거 (P–21G,A421)] 품목의 작업예정일 2023/05/17 생산계획수량이 '70(= 40 + 30)'으로 일생산
량 '60'을 초과했다.

07 [생산관리공통] – [생산관리] – [작업지시등록]

→ [사업장 : 2000.㈜한국자전거지사] – [공정 : L200.작업공정] – [작업장 : L201.제품작업장] – [지시기간 : 2023/05/05 ~ 2023/05/09] – 조회 후 상세내역에서 마우스 오른쪽 버튼/'부가기능 – 품목상세정보' 클릭 – [품목 상세정보] 팝업창

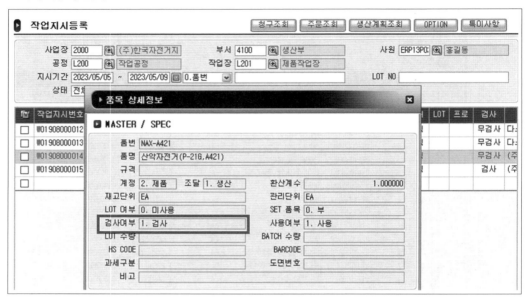

③ [NAX–A421.산악자전거 (P–21G,A421)] 품목 상세내역에는 검사여부가 '검사'로 되어 있다.

08 [생산관리공통] – [생산관리] – [작업지시확정]

→ [사업장 : 2000.㈜한국자전거지사] – [공정 : L200.작업공정] – [작업장 : L201.제품작업장] – [지시기간 :
2023/05/12 ~ 2023/05/15]

① 작업지시번호 WO1901000038의 확정수량 합이 '368'로 가장 많다.

② 작업지시번호 WO1901000039의 확정수량 합 : 162

③ 작업지시번호 WO1909000014의 확정수량 합 : 324

④ 작업지시번호 WO1909000015의 확정수량 합 : 230

09 [생산관리공통] – [생산관리] – [생산자재출고]

→ [사업장 : 2000.㈜한국자전거지사] – [출고기간 : 2023/05/23 ~ 2023/05/23]

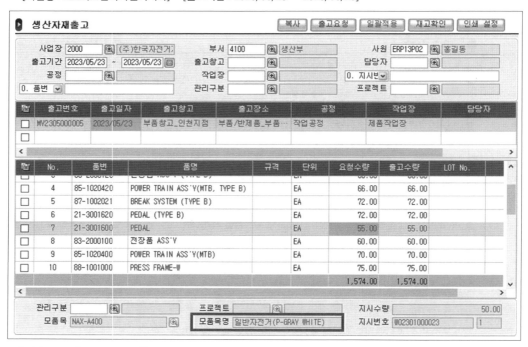

③ [일반자전거 (P–GRAY RED)]의 경우 해당 기간 동안 출고되지 않았다.

10 [생산관리공통] – [생산관리] – [작업실적등록]

→ [사업장 : 2000.㈜한국자전거지사] – [지시(품목) : 2023/05/23 ~ 2023/05/23] – [지시공정 : L200.작업공정] – [지시작업장 : L201.제품작업장]

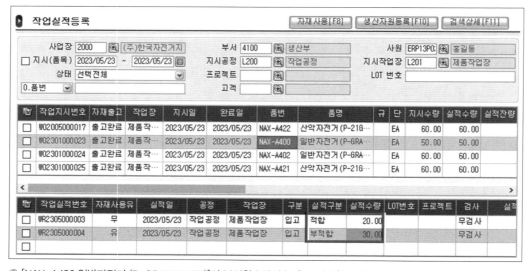

② [NAX–A400.일반자전거 (P–GRAY WHITE)]의 부적합수량이 '30'으로 '20'인 적합수량보다 많다.

11 [생산관리공통] – [생산관리] – [생산자재사용등록]

→ [사업장 : 2000.㈜한국자전거지사] – [구분 : 1.생산] – [실적공정 : L200.작업공정] – [실적작업장 : L201.제품작업장]
   – [실적기간 : 2023/05/01 ～ 2023/05/31] – [상태 : 1.확정] – [실적구분 : 1.부적합] – 조회 후 상세내역에서 상단
   [청구적용[F8]] 클릭 – [청구 적용 도움창]

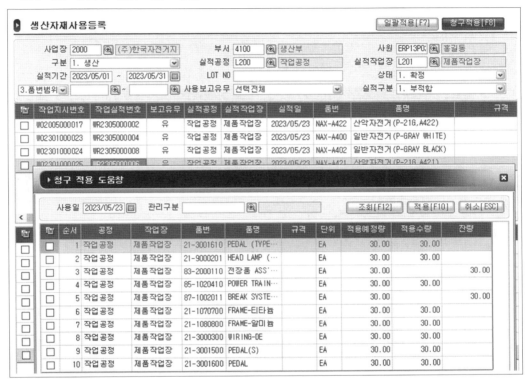

④ 작업실적번호 WR2305000006의 잔량 합이 '60(= 30 + 30)'으로 가장 많다.

① 작업실적번호 WR2305000002의 잔량 합 = 22 + 24 = 46

② 작업실적번호 WR2305000004의 잔량 합 = 45

③ 작업실적번호 WR2305000008의 잔량 합 = 12 + 14 = 26

12 [생산관리공통] – [생산관리] – [생산실적검사]

→ [사업장 : 2000.㈜한국자전거지사] – [실적일 : 2023/05/24 ~ 2023/05/24] – [공정 : L200.작업공정] – [작업장 : L201, 제품작업장]

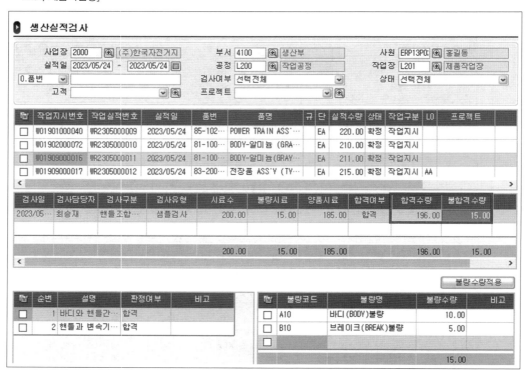

③ 작업지시번호 WO1909000016의 최종 합격수량은 '196'이다.

13 [생산관리공통] – [생산관리] – [생산품창고입고처리]

→ [사업장 : 2000.㈜한국자전거지사] – [실적기간 : 2023/05/01 ~ 2023/05/31] – [공정 : L200.작업공정] – [작업장 : L201.제품작업장] – [상태 : 1.확정]

④ [85–1020400.POWER TRAIN ASS'Y(MTB)]의 실적수량이 '220'으로 가장 많다.

14 [생산관리공통] – [생산관리] – [작업지시마감처리]

→ [사업장 : 2000.㈜한국자전거지사] – [지시일 : 2023/05/01 ~ 2023/05/31] – [공정구분 : 1.생산] – [지시상태 : 1/확정] – [실적잔량 : 0.유]

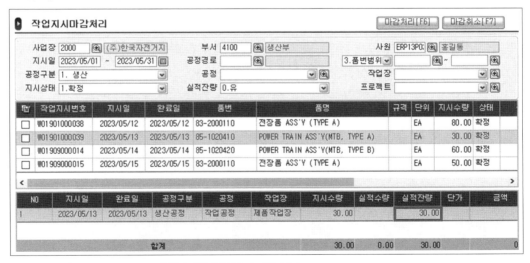

① 작업지시번호 WO1901000039의 실적잔량이 '30'으로 가장 적다.

15 [생산관리공통] – [생산/외주/재공현황] – [생산월보]

→ [실적기준] 탭 – [사업장 : 2000.㈜한국자전거지사] – [해당년도 : 2023] – '부적합' 체크 – [집계기준 : 입고]

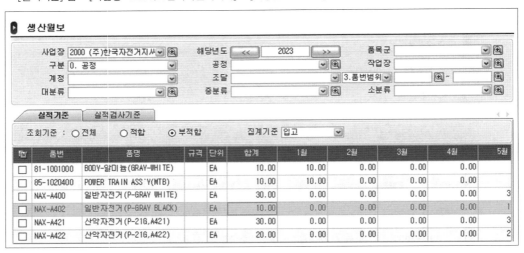

② [NAX-A402.일반자전거 (P-GRAY BLACK)] 품목의 부적합 수량이 '10'으로 가장 적다.

16 [생산관리공통] – [생산/외주/재공현황] – [자재사용현황(제품별)]

→ [사업장 : 2000.㈜한국자전거지사] – [사용기간 : 2023/05/01 ~ 2023/05/31]

※ 조회 후 마우스 오른쪽 버튼/'정렬 및 소계 설정 – 정렬 및 소계' 클릭 – [정렬 및 소계] 팝업창 – 왼쪽에서 [2.지시
번호] 선택해 추가 – [⬆ 위로 보내기]를 이용해 '0'순위로 설정한 후 '소계' 체크 – [적용]하면 지시번호별 소계를 한
눈에 확인할 수 있다.

④ 지시번호 WO2301000025의 자재 사용수량 합이 '240'으로 가장 많다.

17 [생산관리공통] – [생산/외주/재공현황] – [생산계획대비실적현황(월별)]

→ [실적기준] 탭 – [사업장 : 2000.㈜한국자전거지사] – [해당년도 : 2023] – '부적합' 체크

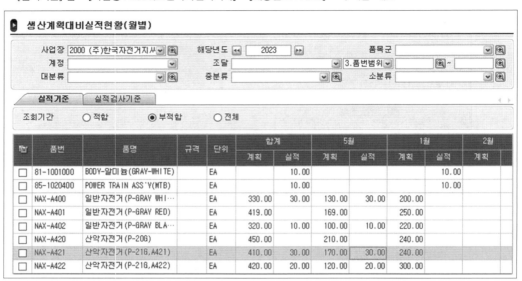

③ 계획수량이 '170', 실적수량 '30'인 [NAX–A421.산악자전거 (P–21G,A421)] 품목의 계획 대비 실적 차가 '140'으로 가장 크다.

① [NAX–A401.일반자전거 (P–GRAY WHITE)] 품목의 계획 대비 실적 차 = 130 − 30 = 100

② [NAX–A402.일반자전거 (P–GRAY BLACK)] 품목의 계획 대비 실적 차 = 100 − 10 = 90

④ [NAX–A422.산악자전거 (P–21G,A422)] 품목의 계획 대비 실적 차 = 120 − 20 = 100

18 [생산관리공통] – [생산/외주/재공현황] – [실적현황]

→ [사업장 : 2000.㈜한국자전거지사] – [지시기간 : 2023/05/01 ~ 2023/05/31] – [실적구분 : 0.적합] – [검사진행 :
1.검사완료] – 조회 후 상단 [검색상세[F11] 클릭 – [검색 상세] 팝업창 – [계정 : 4.반제품] – [검색[TAP]] 클릭

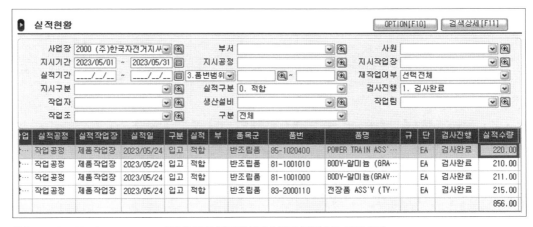

④ [85–1020400.POWER TRAIN ASS'Y(MTB)] 품목의 실적수량이 '220'으로 가장 많다.

19 [생산관리공통] – [생산/외주/재공현황] – [자재청구대비투입/사용현황]

→ [사업장 : 2000.㈜한국자전거지사] – [지시기간 : 2023/05/01 ~ 2023/05/31] – [계정 : 2.제품] – [조달 : 1.생산] – [잔량유무 : 0.무] – 조회 후 상단 [단가 OPTOION[F10]]검색상세[F11]] 클릭 – [단가 OPTOION] 팝업창 – [조달 : 구매 : 표준원가] 체크, [조달 : 생산 : 표준원가] 체크 후 [확인(TAB)] 클릭

④ 지시번호 WO2301000025의 투입금액이 '16,920,000'으로 가장 많다.

20 [생산관리공통] – [생산/외주/재공현황] – [현재공현황(공정/작업장)]

→ [작업장] 탭 – [사업장 : 2000.㈜한국자전거지사] – [해당년도 : 2023] – [계정 : 2.제품 & 4.반제품] – [제공유무 : 1.유]

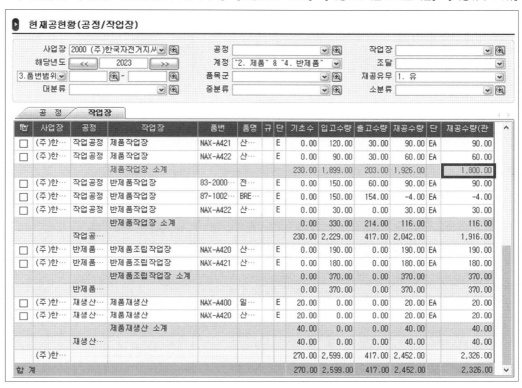

① 제품작업장의 재공수량이 '1,800'으로 가장 많다.

2024 SD에듀 [기출이답이다] ERP 정보관리사 생산 2급 기출문제해설집 10회

초 판 발 행	2024년 01월 05일 (인쇄 2023년 10월 04일)
발 행 인	박영일
책 임 편 집	이해욱
저 자	세무회계연구소
편 집 진 행	김은영 · 이세경 · 백한강
표지디자인	박수영
편집디자인	홍영란 · 장성복
발 행 처	(주)시대고시기획
출 판 등 록	제10-1521호
주 소	서울시 마포구 큰우물로 75 [도화동 538 성지 B/D] 9F
전 화	1600-3600
팩 스	02-701-8823
홈 페 이 지	www.sdedu.co.kr

I S B N	979-11-383-6011-1 (13320)
정 가	17,000원